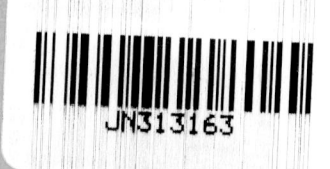

初めての建築設計

ステップ・バイ・ステップ

川北健雄
花田佳明
三上晴久
倉知徹
水島あかね
編著

彰国社

デザイン　加藤愛子（オフィスキントン）

はじめに

この本は、建築の設計方法を学ぶための教科書です。

この本は、初めて建築の設計課題に取り組む学生をおもな読者として出版するもので、さまざまな教育現場における教科書としても有用だと思われます。あるいは、卒業後に建築の設計方法について改めて考えてみようとするときにも、役に立つことを意図しています。

建築家や設計士と呼ばれる職業に就くことを目指して、高等専門学校・専門学校・短期大学・大学などに進んだのに、どのように設計課題に取り組んだらよいかわからず困惑しているという学生の話を、しばしば耳にします。また、夢中になって設計課題に取り組んできたけれど、果たしてどのようにそれを行ってきたのか、改めて整理して考えてみたいという人も多いのではないでしょうか。この本は、そうした学生のみなさんや設計に携わる若い人たちにとっての、最良の手引書になると思われます。

建築設計は、たいへん難しい行為であり、「設計は、教えることができるものではないし、簡単に学べるものではない」とか、「設計は、社会に出て建築家のもとで修業することによって、初めて身につくものだ」などと、しばしば言われてきました。建築設計には、確かにそうした側面が存在することは否定できませんし、設計方法も千差万別です。しかしながら、私たちは、汎用性を有する設計方法は確かに存在していて、それを教えることは可能であると考えているのです。

この本は、神戸芸術工科大学環境デザイン学科の最初の建築設計課題において展開されている内容を、ほぼそのまま紹介したものです。それは、いろいろな可能性がある中でのひとつの方法に過ぎませんが、初心者にとって取り組みやすい、比較的オーソドックスな設計方法となっています。

どうかこの本を手にして、建築の設計に楽しく取り組んでください。そして、ここで学んだ方法を使って、さまざまな設計課題に挑戦してみてください。

目次

オリエンテーション

学習の流れ

この本は、Step1 から Step6 までの、6 つのステップから構成されており、ステップごとのテーマに応じて学習を進めていくようになっています。

ステップとは、設計の手順に相当するものです。これに従うことで、建築の設計を段階的に進めていくことができ、すべてのステップを終えると、建築設計の基本的な方法について、ひと通りの知識と技術を身につけることができます。

実際にこの本を使って演習を行う場合には、各ステップに費やす時間は、1 ～ 2 週間程度を目安にするとよいでしょう。

各ステップは、右のような内容になっています。

Step1
敷地を読んで敷地模型をつくります

▼

Step2
建物をヴォリュームとして表現してスタディします

▼

Step3
建物の機能を考える、つまり、プランニングをします

▼

Step4
建物の構造を考慮しつつ、空間の囲み方やつなぎ方を考えます

▼

Step5
建物の細かいところまで考えます

▼

Step6
作品のプレゼンテーションについて学びます

登場人物紹介

この本で取り上げられている設計例は、実際に大学の設計課題として取り組んだ学生たちのもので、この本には彼らも登場します。

みなさんも彼らになったつもりで、この本の６つのステップに参加してみてください。

課題内容と出題の意図

Step1 から Step6 までの手順は、課題の内容にかかわらず共通のものです。どのような課題でも、このような手順を踏むことで質の高い成果物を得ることができると思いますが、この本では特定の設計課題を例として取り上げ、デザインの進め方をより具体的に学習することにします。

設計対象は、「まちなかファクトリー」と呼ばれる公共施設です。施設名の「ファクトリー（Factory）」は、直訳すれば「工場」ですが、語源はラテン語の“つくる”であり、ここでは、「新しい何かが生み出される場」がイメージされる言葉として、「ファクトリー」を用いています。敷地は、ある地方都市の中心部の一角に想定されています。必要とされる延床面積（大まかに言うと各階の室内部分の床面積の合計）は 1,500㎡ですから、公共施設としてはそれほど大きいものではありませんが、初めて取り組む設計対象としては、難しいかもしれません。

初めての設計課題であれば、小さくて身近な建物、たとえば個人住宅などの方がふさわしいと考える方が多いかもしれません。しかし、不特定多数の人たちが利用する公共施設をまちの中に位置づけようとすれば、さまざまなことに想いを巡らせ、利用者の多くに受け入れられるような建物のあり方や、その場所にふさわしい建物のあり方を考えることが求められます。早いうちに公共的な建物の設計に取り組むことで、ひとりよがりではない設計の考え方を身につけることができるため、このような課題で Step1 から Step6 までの設計プロセスを紹介することにしました。

次のページ（p.10-p.11）に示す、設計すべき建物の概要、敷地に関する情報、設計条件などが書かれたものを、設計の課題書などと呼びますが、それを熟読するところから設計は始まります。

課題　まちなかファクトリーの設計

● 課題概要

世の中にはたくさんの美術館や劇場があるが、それらの多くは、いわゆるアーティストのための作品発表の場であり、一般市民にとっては必ずしも身近な存在ではない。一般市民が､創作や創造､アーティスティックな行為などを通して、相互交流を図ったり新たな情報を発信しようとするとき、それにふさわしい場を見つけることは容易ではない。

「まちなかファクトリー」は､これまでにはなかった新たな公共施設である。ここでは、コンサート、演劇、作品展示、ワークショップ、趣味の教室などの催し物が開かれたり、さまざまな人たちの交流が生まれることが期待されている。ここは､市民にとっての新たな「ハレの場」である。

敷地は、市内中央通りに面した、人通りの多い場所である。

● 構造および設備等

・構造

鉄筋コンクリート造または鉄骨造とすること。

・設備

部屋ごとに個別冷暖房設備を設けるが、人工環境に頼りすぎないように注意すること。

・外部空間

単なる残余空間になってしまわないよう、有効な活用方法を考えてデザインすること。

地面を覆う素材や植栽配置等についても明示し、周辺の車道や歩道との関係についても留意すること。

・駐車場

一般利用者は、敷地周辺の既存駐車場を利用するものとして、来客用駐車場は設けなくともよい。

搬出入用の大型車両用駐車スペース 1 台分を確保すること。

・その他

周辺の道路や建物などの周辺環境との調和に留意し、良識に従った設計を行うこと。

安全性やユニバーサルデザインについても配慮すること。

● 必要諸室

・パフォーマンススペース　200㎡

・貸しスタジオ　100㎡
（25㎡× 2 室、50㎡× 1 室）

・展示スペース　200㎡

・セミナー室　100㎡
（研修・会議等に使用する。可動間仕切りで 2 部屋に分割できるようにする）

・調理スペース　25㎡

・カフェ　50㎡（厨房を含む）

・情報検索コーナー　50㎡

・管理事務室　50㎡（受付カウンターを含む）

・便所　50 ～ 75㎡
（男子、女子、車椅子利用者用を含む。数ヵ所に分散してもよい）

・倉庫　50㎡

・機械室　50㎡

上記床面積の合計　925 ～ 950㎡

以上の必要諸室のほか、玄関、廊下等 550㎡程度を加えて、延床面積は 1,500㎡程度とする。

● 敷地概要

- 敷地面積　約 1,295㎡
- 用途地域[※1]　商業地域

（許容建蔽率　80％　許容容積率　800％）

※1　用途地域とは、都市計画法で定められた地域地区のこと。建設可能な建物の種別は建築基準法で用途地域ごとに定められている。各自治体の都市計画図には、用途地域と許容建蔽率・許容容積率が示されている

建蔽率と容積率

建蔽《けんぺい》率（％）＝

$$\frac{\text{建築面積（建物の水平投影面積）}}{\text{敷地面積}} \times 100$$

容積率（％）＝

$$\frac{\text{延床面積（各階の室内床面積の合計）}}{\text{敷地面積}} \times 100$$

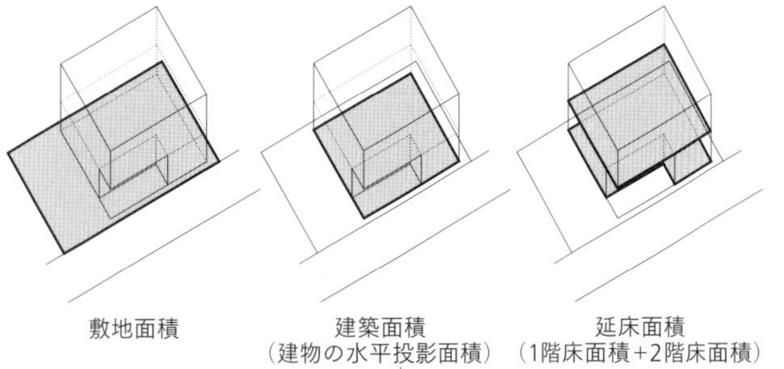

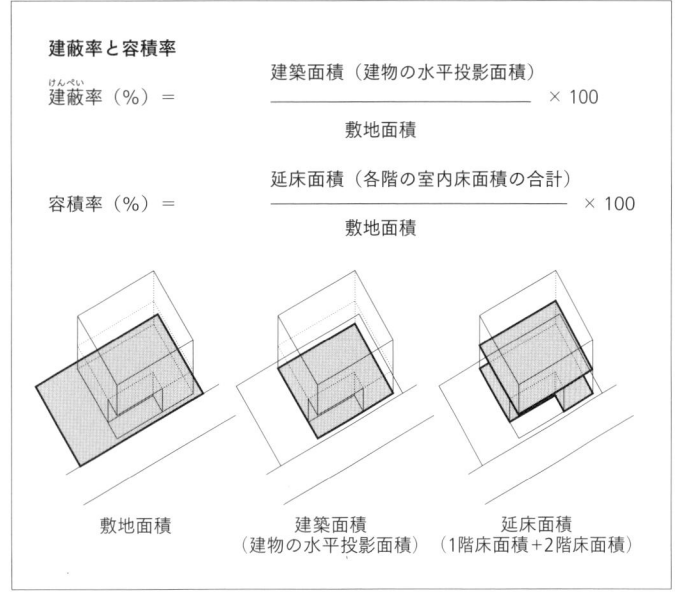

Step 1

敷地を読む

Step 1 で行うこと

建築のデザインが、グラフィック、プロダクト（製品）、ファッション等、他の分野のデザインと大きく異なるのは、つくられるものが特定の場所に属し、世の中にひとつしか存在しないものとして設計される点です。優れた建築物は、それが建つ場所の諸条件によく適合し、その場所の魅力を高めることに貢献します。

そのような建物をつくるためには、まず敷地をよく観察し、敷地形状や周辺との関係、その場所の魅力や問題点などを十分に把握しましょう。広域的な状況を把握するためには、地図や航空写真を眺めることが有効です。もちろん、実際に現地へ足を運び、五感を駆使して場所の特性を把握することも大切です。

次に行う作業は、敷地模型の制作です。土地の起伏や敷地周辺の道路、建物、樹木等を模型に表現することで、3次元空間としての敷地環境をよりよく理解することができます。

①-1 広域情報を把握しよう

敷地に出かける前に、まずは地図などを利用して周辺環境についての
基本的な情報を把握しましょう。
地図の種類や縮尺の違いなどによって、読み取ることのできる情報は違ってきます。

● 地図や航空写真を眺めてみる

1/25,000程度の縮尺の地形図や、広域の航空写真などを眺めると、敷地を取り巻く都市や自然の大きな構造を知ることができます。

まず、地域全体の山、海、河川等の地形や幹線道路や鉄道などの配置、市街地、緑地、農地などの分布を把握して、対象敷地が都市や自然の中で、どのような場所にあるのかを理解しておきましょう。

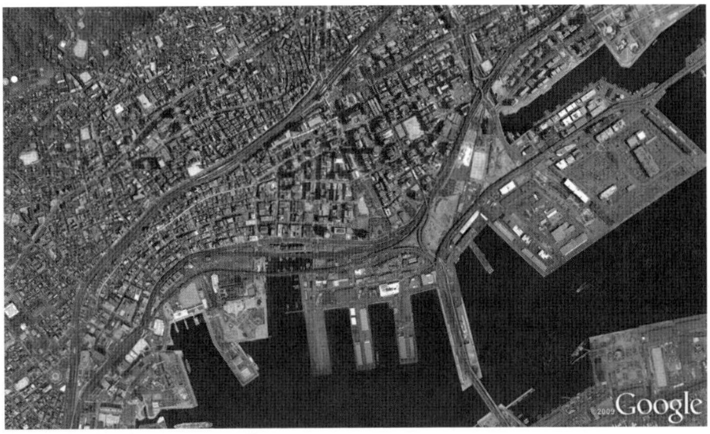

航空写真の例（Google マップ）

● 縮尺の大きな地図で把握する

対象敷地に建てることのできる建物の種類や大きさに関する制限、敷地周辺における道路や都市施設の整備計画などを把握するためには、地域の行政機関で入手したり、インターネットで閲覧したりすることのできる都市計画図（用途地域図など）を見ておくとよいでしょう。

また、敷地周辺の道路幅や建物の形状を把握するためには、道路線や建築物の外周線まで記載された、通常1/2,500以上の縮尺の地図で表現される程度の情報が必要となりますが、これも行政機関の窓口やインターネットなどで入手可能です。民間が発行する住宅地図も、建物ごとの詳しい情報を知りたいときには役に立ちます。

さらに、民間や地方公共団体が提供するさまざまなネット上の地理情報システムを利用すれば、位置情報と関連づけられた多様な情報を入手することができます。

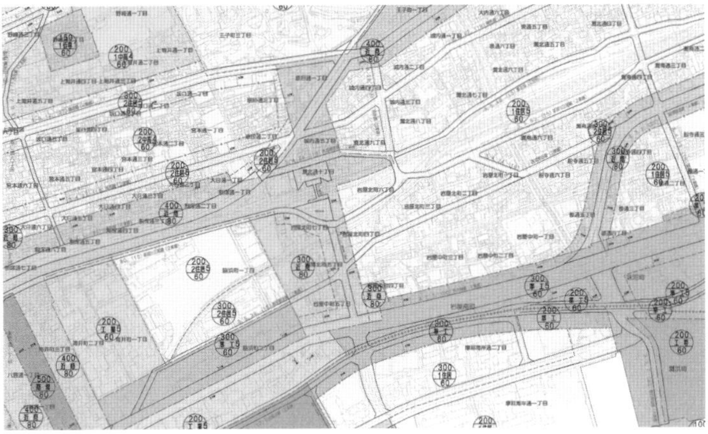

地方自治体のサイトで閲覧できる用途地域図の例（神戸市）

国土地理院のサイトで閲覧できる基盤地図の例

①－2 現地を歩き回ろう

では、実際のフィールドサーベイ（現地での情報収集）を通して、もっと詳細に敷地の状況を把握しましょう。

● 周辺環境を五感で体験する

現地へ行ったときに身体で感じる印象には、敷地特性に関する大切な情報が含まれています。敷地を取り巻く音や光、におい、緑の分布、街路の雰囲気など、その場所の多種多様な情報を、きちんと感じ取ることが重要です。

● 写真で記録する

隣地および道路向かいの土地と建物、前面道路等の状況は、建物を設計する上で必ず考慮しなくてはならない事柄なので、きちんと写真に記録し、必要なときに参照できるように整理しておきます。撮影対象が１枚の写真に納まりきらない場合には、複数の写真をつなぎ合わせたパノラマ写真をつくるとよいでしょう。敷地を周囲から眺めた写真を撮ると、そこにどのような建物があるとよいかを検討するのに役立ち、設計した建物を写真の中に合成して表現するのにも利用できます。さまざまな位置から撮影した多くの写真は、撮影位置と撮影方向を地図上に表記して整理するとよいでしょう。

A 地点より：敷地は両側をビルにはさまれている。北側の歩道には地下道の入口や換気口がある

B 地点より：北側向かいの歩道には、２輪の路上駐車が多い

C 地点より：隣接する建物の敷地に面する側の壁は窓がなく無表情である

D 地点より：南側向かいの歩道から眺める

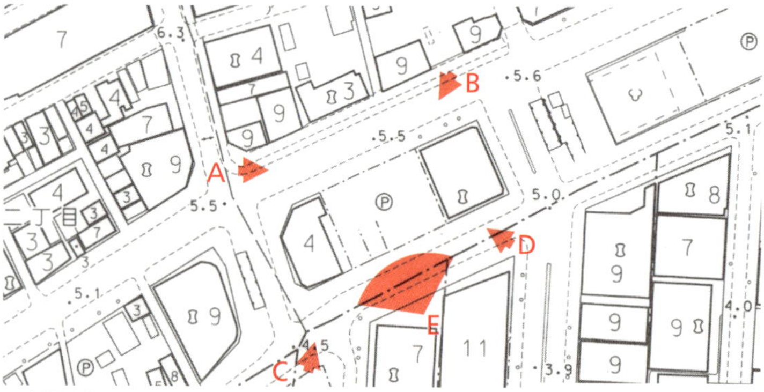

写真撮影位置：ここでは周囲から敷地を眺める方向で撮った写真のみを紹介しているが、これらとは逆方向の、敷地から周囲を眺めた写真も撮影しておくとよい

E 地点より：パノラマ写真

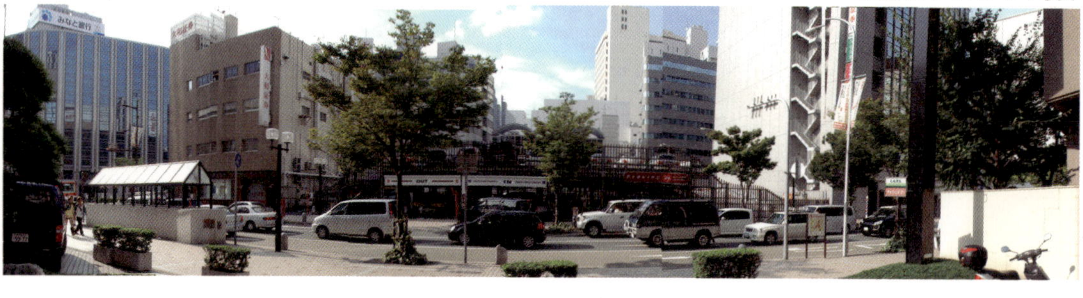

● フィールドサーベイの道具

フィールドサーベイでは「記録する道具」、「測る道具」、「知る道具」が必要です。記録する道具として「カメラ」「スケッチブック」「トレーシングペーパー」「画板」、測る道具として「コンベックス（金属製の巻尺）」「赤白棒（測量用ポール）」、知る道具として「地図」「方位磁石」などがあります。

コンパクトなカメラやコンベックス、スケッチブックは常にカバンに入れて持ち歩くようにしましょう。

これだけは用意しておきたいもの

カメラ

一眼レフとコンパクト、レンズ機能の違いなどによって、さまざまな種類のカメラがあるので、状況に応じて使い分けるとよい。記録用に撮る写真は、コンパクトデジタルカメラで十分である

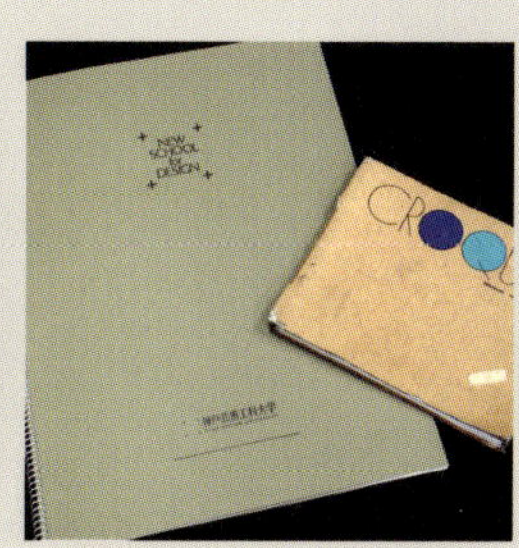

スケッチブック

現地で気がついたことは何でもメモすることが大切である。スケッチをすることで、より深く現地のことを知ることができる。手のひらサイズから大判のもの、無地や方眼入りなどいろいろある

コンベックス

目盛りの入った部分が金属でできている携帯用の小さな巻尺のことで、プラスチックなどのケースに入っている。2m、3m、5mなどの種類がある

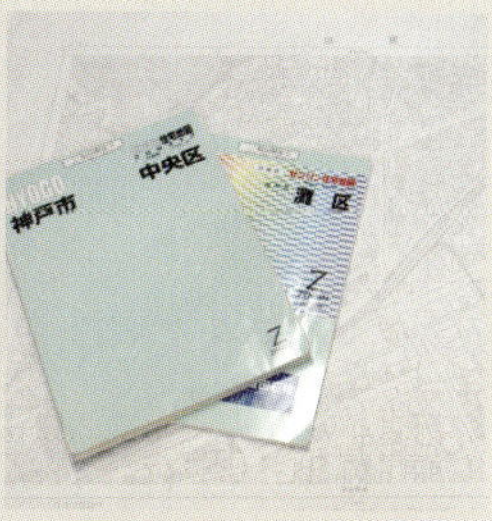

地図

住宅地図から都市計画地図までさまざまな縮尺の地図があるので、目的に応じて用意するのが望ましい。敷地調査の場合は、1/1,000程度の地図を用意すると細かい情報まで書き込めて便利

あると便利なもの

長巻尺

帯状の薄鋼板やガラス繊維製の布などに目盛りをつけた距離測定用の道具で、20m、30m、50m、100mなどの長さがある。敷地の大きさや道路幅などの計測に用いる

トレーシングペーパー

半透明の薄い紙。地図の上に重ねて、現地で気がついたことを地図上にプロットしていくと、後でまとめやすい

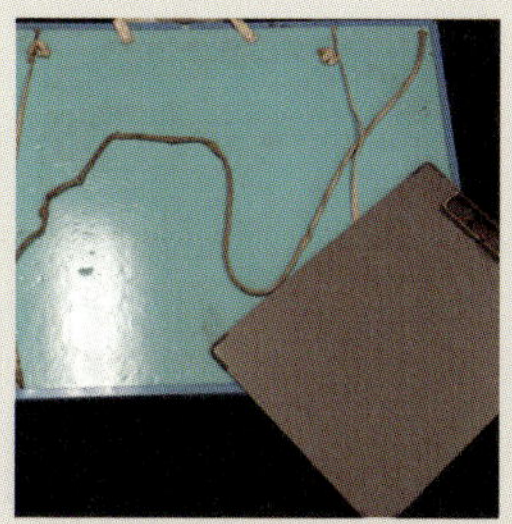

画板

ベニヤ板やプラスチック、厚紙などの台にひもやクリップがついたもの。屋外でメモやスケッチをするときに、この上に紙を載せると描きやすい

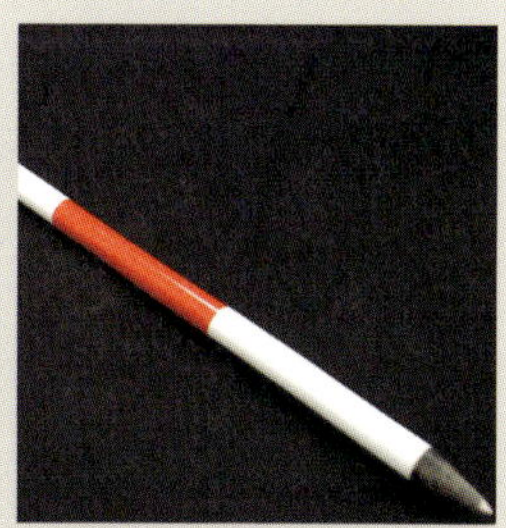

赤白棒（測量用ポール）

コンベックスや長巻尺では測りにくい高さを知りたいときに用いる。ポールを写真に入れて撮っておくと、後でおよその高さの目安にもなる

● 高さを測るテクニック

周辺の建物の高さを測るときには、外壁のタイル・ガラス等のサイズから階高を計算し、それが何階分あるかを数えると、全体の高さを求めることができます。たとえば、高さ600mmの金属パネルが縦に6枚で1階分になっていれば、階高が3,600mmとなり、10階建てであれば36m程度の建物となります。

街路樹は、友だちとペアになって測るとよいでしょう。まず、A君が街路樹の根元に立ち、B君が15mくらい離れたところに立ちます。そして離れたところから、B君が街路樹を観察し、A君の何倍くらいの高さがあるかを目視します。後はA君の身長から、おおよその高さを計算します。また樹冠直径も測っておきましょう。

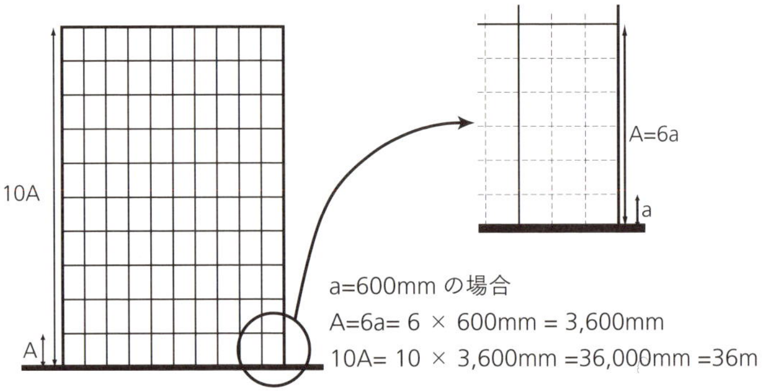

周辺建物のおよその高さの測り方

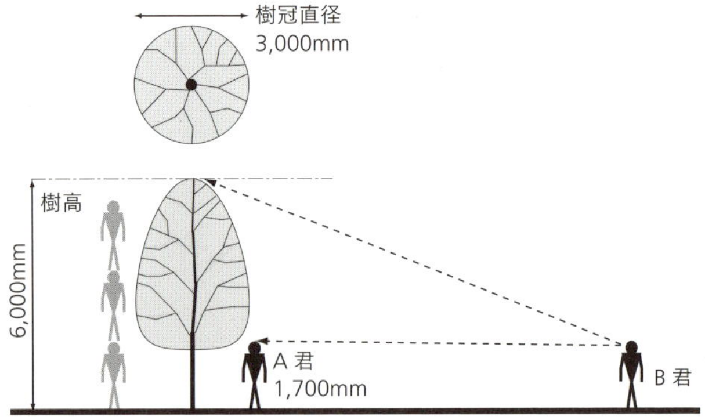

街路樹の寸法の測り方

● 野帳に記録する

野帳《やちょう》とは、現地で観察したり実測したりした事項を記録する手帳やスケッチブックのことで、フィールドノートとも言います。特に決まった記録方法があるわけではありませんが、後で必要となる情報が抜け落ちないように注意します。建物を設計する際には、周辺建物の高さ、街路樹等の位置と大きさ、隣地の状況、前面道路や歩道の状況などの情報が必要になるので、簡単な図に寸法を入れて記録するとよいでしょう。

1/1,000程度の縮尺の地図を持って行き、その場で気づいた事柄を書き込んでもかまいません。右の図はそのような記録の一例で、色鉛筆や記号を使い、多くの情報を種類ごとに区別して記録する工夫がなされています。

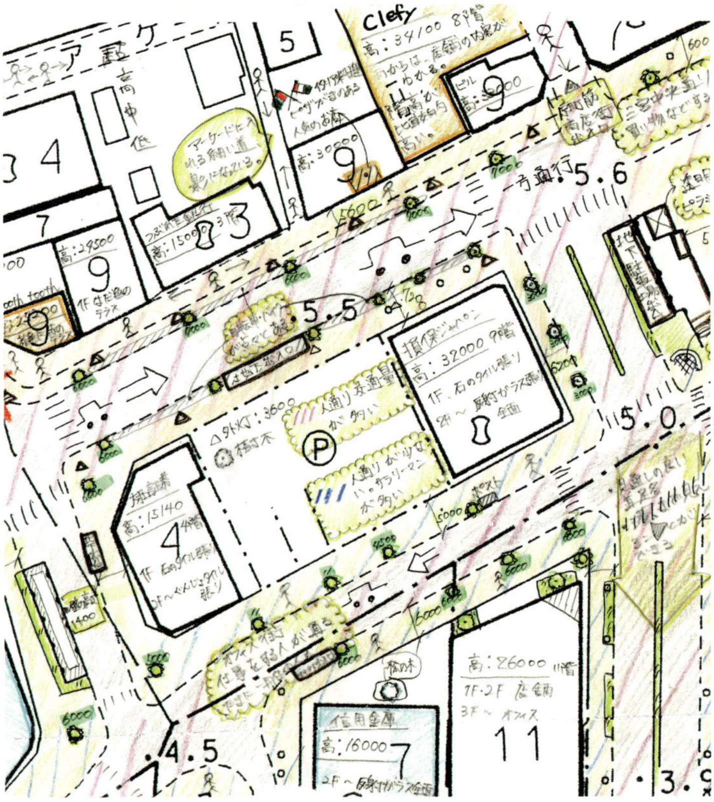

野帳に多くの情報を区別して記録

1－3 調査結果を図にまとめよう

敷地の周辺環境を明確に把握するには、さまざまな広域情報や現地での観察結果をきちんと整理して、その場所の空間特性を視覚的にわかりやすいものとして表現した、目的別の分析図を作製することが有効です。ここで紹介する事例を参考にしつつ、同様の、あるいはこれらとは異なる特定の視点から読み取った分析図を、各自でつくってみてください。

● 周辺環境を把握するための図表現

右に示す例は、都市空間を「図と地」に抽象化して表現したものです。同じ航空写真を使い、図Aでは建物を黒く塗りつぶし、それ以外を白で表現しているのに対して、図Bでは黒白を反転させています。いま、それぞれの図において、黒い部分を意味のある「図」、白い部分を背景である「地」として眺めてみましょう。図Aでは色や形の違いにとらわれずに建物の分布の様子がよくわかります。一方、図Bでは車道、歩道、庭、空地等の区別を無視した、建物に覆われていない空間の分布の様子がよくわかります。

下の「街路の断面図の例」では、道路とそれに面する建物および路上のさまざまなものの配置が断面図で表現され、建物と車道、歩道、街路樹などの要素が相互に関係しあってひとつの街路空間を構成している様子がよくわかります。

また、「路地空間の調査記録の例」は、路上に車や植木などのモノがどれだけ置かれているかを調査した結果を示した図です。これらのモノの分布状況から、路地空間が実際にどのように使われているのかを読み取ることができます。

「連続立面図の例」は、街路に面する一連の建物をひとつの立面図で示したもので、建物相互の関係やまちなみ全体の景観を把握するのに有効です。

「図と地」に抽象化した地図表現の例

航空写真（Googleマップ）

図A　建物を黒で表現

図B　建物で覆われない部分を黒で表現

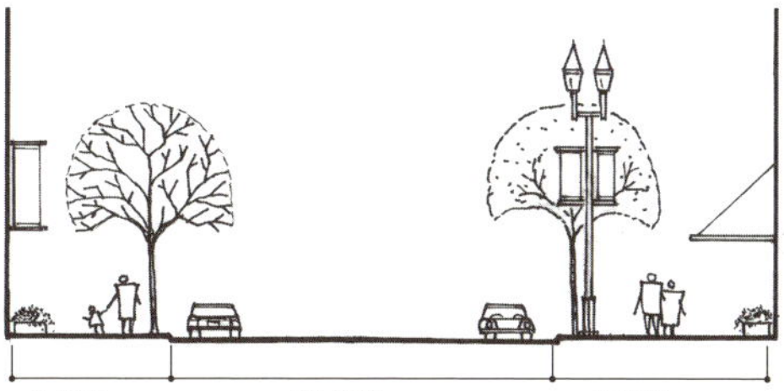

街路の断面図の例

路地空間の調査記録の例

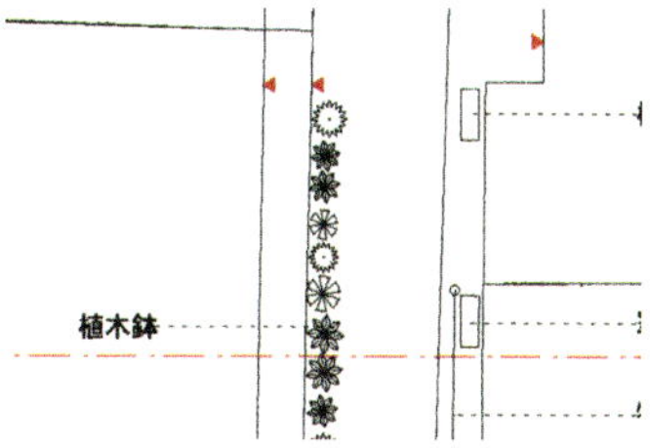

平面図

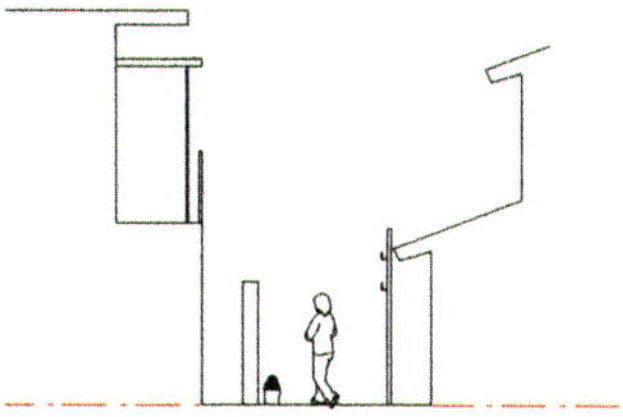

断面図

連続立面図の例

● 学生の制作例

これらは、実際に行ったフィールドサーベイの結果を、学生たちが図にまとめた例です。

最初の例は、敷地周辺の建物の1階部分の用途を調べた結果を示したものです。赤系統の色が商業施設、濃い青色がオフィスなどとなっています。この図によって、設計対象である敷地（灰色で示された、現在は立体駐車場になっている部分）は、商業施設が多くオフィスもある区域に位置することが読み取れます。ただし、この図は1階部分のみの調査結果で、それぞれの建物の上層階の情報は入っていません。実際には対象敷地の南側にはオフィスビルが多く立地しており、フィールドサーベイではその点もしっかりと把握しておく必要があります。

右の4枚の画像には、設計対象敷地に新しい建物が建った場合、それが周辺の通りからどのように見えるかが示されています。赤色の部分が新しい建物で、このような風景が見える位置と方向が、下の地図の中にA～Dの記号で示されています。

右の地図は、敷地周辺における歩行者の流れを観察した結果を示しています。「平日午前の人の流れ」の矢印は平日の午前8時から9時に観察を行った結果、「平日夕方の人の流れ」の矢印は同日の午後5時から6時の間に観察を行った結果を示しています。この敷地周辺においては、時間によって人々の流れが逆になることが理解できます。

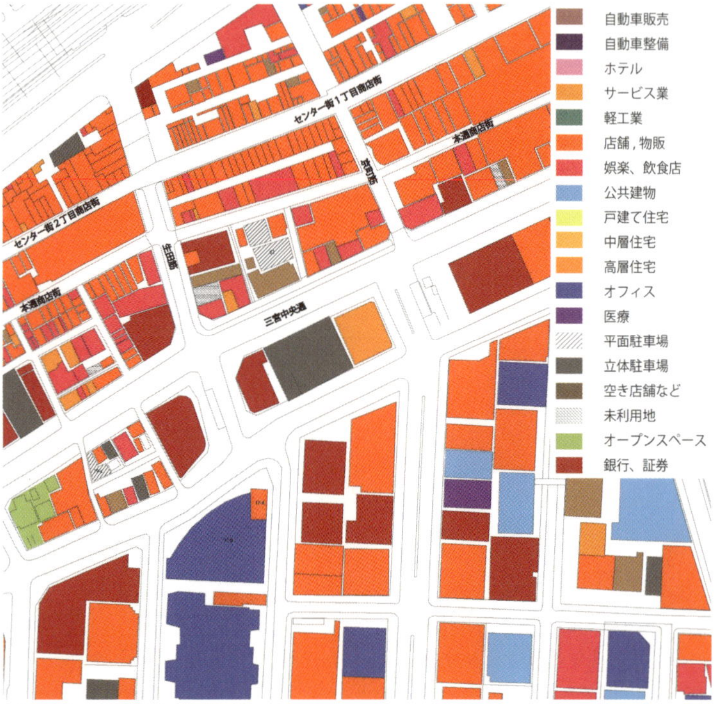

周辺建物の1階部分の用途

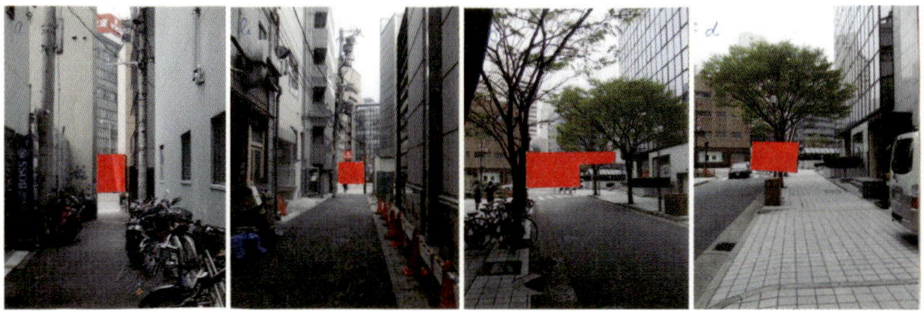

A　B　C　D

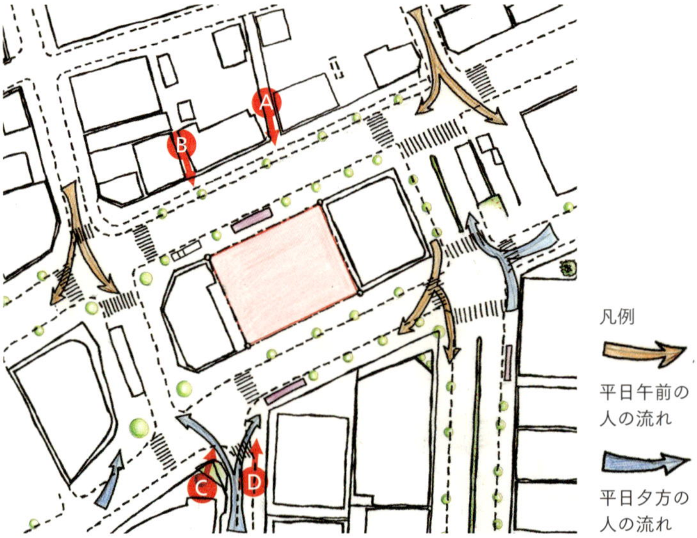

対象敷地周辺の人の流れを示した地図

1 −4 敷地模型をつくろう

地図と現地調査で得られた情報をもとにして、敷地模型を制作します。
Step2 以降では、この模型の中に設計案の建物の模型を置いてデザインを検討していきます。

● 敷地模型が必要なわけ

建築設計においては、建物の内部空間だけでなく、建物と周辺の間に生まれる外部空間も同時に設計することになります。外部空間とは建物で覆われない部分のことですが、敷地内の部分だけを指すのではありません。新しい建物ができれば、右の図に示すように、道路向かいの建物と新しい建物の間、街路樹と新しい建物の間、隣地の建物と新しい建物の間、あるいはもっと広く、周囲の自然や都市環境と新しい建物の間に、敷地の内外にかかわらず新たな空間が生まれます。これらの外部空間を目に見える形で表現し、それについて考えるための道具として、敷地模型が必要になるのです。

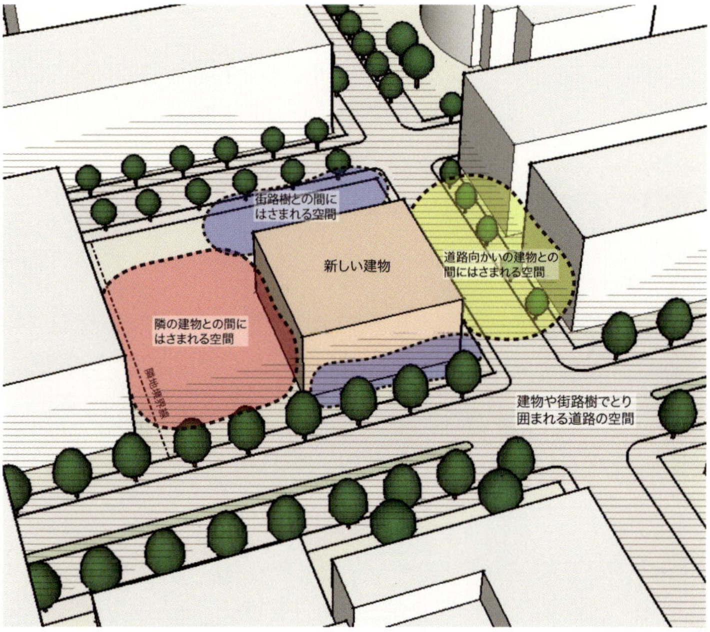

新しい建物と外部空間の関係を考える

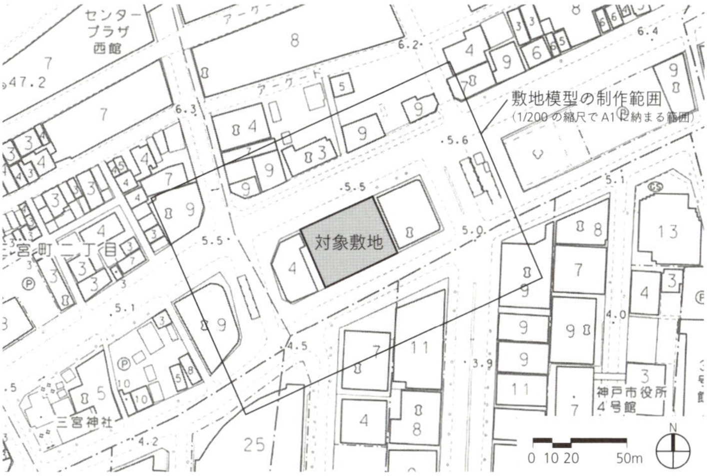

適切な縮尺と制作範囲を同時に決定する

● 縮尺と制作範囲の決定

一般に、建物内外の3次元的な空間を表現するには、最低でも1/200以上の縮尺の模型が必要です。1/100以上であれば、より表現しやすいし、1/50以上であれば、家具などの表現も容易になります。しかしながら、縮尺を大きくすると模型のサイズも大きくなるので、制作および取り扱いの容易さも考慮して、適切な縮尺を決定することが必要です。制作範囲は、周辺の様子がわかるようになるべく広くし、少なくとも隣地および道路向かいの建物の対象敷地に面する部分が含まれるようにします。実際には、A1（594mm × 841mm）あるいはB1（728mm × 1,030mm）といった、模型の土台に使用するボードのサイズに合わせて模型を制作する場合が多いので、ある縮尺を採用した場合に、使うボードのサイズで敷地周辺のどの範囲まで示すことができるのかを図面上で確認して、適切な縮尺と制作範囲を同時に決定します。

● どんな模型をつくるのかを考える

模型表現においては、縮尺に応じた抽象化が必要になります。実際の敷地や道路、周囲の建物などは複雑な形をしていますが、そのまま細かな部分まで示すことは不可能ですし、不適切でもあります。模型は実物とは異なる限られた種類の素材でつくるので、特に何かを目立たせるといった意図がない限りは、色彩も実物に合わせるよりは、むしろ同系色に限定して用いる方がよいでしょう。

敷地模型における表現の一般的な目安としては、周辺建物は単純化された輪郭でその大きさが把握できる程度の表現とし、道路は歩車道の区別を行うとよいでしょう。街路樹などの植栽は必ず表現し、人や車は可能な範囲で表現します。ただし、たとえば重要な歴史的建造物が隣接するなど、設計過程でその意匠に特に留意した方がよいような場合には、詳細な外観表現の方が適していることもあります。

敷地模型のつくり方（概要）

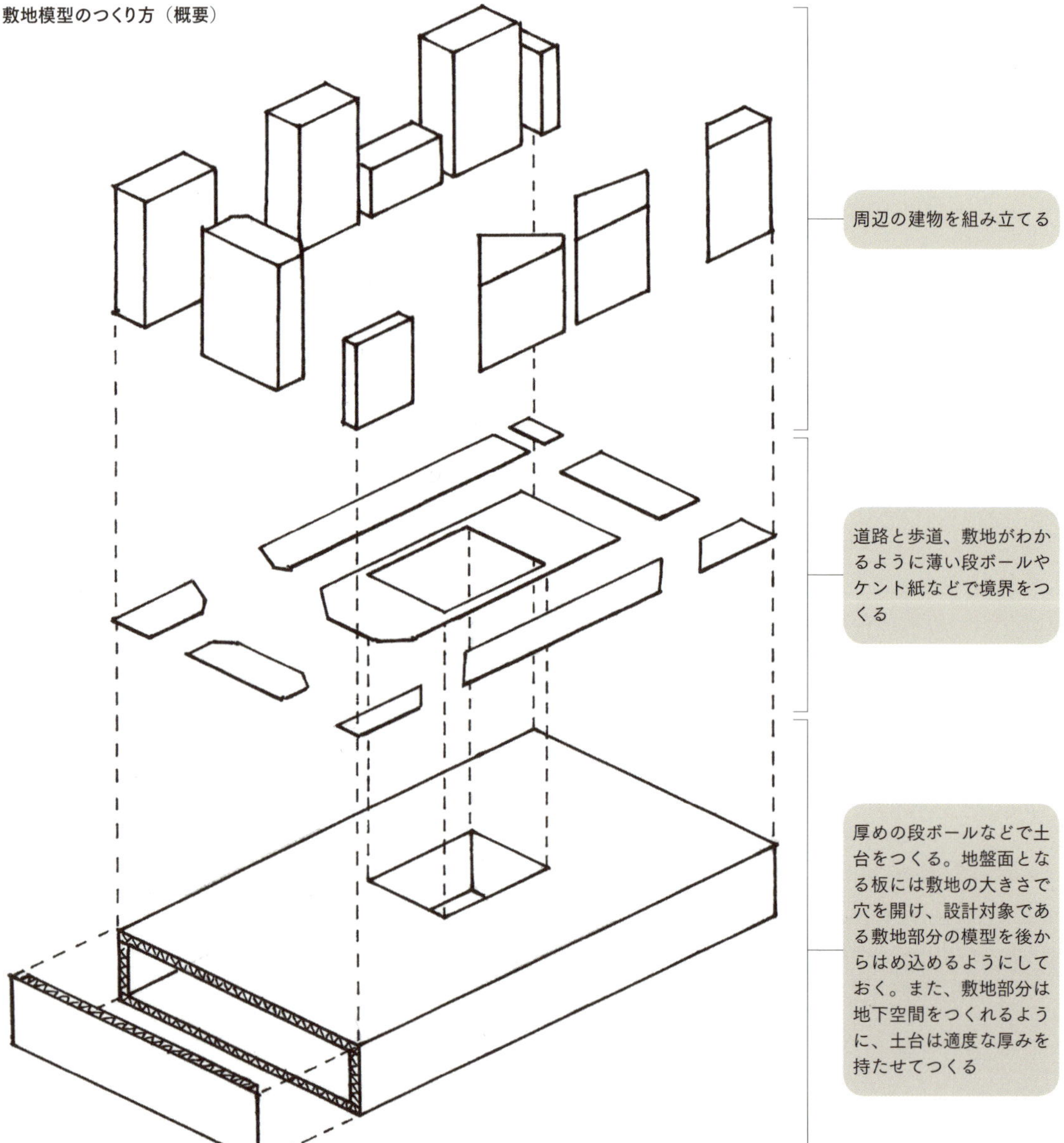
周辺の建物を組み立てる
道路と歩道、敷地がわかるように薄い段ボールやケント紙などで境界をつくる
厚めの段ボールなどで土台をつくる。地盤面となる板には敷地の大きさで穴を開け、設計対象である敷地部分の模型を後からはめ込めるようにしておく。また、敷地部分は地下空間をつくれるように、土台は適度な厚みを持たせてつくる

● 材料と道具をそろえる

ここでは、段ボールを用いた模型づくりに必要な材料と道具について紹介します。これらの道具は、段ボールを用いた模型だけでなく、後のステップで扱うスチレンボードを用いた模型の制作にも共通して使うことができるので、この機会に買いそろえておくとよいでしょう。

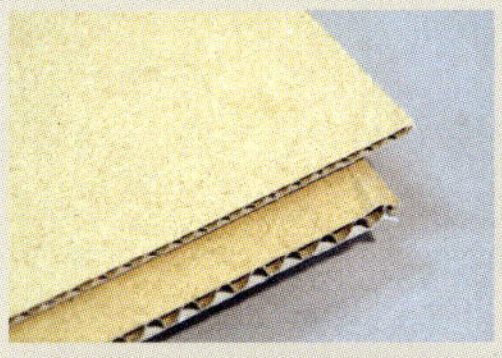

板段ボール

板段ボールとは、板状にカットされた段ボールのこと。模型台やコンタ（等高線）模型などに用いることが多い。さまざまな強度や厚さのものがあるので、用途に応じて選ぶとよい

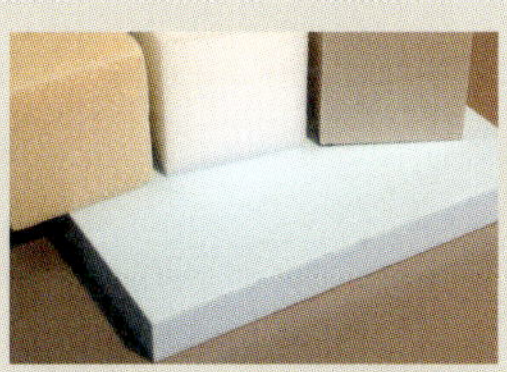

スタイロフォーム

ダウ・ケミカル社が製造する押出法ポリスチレンフォームの商標名だが、慣用的に同様の発泡樹脂一般の意味で用いられることが多い。軽量で断熱性が高く、加工も容易。建材や梱包材に多く用いられるが、模型材料としても適している

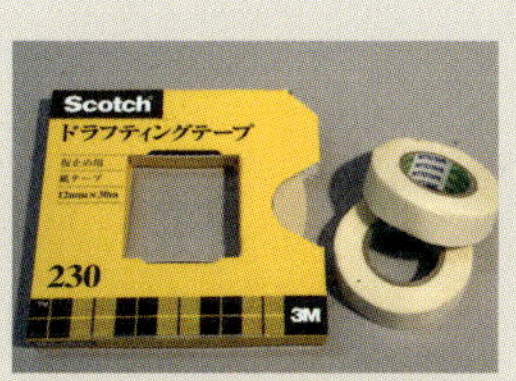

ドラフティングテープ

薄くて接着力の弱い紙テープのこと。紙や材料をいためずに簡単にはがすことができるため、部材の仮止めやマスキングなどに使う。ドラフティングテープの代わりに、同じように接着力の低いマスキングテープを使うこともある

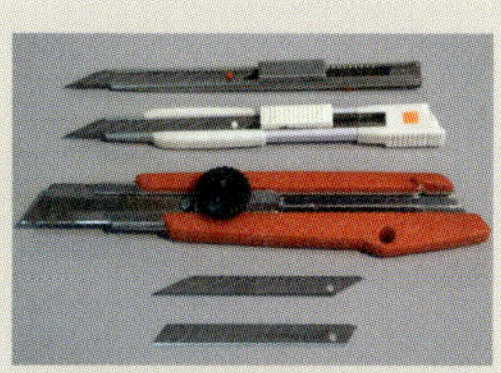

カッターナイフ

刃の大きさにより大中小の3種類があり、刃先の角度によって2種類ある。通常、直線を切るときは、刃先の角度が60°のカッターを用いるが、細かい作業を行うときは、30°のカッターが適している

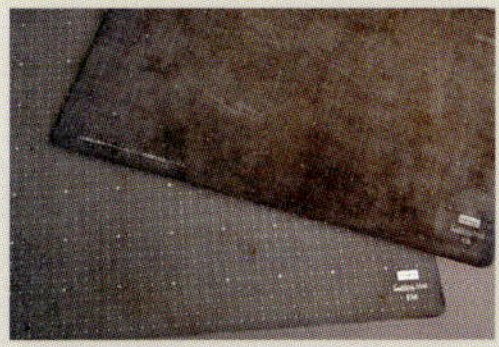

カッティングマット

カッターナイフを使うときに、作業台を傷つけないために材料の下に敷くマットのことで、塩化ビニルなどでつくられている。B5やA1などさまざまなサイズがある

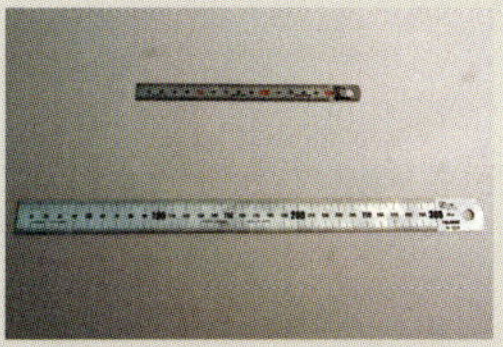

カッター用定規

定規に傷がつかないように、カッターナイフの刃があたる部分に金属を貼ったものやステンレスやアルミでつくられたものがある。長さを測るのにも用いる

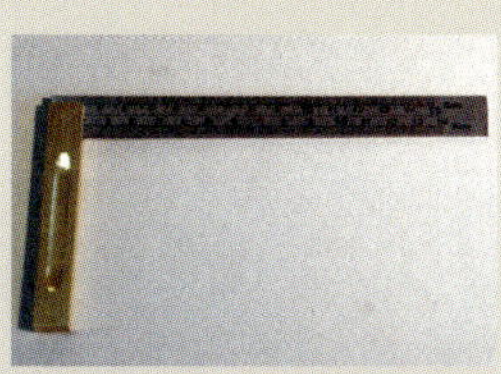

スコヤ

厚い板と薄い板の組み合わせによるL字形の定規。正確に直角になっているかどうかを確かめるときに使われる。細かい作業のときにはカッター用定規としても用いる

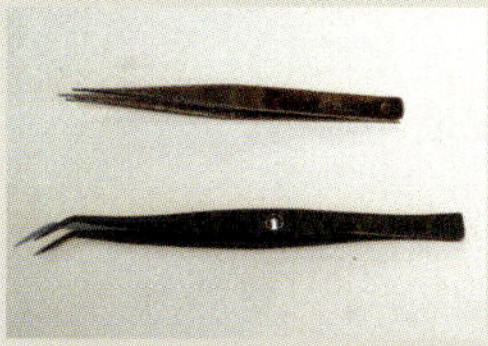

ピンセット

細かい部材を取りつけたり、ワイヤーツリーをつくるときなどに用いる。さまざまな形状のものがあるが、模型をつくるときは、先が細く曲がっていて滑り止めのついているものを選ぶとよい

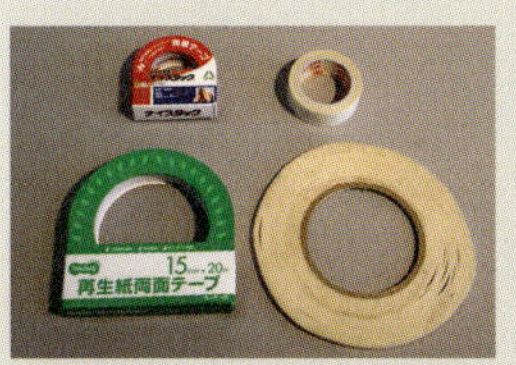

両面テープ

両面が粘着力を持つテープのこと。仮止めに用いたり、ノリのように塗った面がふやけることがないのできれいに仕上げたいときに用いる。粘着力に応じていろいろな種類がある

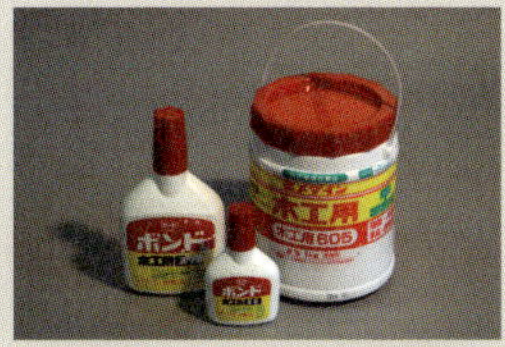

木工用ボンド

白い乳液状の樹脂でできた接着剤で、乾くと透明になる。木材や紙などの接着に適している。金属材料の接着には不向き

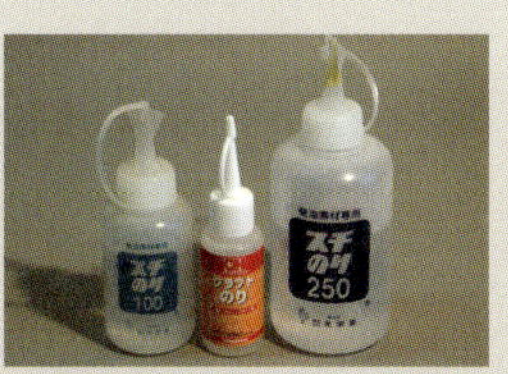

スチレン用のり

スチレンボードなど発泡樹脂系の材料の接着には、通常ののりでは粘着力が弱く、有機溶剤を含む接着剤ではスチレンが溶けてしまうので、スチレン用のりを用いる。代表的な商品のひとつに「スチのり」がある

スプレーのり

スプレーで貼付できる接着剤のこと。貼ってはがせるものから強力接着のものまで、粘着力に応じていくつか種類がある。接着剤が周囲に飛び散りやすいので散布時は注意が必要

● 土台をつくる

平坦な敷地の場合でも、地盤面は1枚の段ボールで薄くつくるのではなく、ある程度の厚みがある土台としてつくる方がよいでしょう。というのは、1枚の段ボール板だけだと、制作後の湿度変化などでたわみを生じやすいからです。また、地面を下げたり、地下室のある建物のデザインを検討するためには、土台の高さを地下の深さよりも大きくして、地下部分を表現した模型をはめ込むことができるようにしておく必要があります。

土台はスタイロフォームなどで支えを入れて厚みをつける。目安としては、A1サイズの模型で50mmくらいが適当。模型全体のサイズが大きくて十分な強度が必要な場合や、深い地下空間を表現する場合には、さらに厚くする必要がある

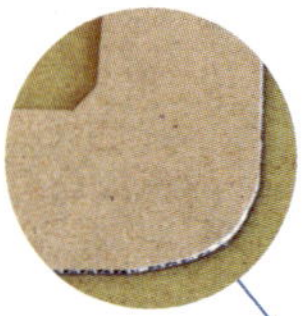

地盤面となる段ボールは、敷地の部分と、周辺で地下も表現する部分をくりぬいておく。各街区と歩道は、車道との区別がつくよう、薄い段ボールを1枚重ね貼りして表現する。このとき、周辺街区の建物が建つ部分は、建物の輪郭に合わせて、重ね貼りする段ボールをくりぬいておく

敷地に高低差がある場合

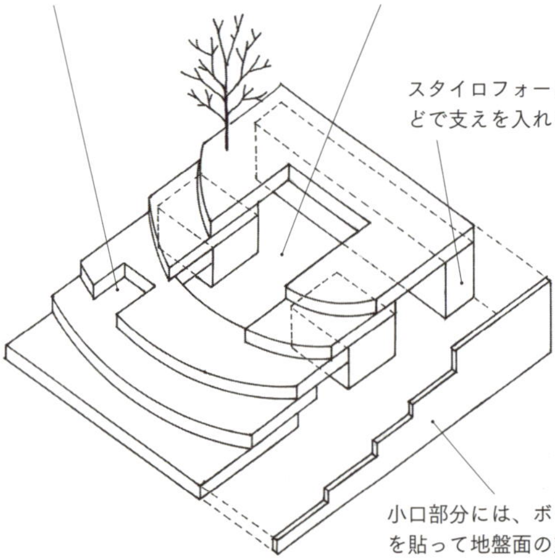

後で周辺建物を置く部分は、その底面にあたる範囲を平らにしておく
対象敷地の部分に複数のスタディ模型が入れ替え可能なように切り抜く
スタイロフォームなどで支えを入れる
小口部分には、ボードを貼って地盤面の支えにすると同時にきれいに見せる

練習課題の対象敷地は高低差のない平らな敷地だが、敷地の周辺が傾斜地になっている場合には、この図のように等高線の形状に合わせて複数の地盤面を切り出し、それらを重ねることによって土地の形状を表現する

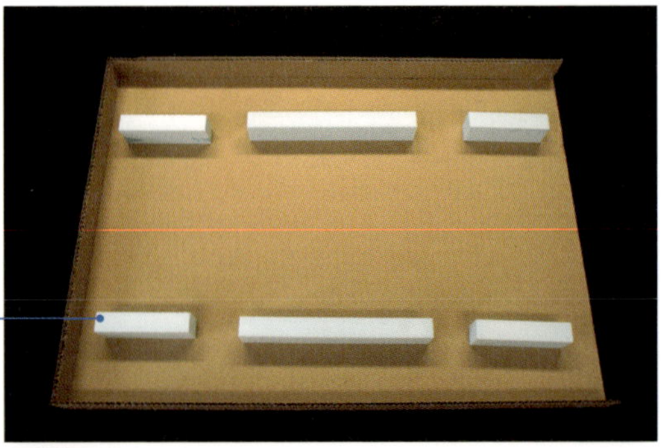

❶基礎部分をつくる

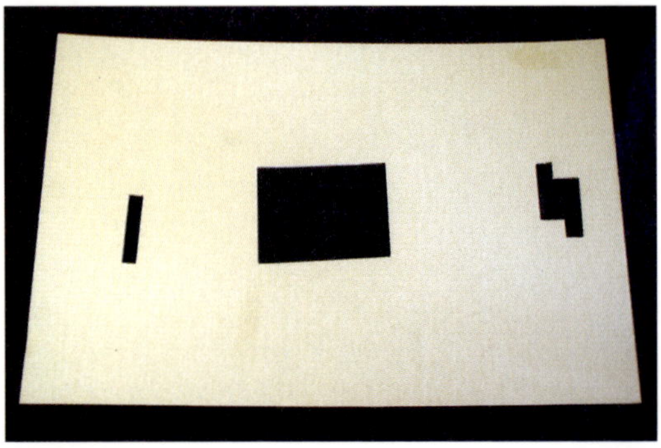

❷地盤面を切り出す

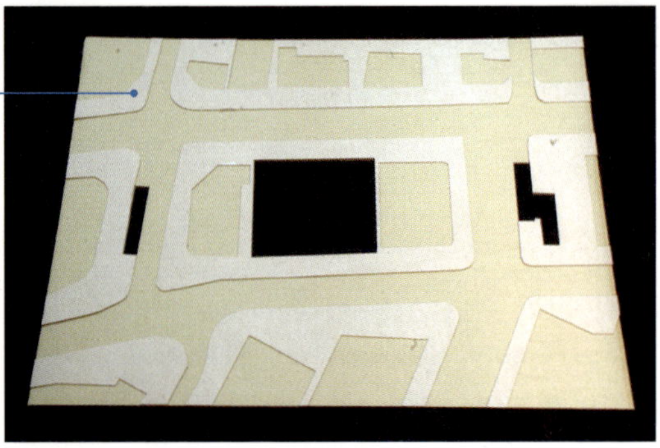

❸地盤面に街区と歩道部分を貼る

❹地盤面と基礎部分をくっつける。真横から見たところ。この後、側面にも段ボールを貼る

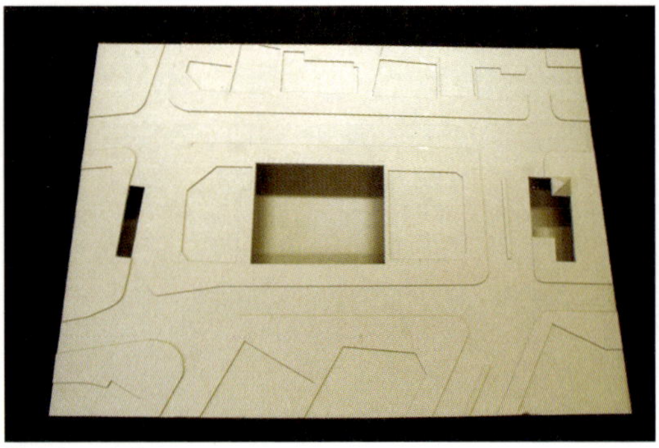

❺土台の完成

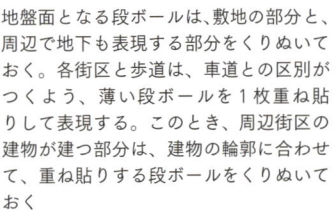

● 周辺の建物をつくる

地盤部分ができたら、次に周辺の建物をつくります。周辺建物の形状は、実際の形状を適宜単純化したものとします。あまり詳細な部分までつくり込む必要はありませんが、設計対象となる建物のデザインに影響を与えそうな形態上の特徴がある場合には表現しておくとよいでしょう。周辺建物の高さは、設計対象となる建物のデザインとも関係する重要な情報なので、特に敷地に隣接する建物や道路をはさんで向かい合う建物などの高さは、できる限り正確に把握した上でつくってください。

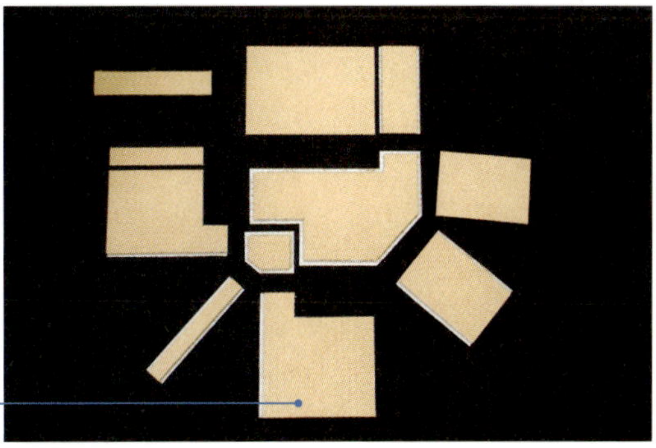

❶建物の各面を切り出す

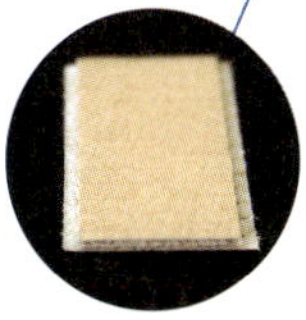

部材どうしの接続部分の納め方が、出来映えに大きく影響する。制作上のテクニックとして、外壁の出隅部分など、2枚の段ボールが直角にあたる箇所では、片方の段ボールの端を、段ボールの厚みの分だけ、表の紙1枚だけが残るようにカットして取り除く

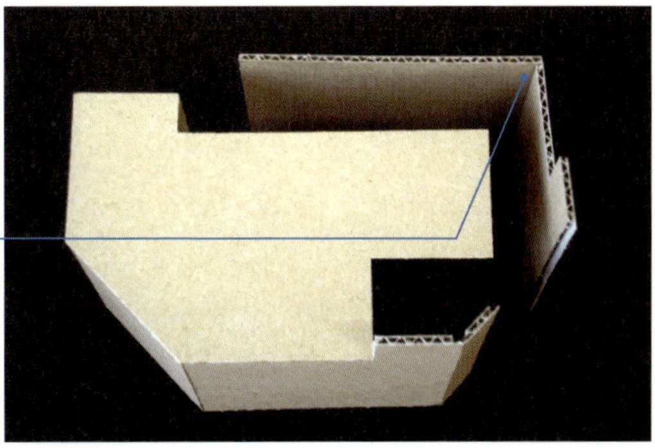

❷組み立てる

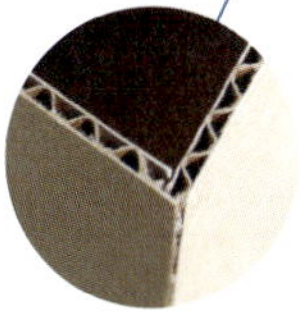

そうしておくと、もう一方の段ボールと直角に組み合わせたとき、そのコーナー部分をどちらから見ても、小口部分が隠されたきれいな納まりになる。部分的に試作してみて、要領をつかんでから本制作に取りかかるのが、上手につくるコツである

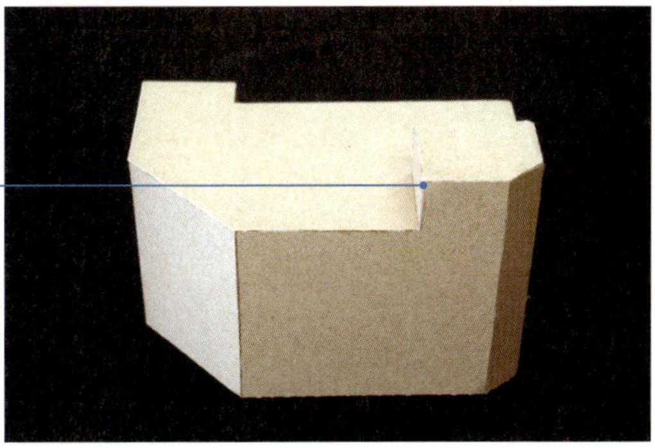

❸完成

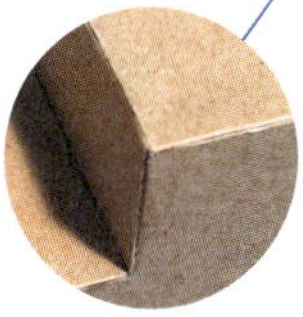

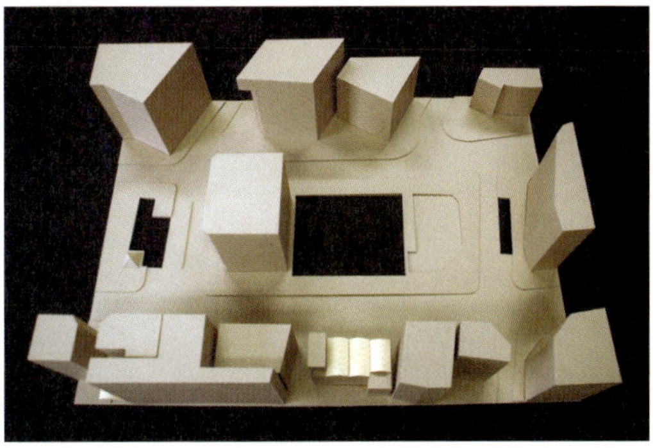

❹土台に建物を配置してみよう

写真撮影等の際にじゃまになりそうな位置にある建物を土台に固定する場合は、最後まで接着剤は用いず両面テープなどで仮止めし、適宜取りはずせるようにしておくとよい

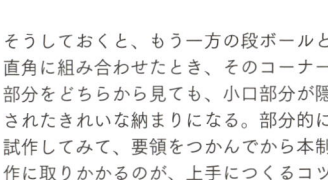

● 樹木をつくる

樹木の大きさは一定ではありませんが、模型の縮尺を考えて実際に近い大きさでつくるように気をつけましょう。たとえば、街路樹にもよく用いられるケヤキは、剪《せん》定《てい》しなければ高さが 20m 以上になります。樹木が建物と同等以上の存在感を持つ場合も多いので、現況をよく観察した上で大きさを決定しましょう。また、樹木の制作にはいくつかの方法がありますから、表現やつくりやすさの点で、つくる樹木の大きさに適した方法を選ぶようにしてください。

発泡スチロール樹木
球形の発泡スチロールにピアノ線などを刺す。抽象的な表現に向いている

ドライフラワー樹木
模型用のかすみ草をそのまま用いる。場合によっては着色する

銅線樹木（ワイヤーツリー）
電気コードなどの銅線をよじってつくる。葉っぱをつけてもよい

● ワイヤーツリーのつくり方

より合わせた銅線を自由に折り曲げたり、はさみで切って好みの樹形をつくります。それにスポンジ質の粉をつけて、葉っぱのある状態を表現することもできます。

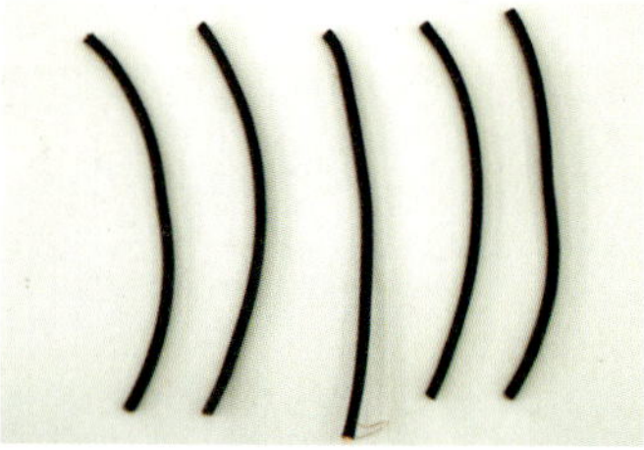

❶電線（より線を被覆したもの）を用意して[樹木の高さ＋地面に差し込む部分]の2倍の長さで切る

❷皮を剥いで2つ折りにし、根の方をより合わせる。芯線が多すぎる場合には、適当に減らす

❸幹が枝分かれする高さまで根元の方をよじる

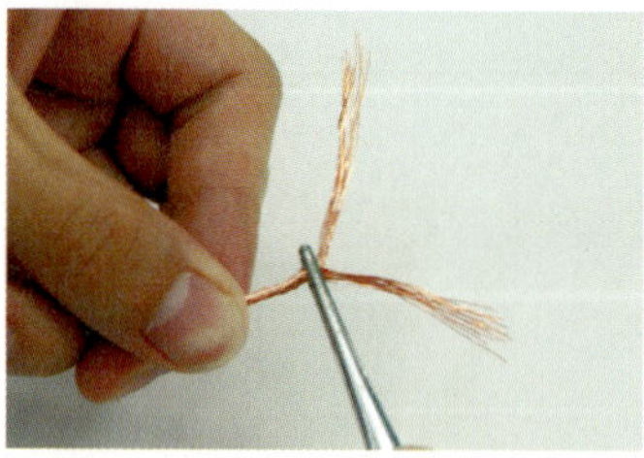

❹素線を2分割して片方を次の枝分かれ位置までさらによじる

❺末端まで順次枝分かれとよじりを繰り返し、完了したら、最初に2分割した残りの方も同じ要領で行う

❻ワイヤーツリーの完成。このままでもよいが、葉っぱをつける場合には、次の工程へ進む

❼枝の先を木工用ボンドなどの接着剤につける

❽粉末状にしたスポンジ（模型材料としてさまざまな色や大きさのものが市販されている）をつける

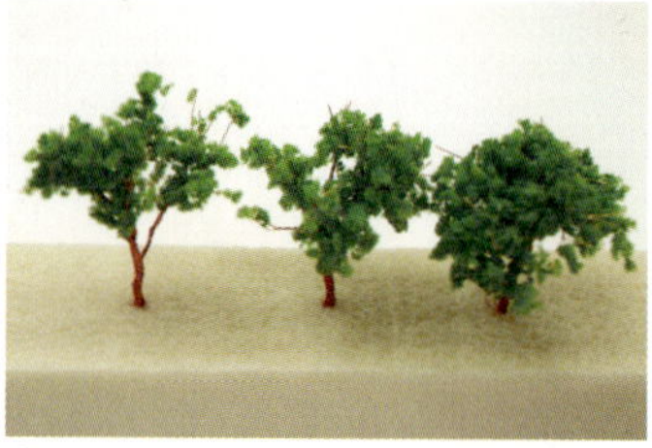

❾スチレンフォームなどに刺して立てておく。乾いたら完成！

● 人や車を配置する

人や車の模型も正しく縮尺に合わせて作製し、敷地模型の中に適宜配置しましょう。これらを入れると、模型の大きさ（スケール感）や空間の使われ方をイメージしやすくなります。

● 敷地模型が完成！

次のステップでは、この敷地模型が設計対象の建物をデザインするための重要な道具になります。

敷地模型が次のステップで大いに役立つ

対象敷地の部分は、これからつくる建築模型をはめ込むことができるように穴をあけておく。地下部分は、必要に応じて適宜底上げして調整する

対象敷地の部分に、スタイロフォームでつくった建物のヴォリューム模型をはめたところ

column

抽象としての敷地・具体としての敷地

三上晴久　みかみ・はるひさ

サヴォア邸（1931年完成）

落水荘（1937年完成）

ル・コルビュジエ（1887-1965）とフランク・ロイド・ライト（1867-1959）は、建築を学び始めるとすぐに出会う近代建築の巨匠だが、「敷地は、建築家にとってどのような意味を持っているのだろう？」という視点から見ると、きわめて対照的な建築家だ。

ル・コルビュジエの初期の代表作サヴォア邸は、彼が提唱した近代建築の5原則（ピロティ、自由な平面、屋上庭園、自由な立面、水平連続窓）が具現化された作品として名高い。空中に浮遊する直方体の四周には水平連続窓が施されているが、注意深く見てみると、南面と北面だけがキャンティレバーによる壁面として扱われていることに気づく。つまり、南面と北面では、外壁面は柱より外側に位置しているのに対して、東面と西面では、外壁面は柱位置と平面的にそろっている。

ここで、住宅の原型として1914年に発表されたドミノ住宅を見てみよう。柱と床の関係に注目すると、長辺方向では、床の先端は柱からのキャンティレバーであるのに対して、短辺方向では、床の先端は柱位置とそろっており、先に述べたサヴォア邸の特徴は、実は、ドミノ住宅の特徴と重なる。スケッチを見ると、ドミノ住宅が連なって集合住宅が形成される様が描かれているが、ドミノ住宅は、短辺方向の柱を共有することによって、水平方向に連続することが意図された建築である。

彼の建築では、正面と奥の立面が開放的につくられるのに対して、それらと直交する隣地側の立面は極端に閉鎖的に扱われるが、それは、連続可能な単位として建築を考えていたことの証しだと言えよう。興味深いのは、建物の周囲に空地があったとしてもその特徴が認められることである。サヴォア邸は、開口部については四周が等価に扱われているものの、柱と床の関係においてドミノ住宅の考え方を継承しているのであり、依然として、連続可能な単位としての建築が意識されている。

連続可能な単位として建築を考えることで、ル・コルビュジエは、特定の敷地を超えて都市全体を敷地と見立てていたのではないかとさえ思われる。

一方、住宅を中心として437の実作を残したフランク・ロイド・ライトは、ル・コルビュジエとは対照的な姿勢で敷地と向き合った建築家だったように見えるし、プレーリー・ハウス（草原住宅）は、アメリカの広大な大地の中でこそ生まれたコンセプトだったと考えられる。ライトの代表作である落水荘（カウフマン邸）を見ると、その立地に圧倒される。設計にあたって彼は、クライアントとともに現地を視察し、魅力的な岩を見つけてそこを建設地にしたと言われている。

ここでさらに、ミラード夫人邸の敷地に関するライトの記述を引いてみよう。

「ところで、最初に買った木のない敷地を私たちが却けたのは、近くのうっとりするような美しい小さな谷が私の目に留まったからで、そこには美しいユーカリの木が二本立っていた。（中略）そのようにすれば、谷は、レスター通りに向かう正面に沈んだ庭として保たれよう。家は、この谷の庭から高く、二本のユーカリの木の間に立ち上がろう。」[*1]

これらの話が教えてくれることは、ライトは、敷地に潜むものに導かれるように建築を設計しようとしたのであり、彼にとって敷地とは、自らの創作意欲をかき立ててくれる重要なもの、唯一無二の存在だったのである。

ル・コルビュジエとフランク・ロイド・ライトは、際立って異なる姿勢によって敷地をとらえていたのであり、そこからは、「抽象としての敷地・具体としての敷地」という概念が浮かび上がる。

建築にとって敷地は欠かせないものだが、設計者が異なれば敷地の意味も変わってくるのであり、敷地が同一だったとしても無数の設計案が成立し得る。建築の設計とは、唯一の正解を求めようとする行為ではない。そして、そこにこそ設計の面白さが潜んでいる。

＊1 『自伝－ある芸術の形成－』（フランク・ロイド・ライト著、樋口清訳、中央公論美術出版）p.348-p.349

Step 2

ヴォリュームで考える

Step2 で行うこと

このステップでは、建物をヴォリュームとして表現し、設計案についてのもっとも基本的な検討を開始します。

まずは、何らかのたたき台となるヴォリューム模型をつくって敷地模型の中に置いてみます。それを眺めると、設計しようとしている建物と、周辺の道路や建物などの間に、さまざまな関係が生じることに気づくでしょう。

異なった考え方に基づく複数のヴォリューム模型をつくって比較してみると、それぞれのよい点や悪い点が見えてくると思います。このようにして気がついたことを反映させつつ、自分自身の考えを発展させて、また次のヴォリューム模型をつくってみてください。このような作業を繰り返し行うことによって、納得のいく設計案が、次第に姿を現してくるでしょう。

②-1 内部空間をヴォリュームで表現しよう

設計案を検討するには、図面を中心に進める場合もあれば、簡単な模型をつくることから始める場合もあります。あるいは、3 次元 CAD でスタディすることもあります。ここでは、模型制作でよく用いられ、設計に慣れていない人でも取り組みやすい、スタイロフォームのヴォリューム模型をつくって、初期の案を検討します。

● ヴォリューム模型とは

ヴォリュームとは、壁・床・柱・屋根など、何らかの建築的要素によって限定された、一定の容積を持つ空間の広がりのことで、その大きさや形の概略を立体で表現したものが、ヴォリューム模型です。実際には、外部空間であっても、ある範囲が部分的に塀や柱・梁・屋根などで囲まれていて、他の空間と区別できる場合には、それをヴォリュームとして認識することが可能です。しかしながら、考え方が複雑になるのを避けるため、ここでは、一般に建築の延床面積を計算するときの対象となる、壁・床・屋根・窓・扉などで完全に取り囲まれて外気から遮断されることが可能な内部空間のみを、ヴォリューム模型で表現することにします。

このようなヴォリューム模型は、設計の初期段階で建物の大きさを把握したり、敷地内における大まかな建物配置を検討したりするのに有効です。

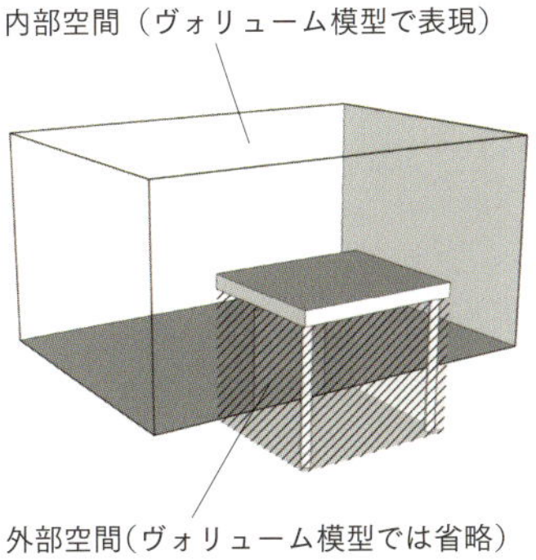

● ヴォリューム模型のつくり方

ヴォリューム模型は粘土や木材、石膏などの素材を使ってつくることも可能ですが、ここでは加工が簡単で扱いやすいスタイロフォームを用いることにします。厚みの小さなものはカッターで切ることも可能ですが、ある程度以上の厚みのものを切るときには、加熱したニクロム線を用いたヒートカッターと呼ばれる道具を使います。数種類のものが市販されており、斜めに角度をつけて切断することもできるようになっています。また、専用のアタッチメントを使うことで、円筒形のヴォリュームを切り出すことも可能です。ヒートカッターの詳しい使い方については、次のページを見てください。

なお、スタイロフォームでつくった模型は、スタディ用としては手軽でよいのですが、素材自体がある程度光を透過させる性質を持っているので、写真に撮影すると影や輪郭がぼやけてしまいやすいことを知っておいてください。プレゼンテーション用の模型に用いる場合には、スタイロフォームの表面にジェッソ（石膏風の地塗り剤）などを塗るとよいでしょう。ジェッソの上には着色も容易です。このような方法を用いれば、スタイロフォームを使いながら、まったく異なる質感を表現することも可能です。

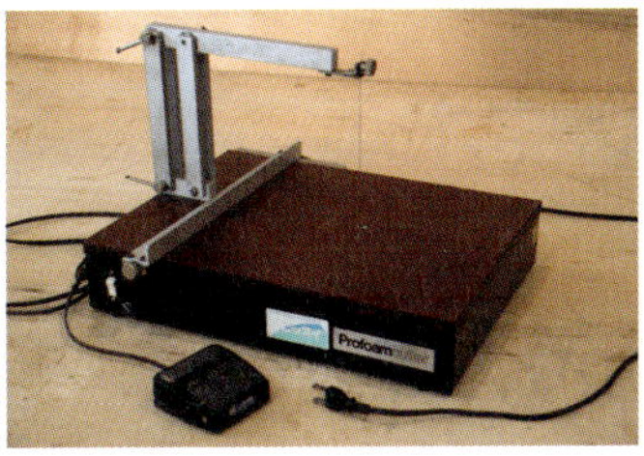

ヒートカッター

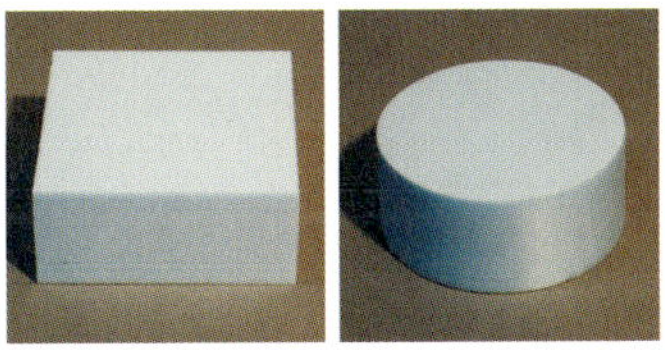

切り出したヴォリューム

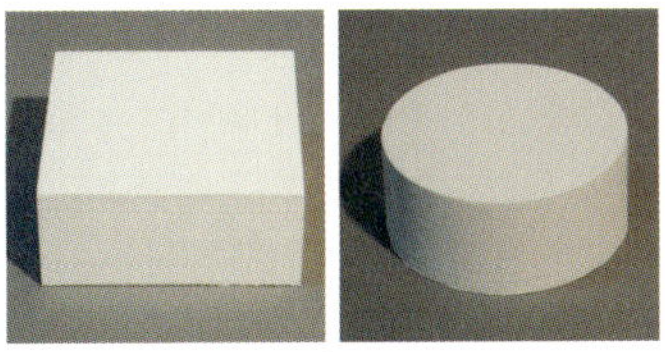

ジェッソを塗ったヴォリューム

● ヒートカッターの使い方

まずは、直方体を正しく切り出すための基本を押さえましょう。使用前には必ず、ヒートカッターのニクロム線が垂直になっていることを確認してください。

もとのスタイロフォームが不整形な場合には、最初に不整形な部分を取り除いて、隣り合う3つの面が互いに直角になるようにします。

寸法はスタイロフォームに印をつけるのではなく、ヒートカッターに付属するガイドとニクロム線の間の距離を合わせることで設定します。

互いに直角になるようにした3つの面のうち、ひとつを底面とし、もうひとつの面をガイドに沿わせて、スタイロフォームを押して切断します。

細長いものを切るときは、同じくらいの厚さの長方形の板を用意し、それにスタイロフォームをあてて、板と一緒にガイドに沿わせて動かして切断します。

角度をつけて切るときは、勾配定規を用いてニクロム線を所定の角度に合わせます。

円筒形を切り出すときは、円の中心になる位置にピンのついた専用のアタッチメントを用います。アタッチメントがなければ、画鋲《がびょう》と厚紙で同様のものをつくって代用することも可能です。

直方体を切り出すとき

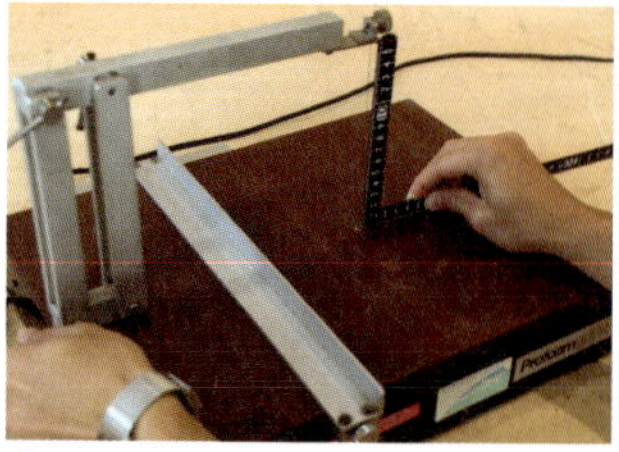

❶スコヤを使ってニクロム線を垂直に合わせる

▼

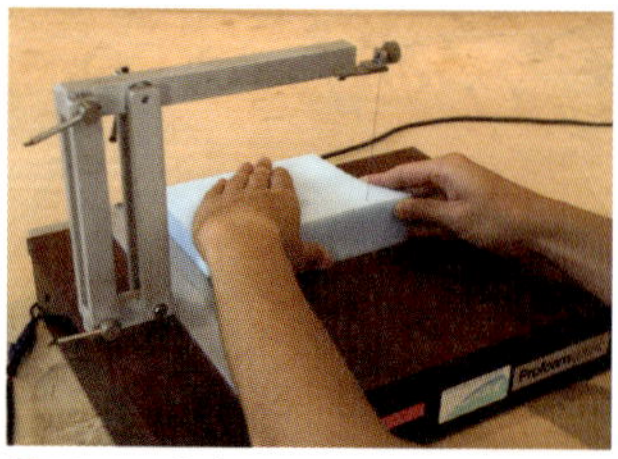

❷互いに直角な3つの基準面をつくる

▼

❸寸法に合わせてガイドを固定する

▼

❹基準面を底面とガイドに沿わせて押す

細長いものを切るとき

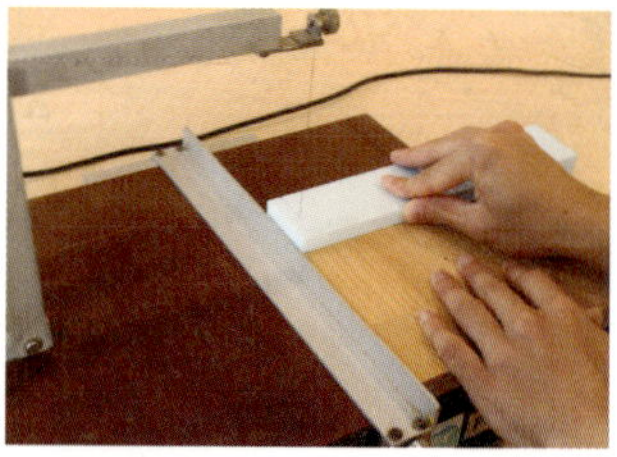

板と一緒にガイドに沿わせて押す

角度をつけて切るとき

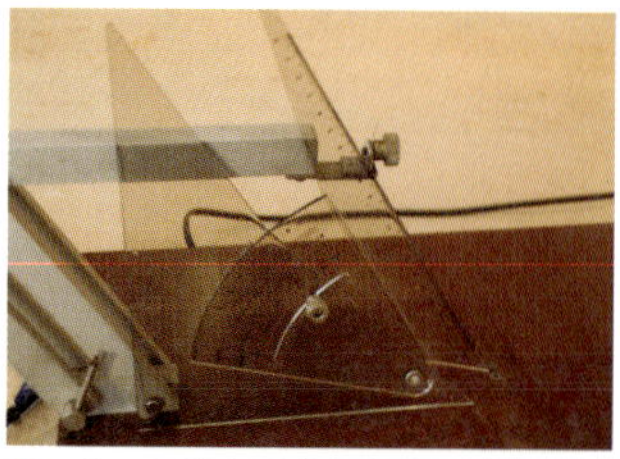

❶ニクロム線を所定の角度に合わせる

▼

❷基準面を底面とガイドに沿わせて押す

円筒形を切り出すとき

❶ピンとニクロム線の距離を半径に合わせ、アタッチメントを固定する

▼

❷ニクロム線に密着させつつ、スタイロフォームをピンに刺す

▼

❸スタイロフォームを回転させて円筒を切り出す

● 建物全体をひとつのヴォリュームで把握する

最初に、建物全体がどのような大きさになるのかを、ごく大雑把に把握しましょう。たとえば、階高[※1]を4mとして、その高さに相当する厚みのスタイロフォームを用意します。1/200の縮尺で模型をつくるとすれば､階高4mは、4,000mm ÷ 200 ＝ 20mmであり、20mmの厚みの材料を用意すればよいことになります[※2]。

次に、この材料を、設計対象の延床面積1,500㎡に相当する大きさにカットするのですが、この延床面積は、たとえば、実寸で30m × 50mの長方形平面に相当します。これは、1/200の模型では、1辺の長さが30,000mm ÷ 200 ＝ 150mm、もう1辺の長さが50,000mm ÷ 200=250mmの長方形に相当しますから、20mmの厚みの材料を150mm × 250mmにカットすれば出来上がりです。

長方形平面の場合、面積さえ同じであれば、辺の長さの組み合わせはもちろん自由です。ただし、本課題では、建物の延床面積1,500㎡は、敷地面積約1,295㎡より大きいですから、平屋（1層の建物）としたのでは敷地内に納まりません。したがって、敷地内に納まる大きさに適宜カットして積み重ねる必要があり、それが建物のだいたいの大きさであるということになります。

1層あたりの面積を大きくすれば全体の高さは低くなりますし、逆に1層あたりの面積を小さくすれば全体の高さは高くなります。平面形状は長方形に限りませんから、建物全体のヴォリュームだけでも、とても多くの可能性があることに気がつくでしょう。

※1　階高とは、ある階とすぐ上の階との垂直距離で、1階の床面から2階の床面までの垂直距離を1階の階高、2階の床面から3階の床面までの垂直距離を2階の階高と呼ぶ。
階高は、もっとも小さい場合でも2.5m程度は必要であり、部屋の大きさや用途によっては、10mを超える場合もある

※2　建築の分野では、日本においては長さや高さを示す寸法は、基本的にmmで表現する

学生の制作例。こんな形も可能

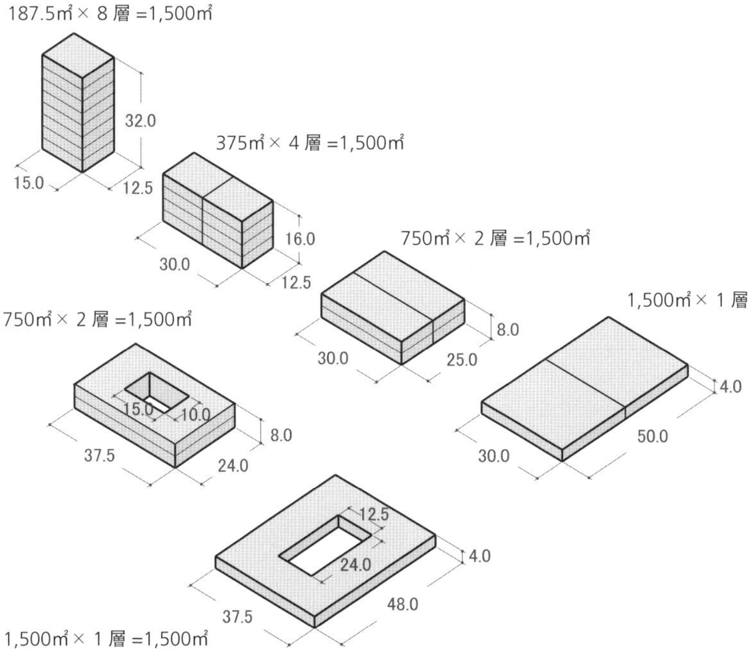

同一の延床面積でプロポーションが異なるヴォリュームの例

建物内のほとんどの部屋には外部に面した窓が必要であるが、1,500㎡もの延床面積を有する建物を、左の図の30m × 50mの1層の建物としてつくると、建物の中央付近には窓のない部屋ができてしまいがちである。そのため、実際には建物内のあらゆる部分が外壁から一定の距離内に納まるよう、ヴォリュームをいくつかに分けたり、左下の2つの例のように、ヴォリュームに穴をあけたりして、建物の中へ光と風が届きやすい工夫をすることが必要になる

● 部屋ごとの高さを検討する

次に、課題書に示されたすべての必要諸室のヴォリュームを、部屋ごとにつくってみましょう。必要諸室の中には、展示スペースのように大きな床面積の部屋もあれば、便所のように小さな床面積の部屋もあります。すでに、最初のスタディとして、内部空間の高さを平均化して建物全体をひとつのヴォリュームとして把握しましたが、ここでは、個々の部屋の天井高[※1]の違いを考えてスタディしてみましょう。

一般に、大きな床面積の部屋は、小さな床面積の部屋よりも天井が高くなる傾向があります。たとえば、床面積25㎡、すなわち5m × 5mの部屋の天井高は2.5m程度でも大丈夫です。しかし、床面積225㎡、すなわち15m × 15mの部屋の天井高を2.5mにした場合、床面積25㎡の部屋の天井高と比較してみると、物理的には同じであっても、視覚的には天井が低くて圧迫感のあるものに感じられます。

※1　部屋の床面から天井面までの垂直距離のことを天井高と呼ぶ

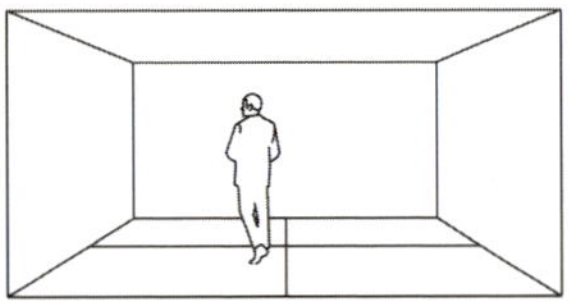

5m × 5m の部屋

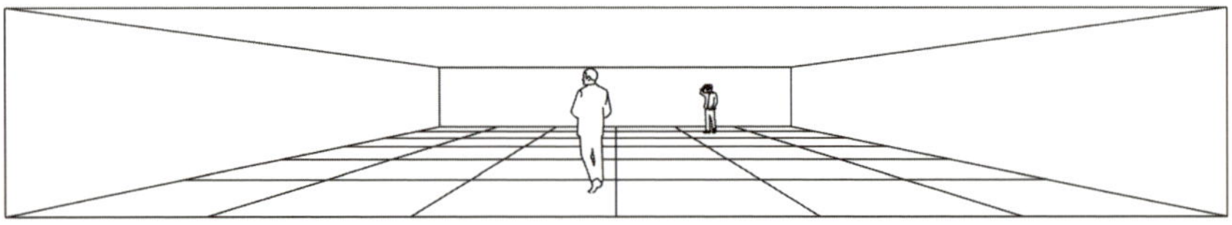

15m × 15m の部屋

また、天井の高い部屋は、上部に開口部を設けることによって暖気を上方に逃がすことができますから、多人数が利用する部屋として、環境工学的にも合理的です。展示スペースやパフォーマンススペースは、大きなものを入れたり、多様な演出を行う場合には、相当な高さが必要になると考えられます。倉庫や機械室は、収納するものや機械の大きさを勘案して高さを決めることになります。以上のように、各部屋の天井高は、その部屋の床面積や用途に応じて違ってきますが、一般的には、天井高の違いが、上階の床高の違いとして反映されるわけではありません。

各部屋の天井高の違いが一定の範囲内であれば、階高は、下階の部屋の中でもっとも大きな天井高を必要とする部屋に合わせて決めるのが一般的です。別の言い方をすると、通常の設計では、階高を一定に設定した上で、必要に応じて天井高に変化を持たせます。なお、天井裏には、梁、配管、空調機器、照明器具などが納められます。

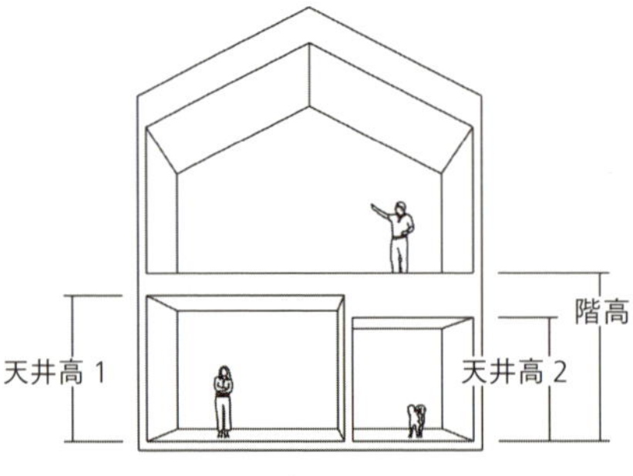

階高と天井高

部屋ごとのヴォリュームを組み合わせる

それでは、課題書に示された必要諸室のすべてについて適切な高さを想定しながら、実際にスタイロフォームをカットして部屋ごとのヴォリュームをつくってみてください。

ここで大切なことは、部屋のヴォリュームを隙間なくぎっしりと並べたのでは具合が悪いということです。いずれの部屋についても、周囲のどこかに人が通ることができる隙間をつくるように注意しながら並べてください。課題書に明記されているように、必要諸室の床面積を合計しても925～950㎡で、求められている延床面積1,500㎡にはなりません。つまり、その差550～575㎡は、玄関や廊下など、人が動き回るためのスペース（動線空間）に割りあてられるのです。

動線空間については、ヴォリュームとしてはつくらずに、右図のようにヴォリューム間の隙間として扱ってもかまいませんし、部屋のヴォリュームを並べていくうちに、動線空間もヴォリュームとして表現した方がわかりやすいと感じた場合は、そうしてもかまいません。しかしながらどちらの場合でも、動線空間のことも考えながら部屋のヴォリュームを並べないと具合が悪いのだということを、銘記してください。

学生の制作例

部屋のヴォリュームを組み合わせていると、さまざまなことに気がつきます。たとえば、小さな部屋を並べると、大きな部屋と同じ長さになったり、天井高さの大きな部屋の1層分が、天井高さの小さな部屋の2～3層分と同じくらいになる場合があることに気づくでしょう。そのような場合には、部屋ごとに異なるヴォリュームとして配置していたものをまとめて、ひとまとまりの大きなヴォリュームとして表現することも可能です。

あるいは、複数の部屋のヴォリュームで囲まれた隙間の部分が、立体的にとても面白い空間を生み出していることに気づくかもしれません。そのような空間は、たとえば、中庭として利用したり、屋根をかけて特徴のある廊下やロビーにできるかもしれません。

以上のようなことを考えながら、自分の模型と「対話」しつつ、想像力を働かせて、どんな空間ができそうかをいろいろとスタディしてみてください。ある程度納得のいく案ができたら、その模型を写真に撮って記録したり、あるいはその模型はとりあえず横に置いて、さらによい案がないか、別の考え方ができないかなど、新たな模型をつくって検討を加えてください。

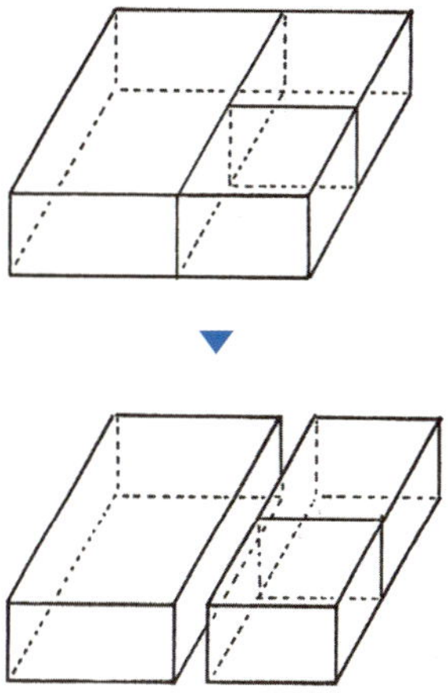

ヴォリューム間には隙間が必要

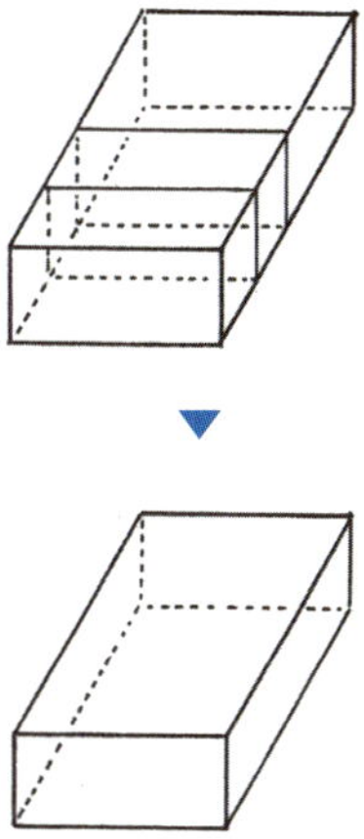

小さな部屋の集まりはひとつのヴォリュームとしても考えることができる

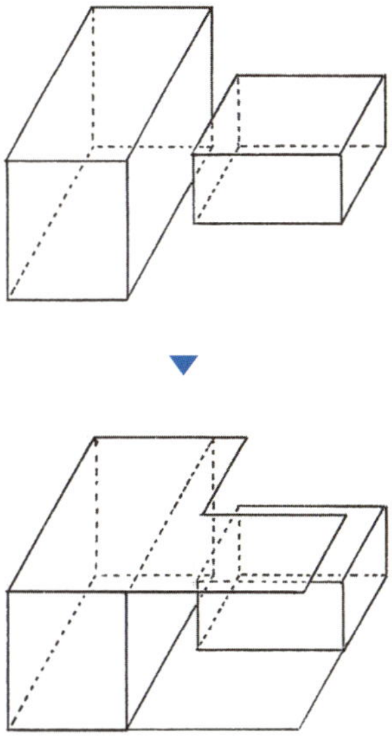

隙間に屋根をかけると室内化できる

②－2 建物と周辺環境の関係を考えよう

建物全体をひとつのヴォリュームで表現した模型をつくった場合でも、多数のヴォリュームの集合として表現した模型をつくった場合でも、それがよい案であるか否かを確かめるためには、敷地模型の中に置いて、周辺の道路や建物との関係を眺めてみることが必要不可欠です。

● 敷地模型の中にヴォリューム模型を置いてみる

ヴォリュームの配置を検討する際には、周辺の道路や建物との関係を眺め、敷地内に確保することが可能なオープンスペース（緑地や広場として利用可能な空地の部分）の広さや位置をチェックします。

建物全体をひとつのヴォリュームで表現する場合、a1のように建築面積（建物の水平投影面積）を小さくして高さを高くすれば、敷地内にオープンスペースを広く確保することが可能ですが、内部空間と街路や地面との関係は希薄になるかもしれません。逆に、a2のように建築面積を大きくして高さを低くすると、内部空間と街路や地面との関係は緊密にできるかもしれませんが、残されたオープンスペースは窮屈なものとなります。また、b1のように、建物全体を大きく2つのヴォリュームとして考え、両者の間を開放的な内部空間とすることも考えられるでしょう。

部屋ごとのヴォリュームを組み合わせて全体をつくる場合でも、やはり敷地模型の中に置いて考えてください。今度は、建物全体をひとつのヴォリュームで表現したときとは異なり、部屋相互の関係が強く意識されるでしょう。c1は、大きな部屋を中心としてその周りに小さな部屋を配置した例ですし、c2は、同じような大きさの部屋を規則正しく並べようとした例です。また、c3は、斜めの角度を取り入れて配置した例です。

敷地模型の中にヴォリューム模型を置いてみることによって、建物内の部屋どうしの集合のさせ方や、建物と周辺環境の関係性などが、明確になってきます。このような空間の特質は、腕組みをしたまま頭だけで考えていても、正しく把握することができません。また、模型を使うことによって、2次元のスケッチや図面だけでは気がつかない、多様な空間の可能性が見えてきます。どんどん手を動かし、あなたの想像力を大いに働かせて、設計する建物の内外に、どのような新しい関係性をつくり出すことができそうかを、いろいろと試してみてください。

ひとつのヴォリュームにした場合

a1

小さな建築面積で高くした場合

a2

大きな建築面積で低くした場合

2つのヴォリュームにした場合

b1

多数のヴォリュームの集合にした場合

c1

大きな部屋を中心とした場合

c2

規則正しく並べた場合

c3

斜めの角度を取り入れた場合

● 図と言葉で自分の考えを明確化する

ヴォリューム模型によるスタディをある程度行ったら、それをスケッチブックなどに手描きの図で記録しましょう。手描きの図は、平面だけではなく立面や断面も描きましょう。

そしてそれらの図に、考えたことや思いついたアイデアを、言葉や矢印などを使ってどんどん書き加えていきましょう。模型で表現したものを、改めて図や言葉で表現するという作業は、自らの考えを明確化することにつながります。図と言葉で表現しようとすることによって、曖昧《あいまい》さが払拭《ふっしょく》されていくのです。

別の言い方をすれば、図や言葉に置き換えることによって、自分の案を第三者的に見直す機会が得られるのです。書き込んだ内容は本当にそれでよいのか、もっとほかの方法があるのではないか、などと、自分自身に問いかけることが可能になります。

また、手描きではあっても、正確な平面、立面、断面を描いてみると、模型では気づきにくかった寸法的な事柄を確認することができて、やはり曖昧な部分を明確化することにつながります。

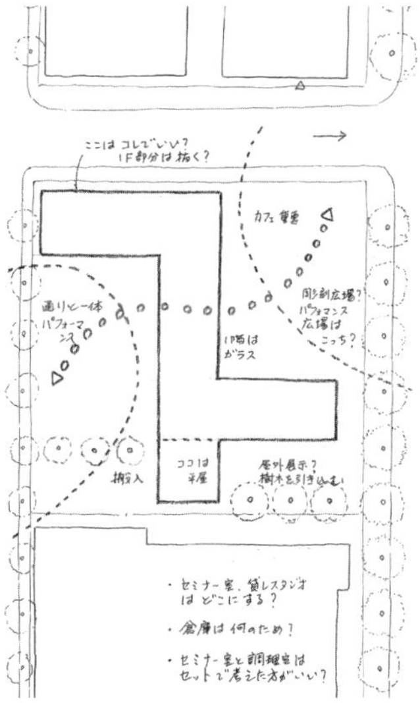

図と言葉による表現の例

● スタディを繰り返す

ヴォリューム模型、スケッチ、図面等は、この順序でひと通りつくれば終了というわけではありません。新たな問題を発見したり新たなアイデアを思いつくたびに、模型や図面は何度も修正し続けることになります。修正を重ねることによって、少しずつかもしれませんが、デザインはよくなります。模型や図面は、スタディのための道具であり、スタディは繰り返し行うことが重要なのです。

スタディを繰り返し行うためには、ある段階の案を固定化して残し、後に改めて評価することも有効です。このとき、上の項で説明したことを必ず実行しましょう。つまり、ある段階の案を固定化して残そうとするとき、模型だけではなく、図と言葉でも表現しておくのです。模型は現物を残しておくのがもっともよいのですが、それには材料も手間もかかるので、ひとつの模型をどんどん修正していくことにして、デジタルカメラなどで写真として残したり、スケッチとして残しておくことで十分だと思います。

「案をつくり、それを記録する」、「別の案をつくり、それを記録する」、「自らがつくった複数の案を比較して評価する」といった作業を繰り返し行うことによって、たたき台に過ぎなかった初期の案を、次第に納得のいく優れた案へと発展させていくことができるのです。

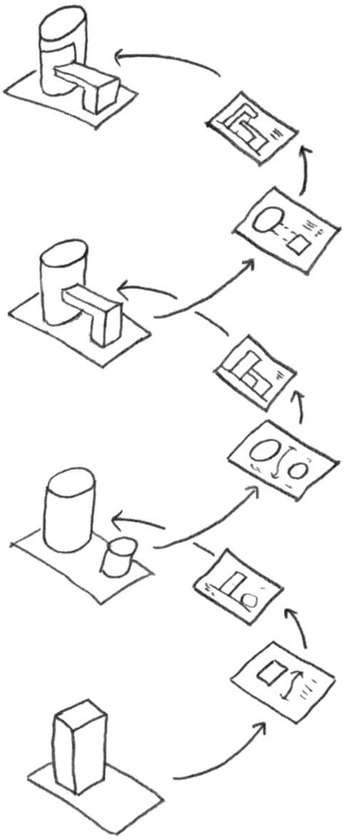
デザインプロセスの模式図

② −3 学生によるスタディ

まずは、有本くんと林さんの Step2 の流れを具体的に見てみましょう。

有本くんの場合

「とりあえず、必要な部屋のヴォリュームを適当に並べてみよう」

「なるほど、これくらいの大きさか……」

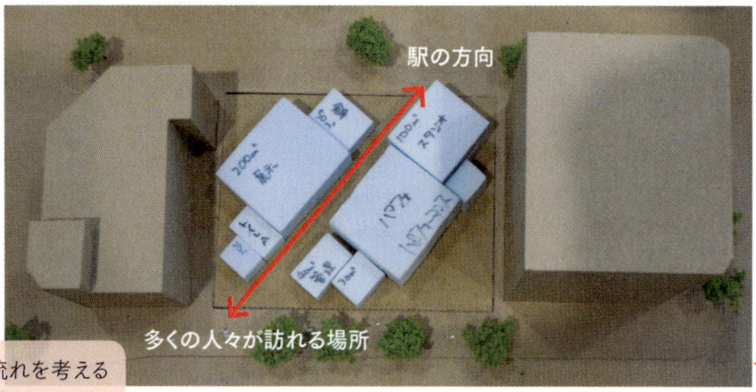

「駅からの人の流れを考えると、斜めに通り抜けられるようにするのがいいかも」

「建物を覆いかぶせて、その下を通り抜けられるようにするのも面白いかな」

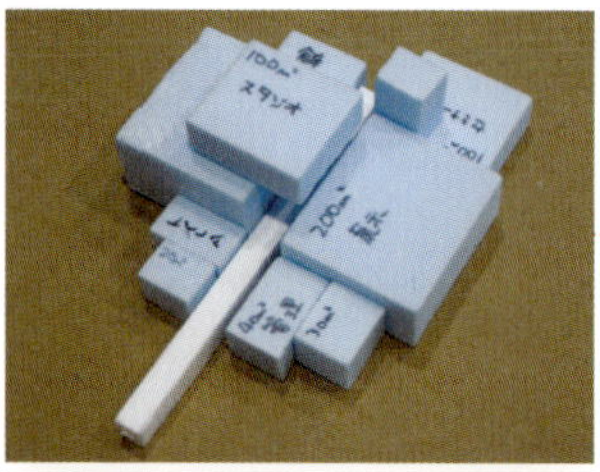

「わかりやすいように、通路もヴォリュームで表現してっと」

林さんの場合

「まずは必要な部屋のサイズと関係を整理してみよう」

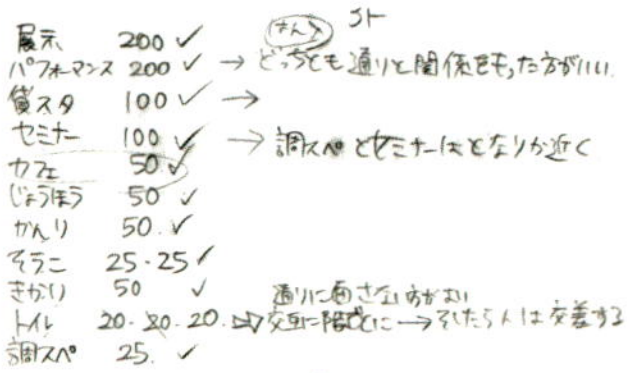

「とりあえず、その通りに置いて考えたらいいのかな」

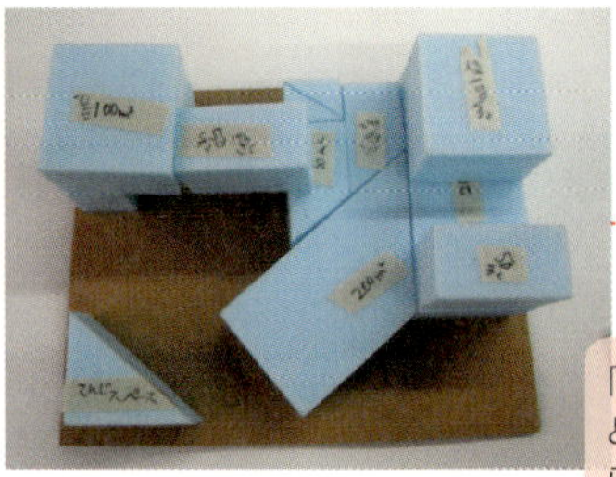

「何か違う気がする。外と内の関係を整理したら、まとまるのかな？」

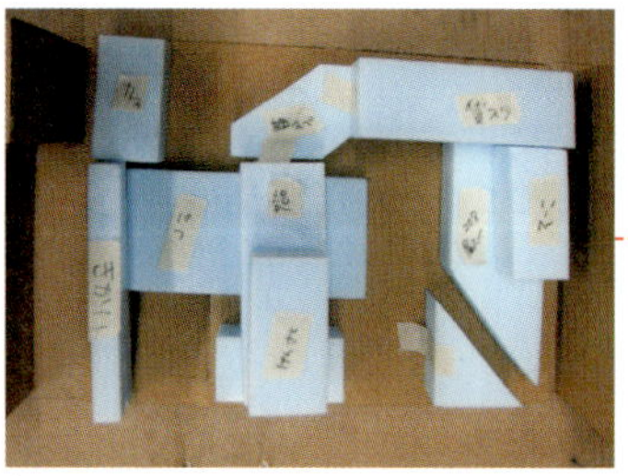

「う〜ん　これもしっくりこない……」

「考え方を変えて、ひとつにまとめてみよう。大きな吹き抜けを中心にして……」

「う〜ん、やっぱりよくない……！どうしよう〜混乱してきた〜（涙）」

「落ち着け、落ち着け……、ちょっと深呼吸して、やりたいことを整理してみよう」

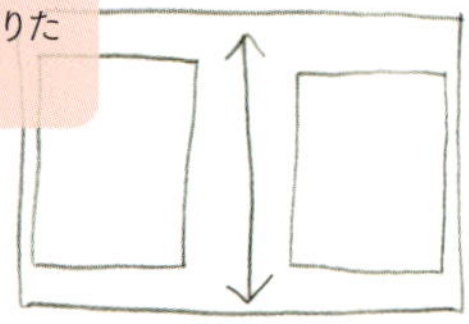

「あの場所は、南北のつながりが悪い気がするから、通り抜けできるようにしたい」

「ついでに、斜めに上下に移動できるようにしたら、
もっと楽しいかも……」

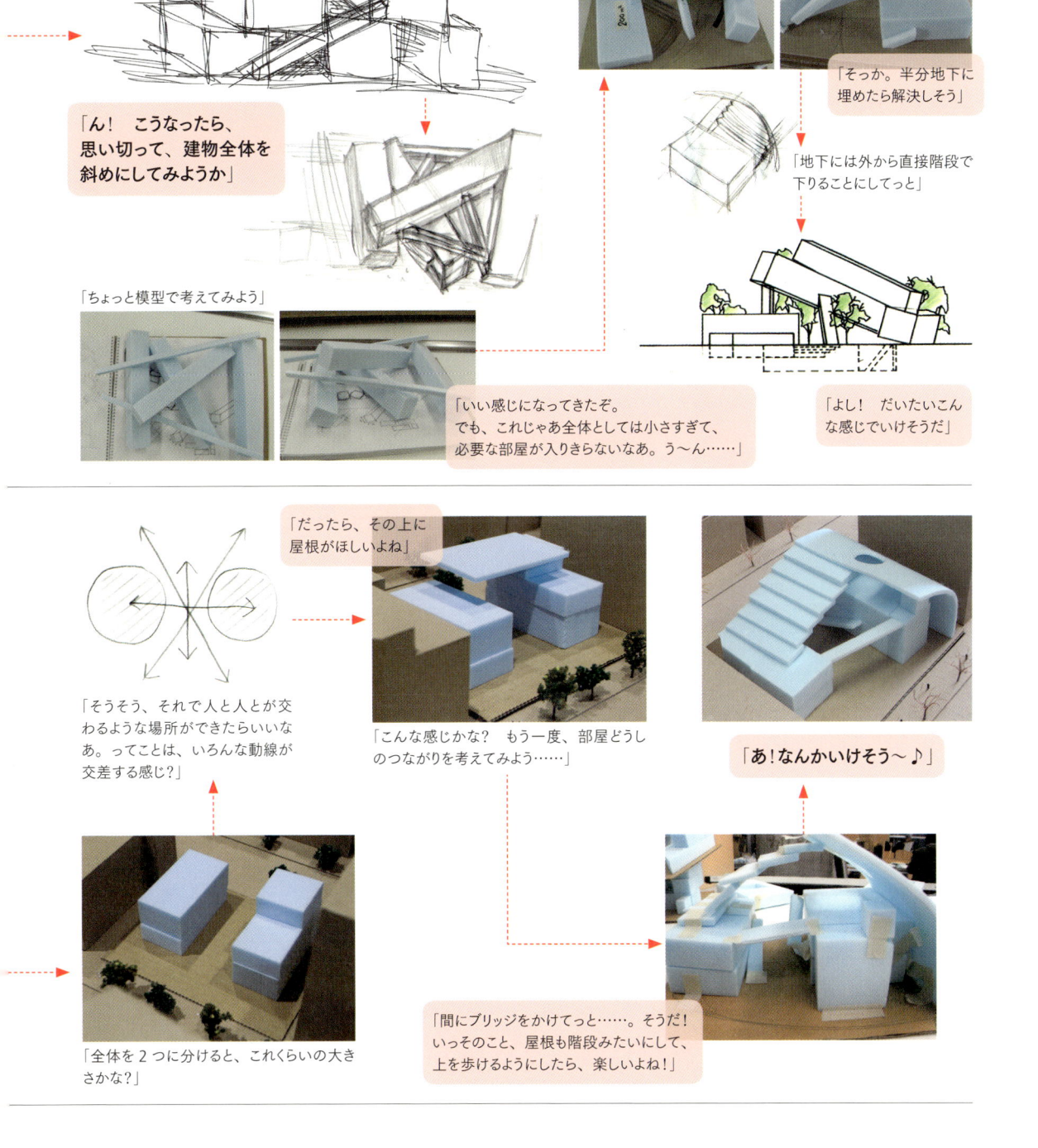

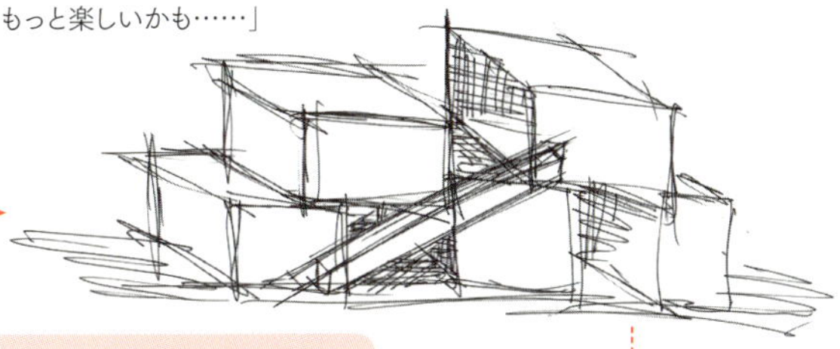

**「ん！　こうなったら、
思い切って、建物全体を
斜めにしてみようか」**

「ちょっと模型で考えてみよう」

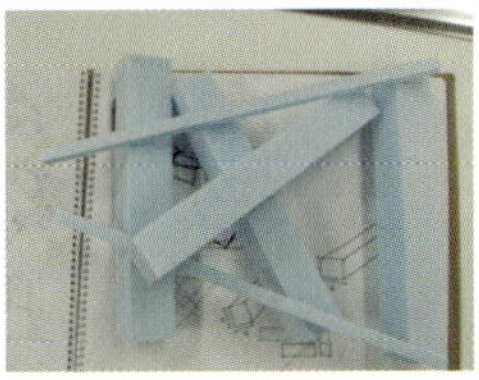

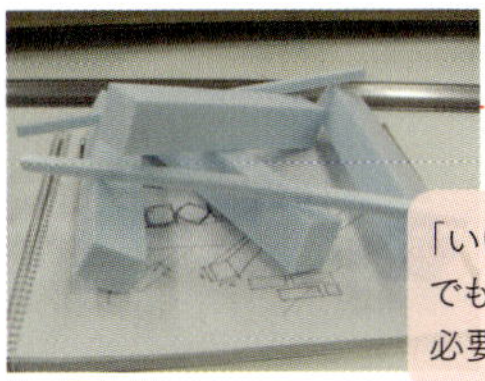

「いい感じになってきたぞ。
でも、これじゃあ全体としては小さすぎて、
必要な部屋が入りきらないなあ。う〜ん……」

「でも、上にはあまり増やしたくないしな……」

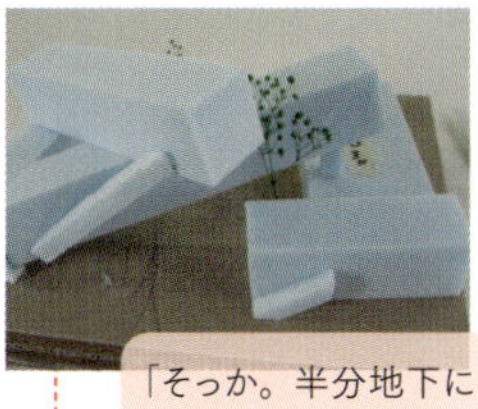

「そっか。半分地下に
埋めたら解決しそう」

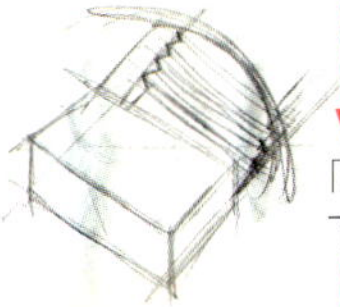

「地下には外から直接階段で
下りることにしてっと」

「よし！　だいたいこん
な感じでいけそうだ」

「全体を２つに分けると、これくらいの大き
さかな?」

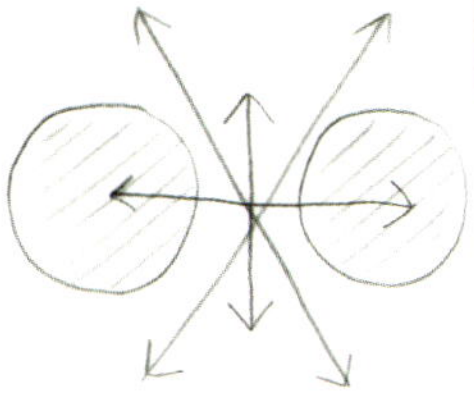

「そうそう、それで人と人とが交
わるような場所ができたらいいな
あ。ってことは、いろんな動線が
交差する感じ?」

「だったら、その上に
屋根がほしいよね」

「こんな感じかな?　もう一度、部屋どうし
のつながりを考えてみよう……」

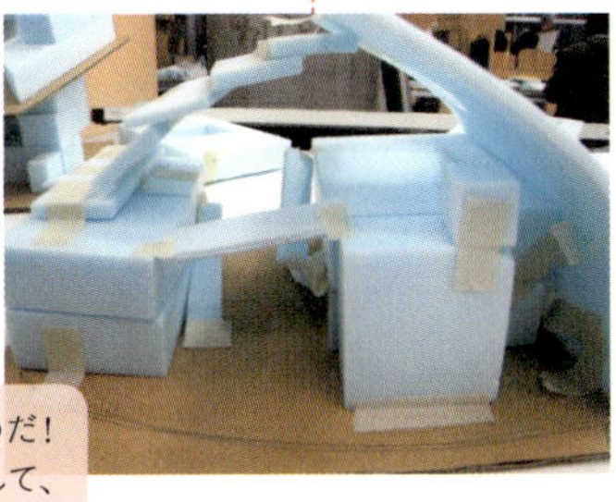

「間にブリッジをかけてっと……。そうだ!
いっそのこと、屋根も階段みたいにして、
上を歩けるようにしたら、楽しいよね!」

「あ!なんかいけそう〜♪」

有本くんStep2完成案

先生　「これは面白い案ができたね！　クリエイティブな交流の場にふさわしい、実に独創的で変化に富んだ外観だ。でも、実際に使える建物として成り立ってる？」
有本　「たぶん、いけてると思います。だめですか？」

先生　「う〜ん。たとえば、この地上の斜めの部分はずいぶんと急だよね。こんなに傾いた床では、使える部屋にはならないよ」
有本　「そうですか……。でも、外から直接地下に入っていけたら楽しいかな、って……」

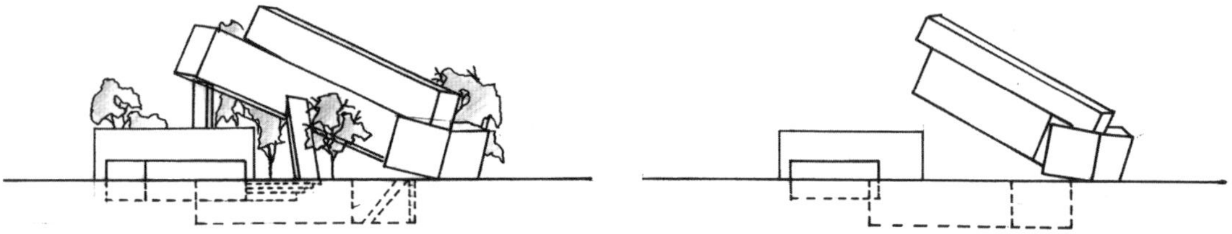

先生　「なるほど……。それだったら、下りたところをもう少し広くしてみたらどうかな。人の集まる場所にもなると思うよ」
有本　「そっか！」

先生　「全体的に形が複雑になりすぎてる気もするね。有本くんが一番やりたいと思っていることは何？　やりたいことを実現するのに、こんなに複雑な形でないとだめかな。もっと単純な形があると思うのだけど」
有本　「確かにごちゃごちゃしてますよね。もうちょっとシンプルになるように考えてみます」

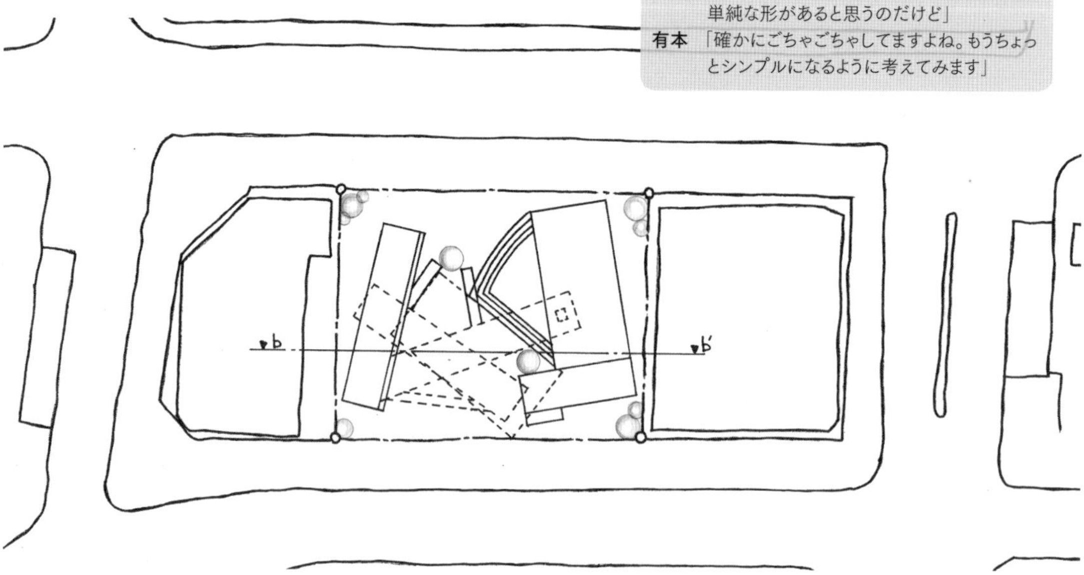

林さんStep2完成案

先生　「なかなかユニークな案だね。この場所にふさわしい都市的なスケールを持っているところが、とてもいいと思うよ」
林　「よかったー！　悩んだ甲斐がありました（笑）」

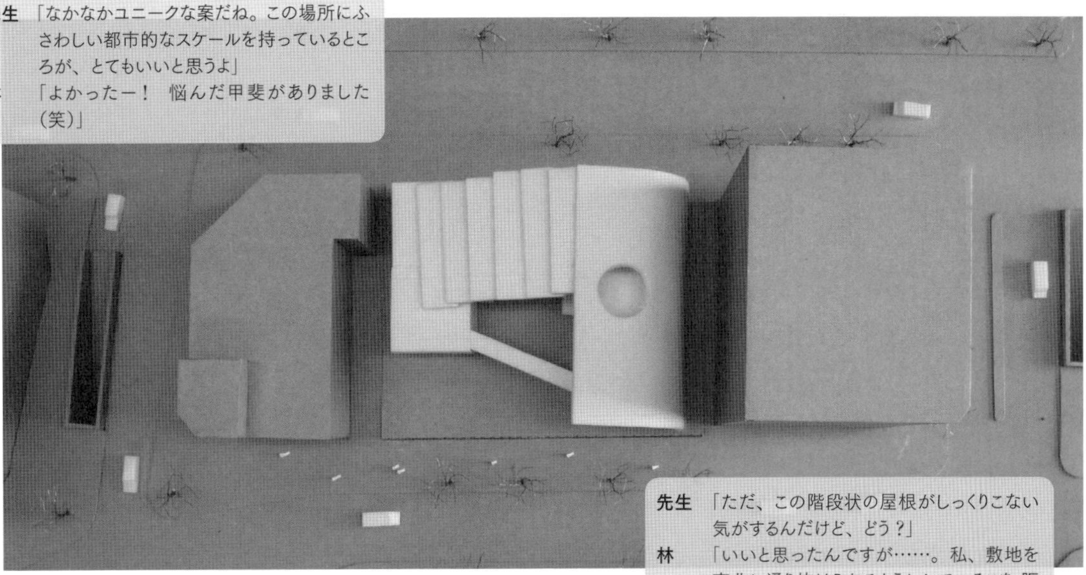

先生　「ただ、この階段状の屋根がしっくりこない気がするんだけど、どう？」
林　「いいと思ったんですが……。私、敷地を南北に通り抜けられるようにして、そこを賑やかで動きのある空間にしたいんです」
先生　「そのアイデアはいいね」
林　「それで、外部の空間全体に屋根をかけて、空中庭園のように、その上も歩けるようにしたら楽しそう、って思うんですが……」

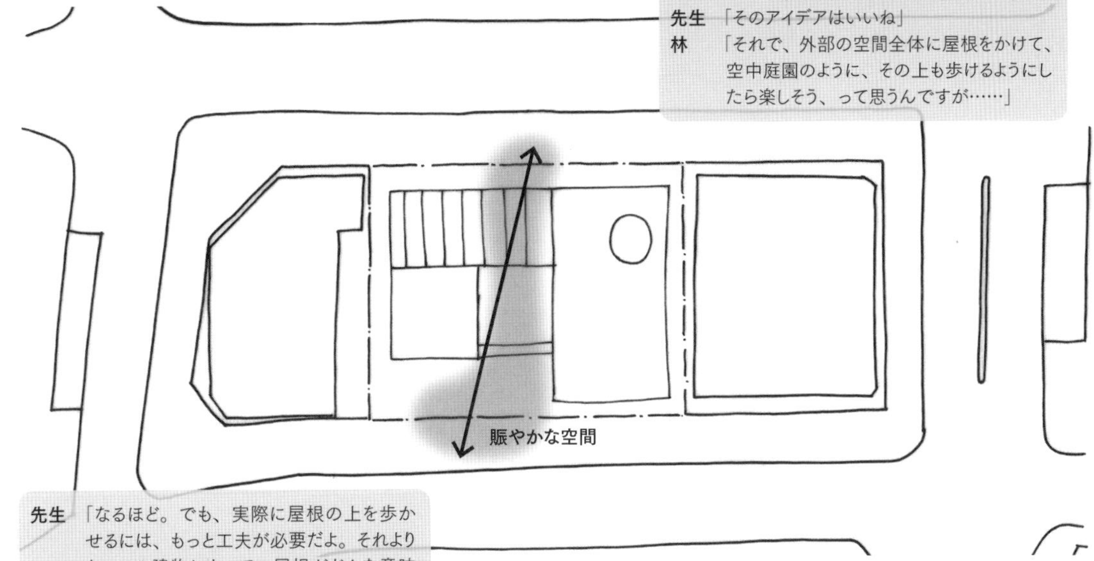

先生　「なるほど。でも、実際に屋根の上を歩かせるには、もっと工夫が必要だよ。それよりも、この建物にとって、屋根がどんな意味を持つのかをきちんと考えると、新しい展開が図れるんじゃないかな」
林　「わかりました。さらにいい案になるよう、がんばってみます」

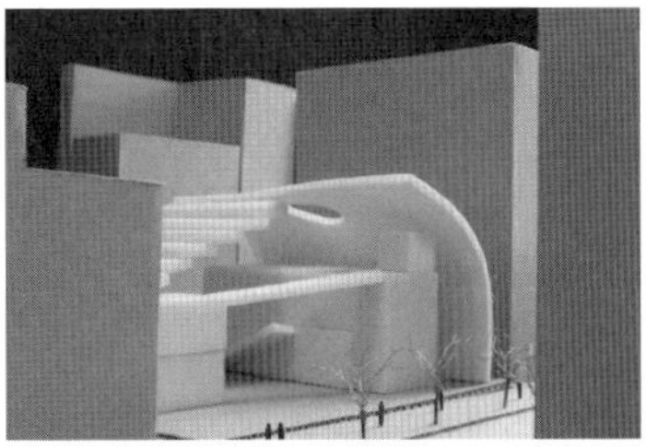

● みんなの模型も見てみよう

次に、有本くんと林さん以外の、みんなのヴォリューム模型も見てみましょう。

同じ設計条件で同じ敷地に設計しているにもかかわらず、実に多様な案ができているのがわかるでしょう。「どの案にも魅力的なところがあるな」とか、「絶対的にこの案が優れているとは言えないな」などと感じるのではないでしょうか。建築の設計は、明確な考え方に基づいてなされる必要はあっても、無限の可能性を持つもので、ひとつしかない模範解答を求めるような行為ではありません。そして、そこに建築の設計の面白さもあると言えるでしょう。みなさんも、自分自身の手と頭を使って、設計案のさまざまな可能性を探ってみてください。

阿部くんの案

阿部「敷地に対して斜めになるようなヴォリュームの配置にしています。敷地内を南から北へ斜めに通り抜けることができるようにしたいと考えています」

先生「斜めの角度は、敷地の南側に広がる街区の方向に合わせているんだね。三角形に残った敷地の隅に使いづらい場所ができてしまいそうだから、その点には注意しよう」

南川さんの案

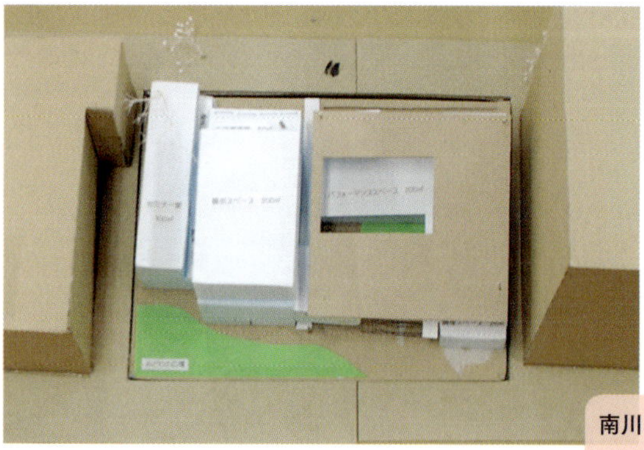

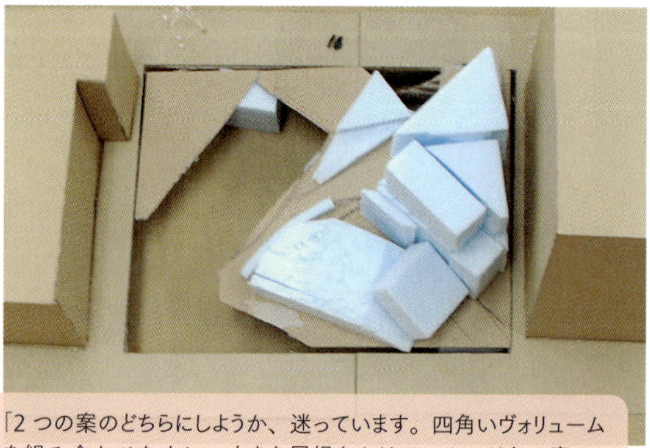

南川「2 つの案のどちらにしようか、迷っています。四角いヴォリュームを組み合わせた上に、大きな屋根をかけているのが左の案で、もうひとつの案は、地下を大きく掘って斜めの軸線を通しています。ヴォリュームは軸線に沿わせました」

先生「右の案は、どうまとめていくのかが難しそうだけど、不思議な魅力を持った空間が生まれそうな気配があるね」

阪本くんの案

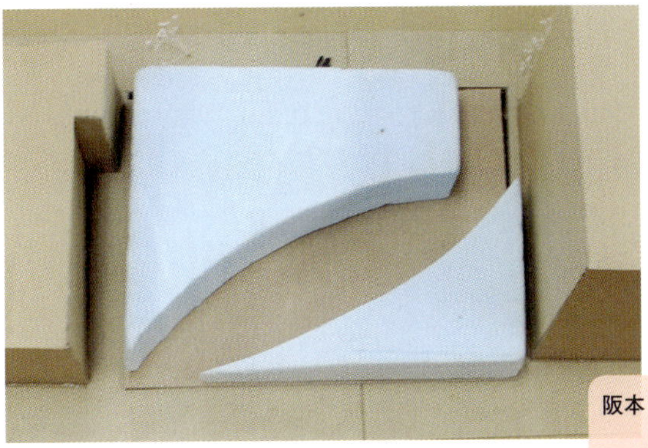

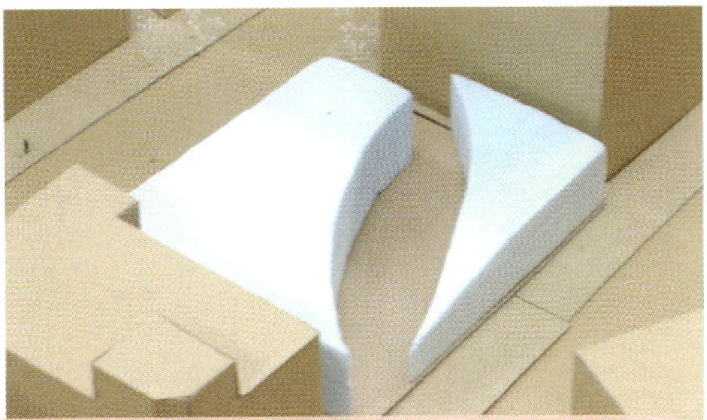

阪本 「敷地内に２つのヴォリュームを置いて、斜めの円弧状のヴォイド（すきま）をとりました。そこは、通り抜けることができるような空間にしたいと考えています」

先生 「ヴォリュームの形とすきまの配置の仕方が、とても面白いと思うね。このまま進めていくといいと思うよ」

前田さんの案

前田 「まんなかに円形のヴォリュームを置いて、その周りに四角いヴォリュームを置いています。この前、工事現場の前を通ったとき、大きなドリルみたいなものがあって、それを見ていて思いついた形なんです」

先生 「この敷地は、整然としたまちなみと雑然としたまちなみの境界のようなところだから、建物が敷地の都市的な状況を映し出しているように見えるところが面白いね」

山神くんの案

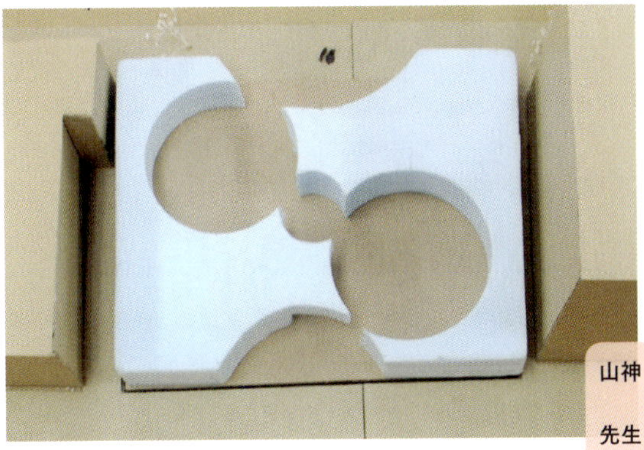

山神 「敷地全体に大きなヴォリュームをおいて、そこから削り取るようにして、大小の円形のヴォイド（すきま）を設けています」

先生 「これも面白い案になりそうだね。必要諸室を入れなければならないから、ヴォイド部分はすべて外部ではないのだろうね。ほぼ対称形になっているけど、それにはとらわれない方がいいかもしれないよ」

column

すべてを一瞬で決めた模型

花田佳明　はなだ・よしあき

大学セミナー・ハウス全景

大学セミナー・ハウス本館

建築の設計作業において、模型が果たす役割はきわめて多様だ。概略の形を考えるための粗いヴォリューム模型、細かく形を探るためにボードでつくる抽象的な模型、仕上げの雰囲気を再現したジオラマ的な模型、細部の納まりを最終決定するための原寸模型など、使用目的に応じ、縮尺も材料もつくり方もさまざまである。

一方、図面で寸法や形や色を伝えることも、もちろん可能だ。透視図などを使えば3次元の姿も表現できる。

ではなぜ模型をつくるのか。それは、図面とは別の種類の情報伝達能力を模型が持っているからである。そのことを実感させるエピソードを紹介したい。

吉阪隆正（1917-1980）という建築家がいた。早稲田大学で学び、1950年から52年にかけて20世紀の巨匠ル・コルビュジエのもとで働いた。帰国後は早稲田大学の教師となり、多くの弟子も育てたプロフェッサー・アーキテクトだ。晩年のコルビュジエのもとで修業した影響もあろうが、コンクリートによる独特の造形を得意とした。

その代表作のひとつに「大学セミナー・ハウス」がある。複数の大学事務局で働いた飯田宗一郎により、既成の大学の枠を超えて教師と学生が集い、学ぶ施設として構想され、1965年から89年までの8期におよぶ長い時間の中で完成した。その背景には、大学の大衆化や激しさを増す学生運動に対する飯田の危機感があった。

敷地は東京の八王子の山の中。講演会や勉強会を行うことのできる講堂やセミナー棟、学生と教員の宿泊施設、図書館、野外ステージなどが木々の中に点在し、ひとつの村のような構成になっている。

吉阪が設計した建物はいずれもユニークな形をしているが、中でも本館（1965年完成）は訪れた人の度肝を抜く。四角錐を逆さにし、そのまま地面に突き刺した形をしているからだ。構造も仕上げも荒々しい肌合いのコンクリートだ。

この本館の奇抜なデザインは、一瞬の出来事で決まったという。その瞬間のことは次のように描かれている。

「途方に暮れて、どんでん返し。最初の本館は、江津の延長だった。江津のしっぽがあった。ある晩、模型を囲んだ打ち合わせで、ぽっと中央セミナー館の模型をひっくり返した。ただ、黙っておいた。それを見て誰も何も言わなかった。各人の胸の中は違っていたかもしれないけれど、とにかくいけると思った。ああいう劇的な瞬間というのは、一生の間、そうは無いもんだ。」[*1]

「江津《ごうつ》」とは、吉阪が設計した島根県の江津市庁舎（1962年完成）。逆V字形の柱で直方体の執務室を持ち上げ、巨大なピロティを生み出した印象的な建物だ。本館の当初案は、その影（しっぽ）を引きずった平べったい形をしていたのだ。そして吉阪たちは、その模型を毎日眺め、何か違うと感じていた。

しかし、ピラミッド形をした中央セミナー館の模型を、スタッフのひとりが何気なく逆さまに置いたその瞬間、本館のあるべき姿は「これだ」と全員が感じたのだ。大地に楔《くさび》を打ち込んだような力強い造形が、もやもやとした思いを一瞬にして吹き飛ばしたのである。

敷地は山肌に沿ってなだらかに傾斜する。そこにさまざまな形の建物が散らばっている。そのひとつがピラミッド形の中央セミナー館だ。本館は敷地の一番高い位置にあり、足下に点在する建物との間に複雑な関係性の糸を生む。また、訪問者が最初に出合う建物でもある。

逆さピラミッドという形は、それらすべての条件に対する解答になった。建物相互の関係を束ね、この施設構想の意味を象徴的に示し、何より訪問者の脳裏にこの施設の存在を焼きつけた。それ以外にはあり得ない形を、模型という道具が発見させたのだ。

このように、模型には形を巡るさまざまな状況を一気に示す力がある。しかし、それをとらえる眼がなければすべては消える。私たちは、その気配を感じ取る鋭敏な感覚を養う必要があるだろう。

＊1『DISCONT 不連続統一体／吉阪隆正＋U研究室』（DISCONT事務局：アルキテクト編著、丸善、1998年）p.502

Step 3

機能を考える

Step3 で行うこと

Step3 における検討の主題は、前のステップで配置したヴォリュームの中身です。Step 2 でも、すでに動線空間の必要性について少し触れましたが、ここではさらに詳しく、部屋と動線の関係について考えます。そして次に、求められる部屋の機能に応じた、各部屋の適切な配置について検討します。

このような検討を行うときに中心となるのは、平面図を描くという作業です。断面図や立面図、ヴォリューム模型なども同時に作製して検討に用いますが、人の行為は水平方向に展開されることがもっとも多いので、平面図で各部屋と動線および外部空間の相互関係を検討することは欠かせません。また、各部屋と建物全体の床面積の確認も平面図を用いて行われます。

このような作業を行うことによって、前のステップでつくったヴォリューム模型が、徐々に具体的な内部空間を伴うものへと進化していきます。

3 −1 部屋と動線について理解しよう

建物の内部には、いろいろな種類の空間が含まれますが、それらを大別すると、特定の目的に利用することを想定した部屋と、各部屋に行くための廊下などの動線に分けることができます。そこで、ヴォリュームの中身について考えるにあたって、まず、これらの役割と配置についての基本的な考え方を整理しておきましょう。

● 動線とは

動線とは、人やものが移動する経路のことです。

建物の中では、玄関ホール、廊下、階段、スロープ、エレベーターなど、人が通るための空間のことを、動線空間と呼びます※1。玄関には外部との仕切りとなるドアがありますが、玄関ホールと廊下の間、廊下と階段の間などには、仕切りが存在しない場合が多く※2、基本的には動線空間は互いに連続しており、人はその中を自由に動き回ることができます。一般的な建物では、ほとんどの部屋は動線空間につながっています※3。そのため、たとえば玄関を入ってある部屋に行くときや、ある部屋から他の部屋に行くとき、人は動線空間だけを通り抜ければよく、他の部屋を通り抜けてそこを使っている人のじゃまをしたりしなくて済むわけです。

そこを同時に通る人の数に応じて、動線空間の大きさは変わってきます。たとえば集会室の出入り口付近などは、一度に多くの人が出てきても大丈夫なように広くとっておく必要がありますし、限られた人しか使わないような廊下は、比較的狭くても大丈夫だということになります。

※1 実際には、ロビーや廊下脇の展示コーナーなど、部屋と動線の中間のような空間も存在するが、ここでは話が複雑にならないよう、それらもどちらかに含まれるものとして説明を行う

※2 防火上の目的や空気の流れをさえぎるために、廊下や階段などを一定の範囲ごとに仕切るための扉が設けられることもある

※3 たとえば、集会室で使用する机や椅子を片づけておくための倉庫には集会室からしか入れない、といった例外はある

動線と空間の連続性

ロビー

階段を上がる

ホールから廊下へ

広がりがある吹き抜けのホール

● 部屋と動線の構成パターン

部屋の形も動線空間の形も無数に存在しますが、それら相互の配置構成には、いくつかの典型的なパターンが存在します。

Aは、一般に「片廊下型」、Bは「中廊下型」と呼ばれるパターンで、廊下を介して各室がつながれています。学校の教室と廊下、集合住宅の各住戸と廊下などの構成に多く用いられるパターンです。Cは言わば「ホール型」とでも呼ぶべきパターンで、廊下の代わりにホール状の広い動線空間が各室をつなぐ役割を果たしています。Dは「回廊型」あるいは「複廊下型」などと呼ばれるパターンで、病院など規模の大きな施設で多く見られるパターンですが、小さな規模の建物に用いることも可能です。Eは少し特殊ですが、複数の部屋を動線空間が取り囲んでいる「領域型」とでも呼ぶべきパターンで、大空間の中にさまざまな展示ブースが置かれているような場合がこれにあたります。実際にはこれらのうちのひとつのパターンに限るのではなく、建物には必要に応じて複数のパターンが組み合わされて用いられます。

● 部屋の配置

ひとつの建物内の部屋は、その役割や使われ方によって、いくつかに分類できます。特に公共的な施設の場合、一般の人々が利用する部屋とそうでない部屋を分けて把握することや、主要な空間と補助的・付属的な空間を分けて把握することは、機能的な部屋の配置を考える上で有用です。

たとえば、この本の最初に示した課題書（p.10-p.11）の必要諸室のうち、パフォーマンススペース、展示スペース、セミナー室、カフェ等は、一般の来館者が利用する部屋であり、建物の主要な機能を構成する空間です。一方、倉庫、機械室などは、一般の来館者が利用するようなことはありませんし、便所は、来館者が利用するとは言っても、建物の主要な空間ではありません。補助的・付属的な機能を果たす空間であると言えます。部屋の配置を考える際には、まず、一般の人々が利用する主要な部屋の配置を考え、次に、それらとうまく関係づけて、補助的な空間の配置を考えるとよいでしょう[※1]。

また、それぞれの部屋どうしの

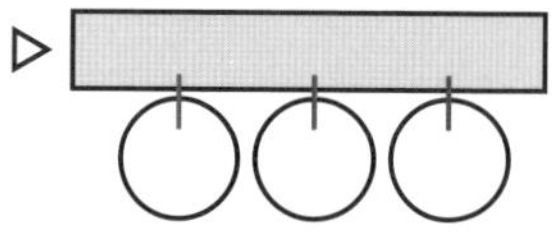

A　片廊下型

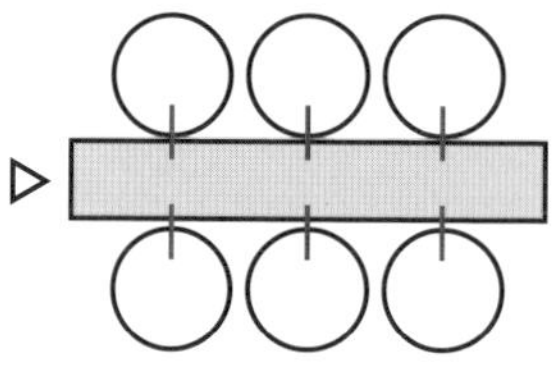

B　中廊下型

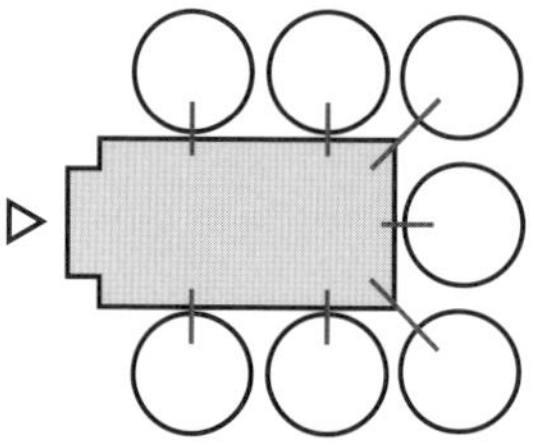

C　ホール型

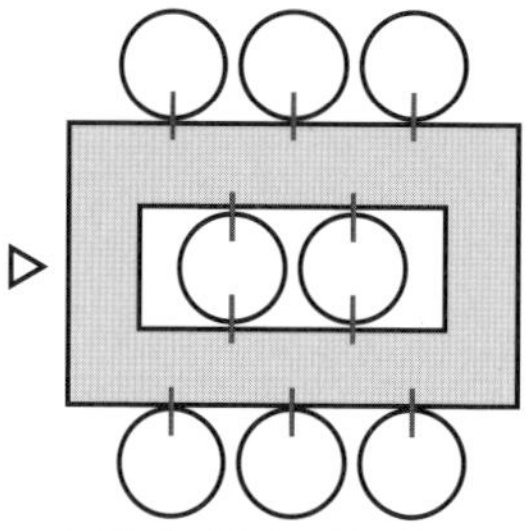

D　回廊型／複廊下型

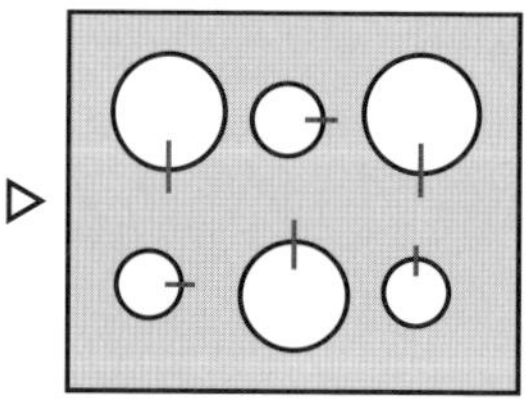

E　領域型

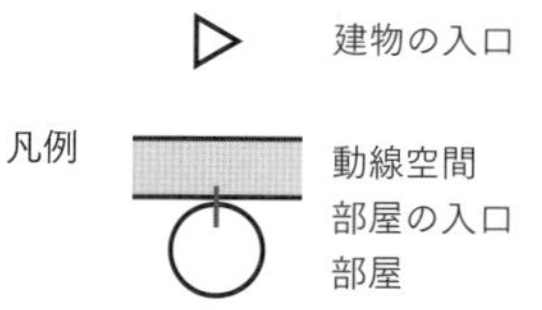

主要な空間と補助的な空間

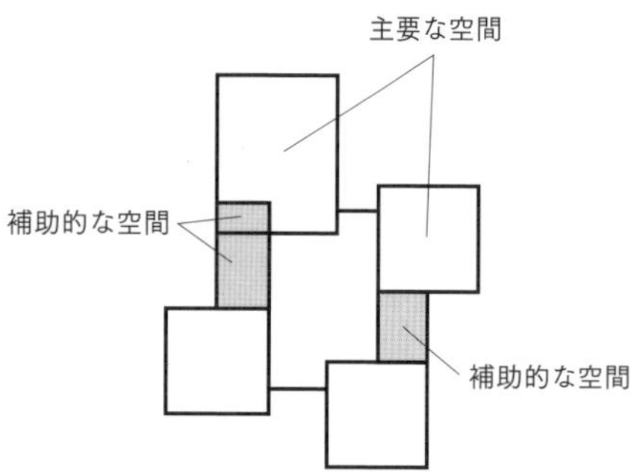

補助的な空間をコアとした構成

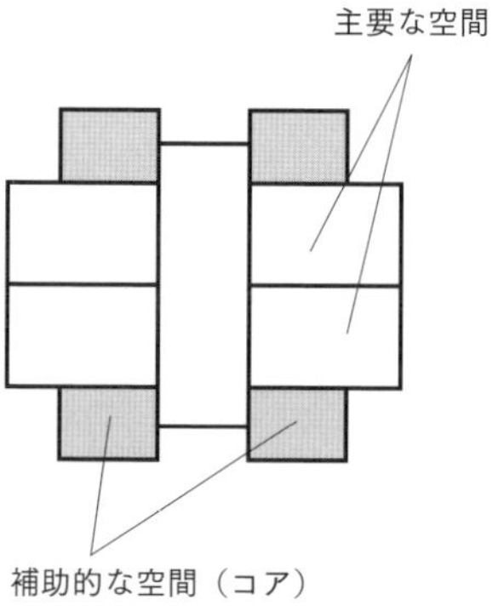

※1　これとは逆に、まず補助的な空間を柱や壁で囲んで同じような形状にしたもの（そのような部分は、一般的に「コア」と呼ばれる）を複数並べて構造上の主要素とし、それらの間に主要な空間を配置する考え方もある。左図の右側は、そのような構成の一例である

つながりを考えることも重要です。カウンター越しに接客を必要とする管理事務室は、玄関近くにあって、ロビーに面していることが望ましいと考えられます。来館者が利用するおもな部屋も、廊下や階段で玄関やロビーとつながっていなければなりません。また、セミナー室を利用するときに、パフォーマンススペースを通らないと入れないような配置にしてはいけません。

便所はおもな部屋ではありませんが、やはり、廊下や階段でロビーとつながっていなければなりません。倉庫は使い方によって、場所が変わってよいのですが、展示スペースやパフォーマンススペースと近い場所にあると便利だと考えられます。機械室は、一般の来館者の動線とつながる必要はありませんが、点検修理がしやすいよう、室内側からだけではなく、外からも入れるようにすると理想的です。

下の図は、以上のようなことに配慮して主要な部屋どうしのつながりを大まかに示した概念図です。これらの部屋に、外部からどのように入ってくるのかも考えないといけませんから、一般の来館者が利用する玄関と、展示物などを運び込むための搬入口についても示しています。

おもな部屋のつながり

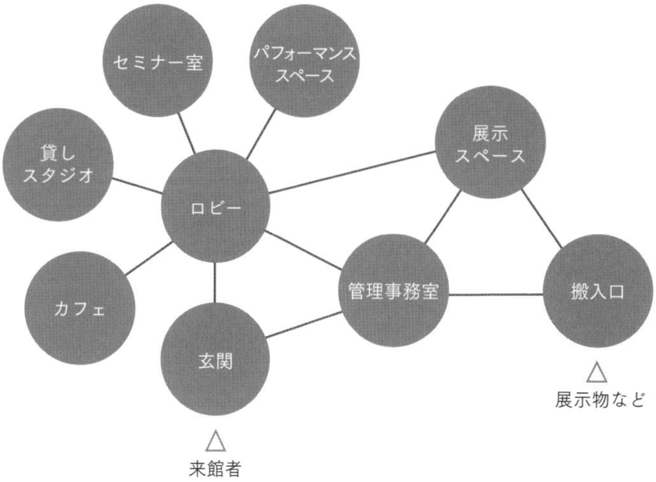

このような部屋どうしのつながりを示す概念図も、ひと通りしか描けないわけではありません。どのようなつなぎ方がよいのかは、やはり建物をどのような使い方ができるものにするのかという、設計意図によって変わってきます。したがって、上の図は、一般的な考え方に基づく概念図の例ではありますが、模範解答ではありません。また、Step 3のコラム（p.60）では、このような部屋のつなぎ方とはまったく異なる考え方で設計された美術館の例を紹介していますので、参考にしてください。

いろいろな部屋のイメージ

管理事務室

展示スペース

カフェ

セミナー室

貸しスタジオ

機械室

③－2 必要諸室を配置しよう

それではいよいよ、みなさんがStep2で制作したヴォリューム模型について、その中身を考えることにしましょう。3-1で学んだことを意識しながら、建物が機能的に成立すると同時に空間構成としても魅力的なものになるように、課題書で示された必要諸室を配置していきましょう。

● 1/500の図面で考える

Step2で制作した案について、1/500[※1]の平面図に必要諸室を描き入れてみましょう。1階建ての場合以外は、上の各階の平面図についても、並行して作業を進める必要があります。

各室を配置する際、特に決まった手順というのはありませんが、一般的には、最初に大きな部屋の位置を決める方がやりやすいでしょう。というのも、大きな部屋は、その建物においてもっとも重要な機能を果たす場合が多く、敷地および周辺との関係における適切な位置や、ヴォリューム模型の中での割りあて可能な位置が限られている場合が多いからです。学校の教室のように同じ大きさの部屋が複数あるときは、大きな部屋の場合と同様に、それらをまとめた群の配置を先に考えることになるでしょう。その次に、すべての部屋への動線が確保されるように気をつけながら、小さな部屋や補助的な機能の部屋を配置していきます。

部屋や動線空間の配置に関しては、部分ごとに考慮しなくてはならない事柄も多く存在します。これらについては右に、「必要諸室を配置する際のポイント」を列挙しておきますので、参考にしてください。

ある程度各階の平面図案ができたら、簡単な立面図と断面図も描いて、全体の形を確認してください。それらがうまく整合していない場合には、適宜修正を繰り返すことになります。図面だけではなく、ヴォリューム模型にも修正を加えます。

ところでいま、「ヴォリューム模型にも修正を加えます」と書きましたが、それを読んで、「えっ？それだとStep 2に戻ることになるじゃないか！」と思った人がいるかもしれません。実はその通りなのです。設計という行為は、最初から終わりに向かって、まっすぐに進んでいく作業ではありません。ある段階の検討を行っていて、問題点が見つかったり、あるいはそれまで思いつかなかったような新しいアイデアが生まれた場合には、前の段階に後戻りして再検討を行う必要が生じます。そうすることによって、前よりも格段に優れたデザインが創造されることの方が、むしろ普通かもしれません。

「デザインプロセスの模式図」(p.37)を、もう一度見てください。設計は、この螺旋《らせん》形の図のように、行ったり戻ったりして、ぐるぐる回りながらも、次第にその成果物の質を高めていく行為なのです。

※1　「1/500」と「1:500」は、ともに500分の1という縮尺の表現。「S=1:500」の「S」はScaleの頭文字をとったもので、スケール（縮尺）が500分の1であることを意味する

必要諸室を配置する際のポイント

❶部屋ごとの機能
- 1階にあった方がよいのは、どの部屋？
- 上階にあってもよい、あるいは上階にあった方がよいのはどの部屋？
- 天井が高い方がよいのはどの部屋？

❷動線
- 玄関の位置はどのあたりがよい？
- 玄関から各部屋へ、他の部屋を通り抜けなくても行けるか？
- 階段、スロープ、廊下、エレベーターはどこにする？

❸部屋どうしの関係
- 互いに近い方がよい部屋はどれとどれ？
- 互いに離れていた方がよい部屋はどれとどれ？

❹部屋と動線の関係
- 玄関に近い方がよい部屋は、どの部屋？
- 完全に部屋として区切らなくてもよい部屋もある！

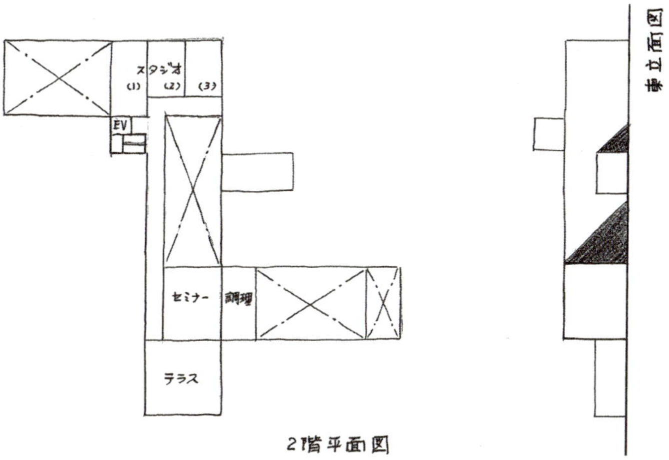

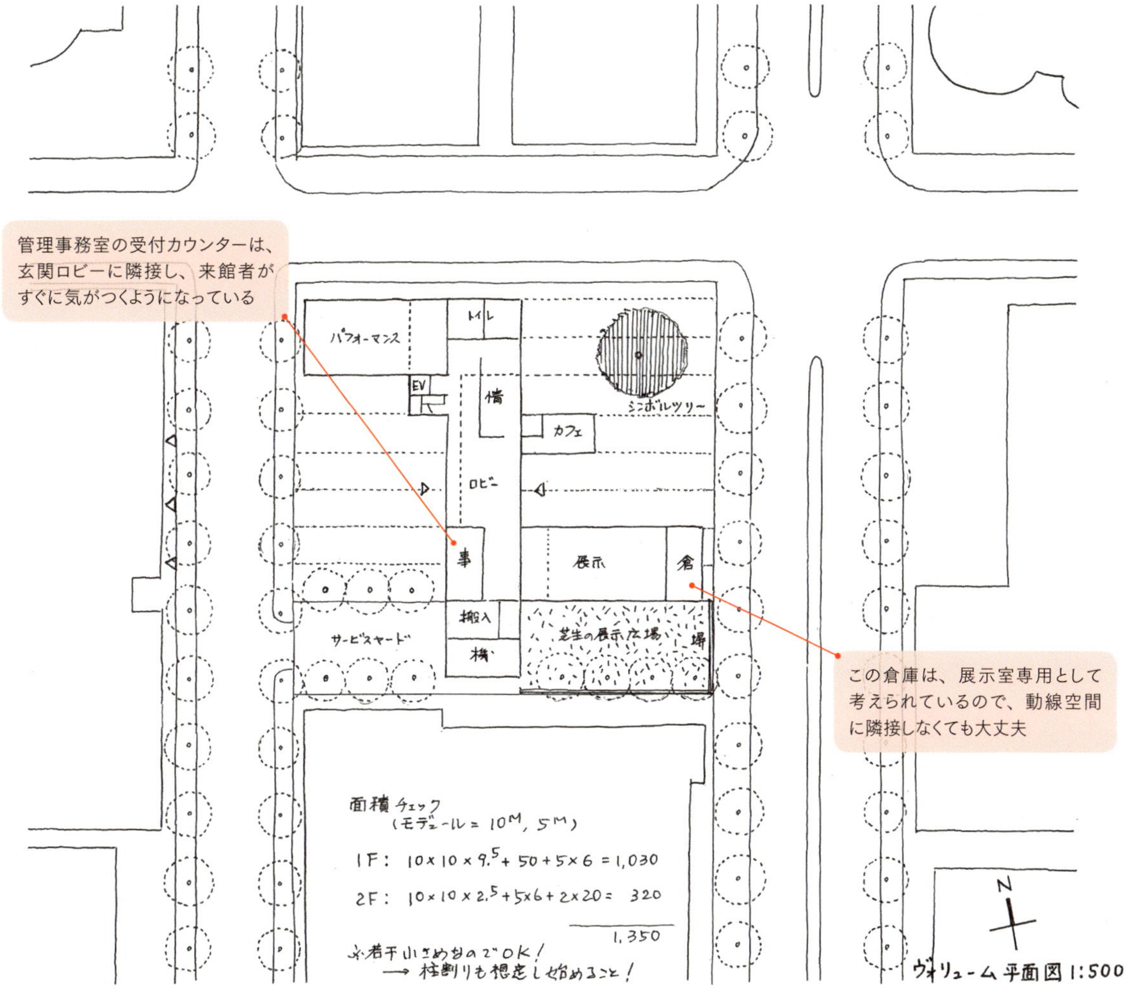

ヴォリュームに必要諸室をあてはめて描いた図面の例

※上の図面は、1/500で描いたものを、版面に納まるように縮小して掲載

● 1/200 にスケールアップする

さて、1/500 でシングルライン（単線）の平面図ができたら、諸室と廊下や玄関ホールなどの面積を合計し、延床面積を算出しましょう。

この段階での面積確認は概略でかまいませんが、延床面積が指定された面積の範囲から大きくはずれているときには、指定の面積に納まるようになるまで 1/500 のスケールのままで全体的な見直しを繰り返してください。ここでの延床面積は、設定された数値の 10% 程度の増減の範囲に納まっていれば問題ありません。

次に、面積調整が済んだ 1/500 の平面図を 1/200 にスケールアップします。この Step3 では、1/200 の平面図における建物の輪郭や部屋相互の仕切りは、まだシングルラインのままとして、壁の厚みは表現しなくてかまいません。ただし、シングルラインは壁の中心線を描いているのであり、実際の壁には厚みがあることは意識しておきましょう。

また、敷地境界線と建物の関係にも注意を払う必要があります。敷地境界線には、道路境界線（道路との境界）と隣地境界線（隣地との境界）の 2 種類があります。庇《ひさし》など道路側への突起物がないものとすれば、道路境界線に対しては、壁の外側を合わせて建物を建てることができますが、隣地境界線に対しては、通常、建物の外壁との間に 500mm 以上の有効寸法が必要とされます。

平面図が描けたら、再度、各室の床面積を確認し、必要な場合には寸法を調整してください。各室の床面積は、延床面積と同様に、指定値の 10% 程度の増減に納まっていれば上出来です。

今後もいろいろな修正作業が発生しますし、この段階での面積調整は、大幅な違いでなければかまいませんので、あまり神経質にならないようにしてください。

平面図の次に、立面図と断面図も 1/200 で描きましょう。

立面図、断面図に開口部（窓や出入り口）を表現する場合は、この Step3 では、主要なものの大まかな位置を示すにとどめ、サッシュ（窓やドア）などの詳細は表現しなくてよいものとします。

ただし、断面図に関しては、壁・床・屋根をシングルラインで示すと、輪郭線との見分けがつきにくいので、壁・床・屋根の断面部分については、厚みをつけて塗りつぶす表現にしてください。

断面図は切断箇所の選択が重要なポイントです。

吹き抜けがある部分や床や天井の高さに変化のあるところを切断すると、空間どうしの垂直方向の関係を確認することができます。また、玄関部分を切断すると、内外の動線のつながりと空間の変化を確認することができます。平面図だけでは把握しきれないこのような箇所の断面図を描いて、空間どうしの立体的な関係を理解するように心がけてください。

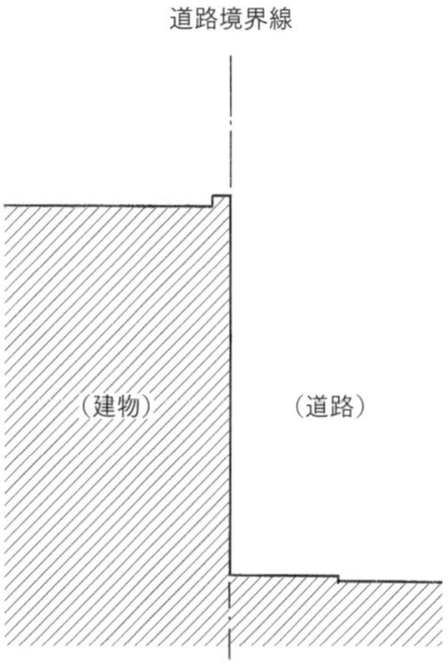

道路境界線と建物

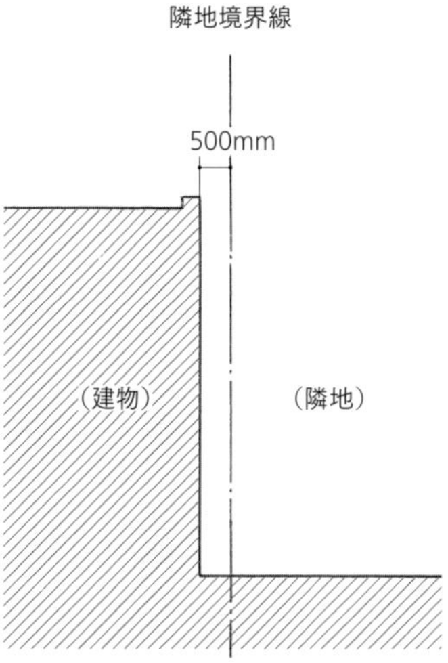

隣地境界線と建物

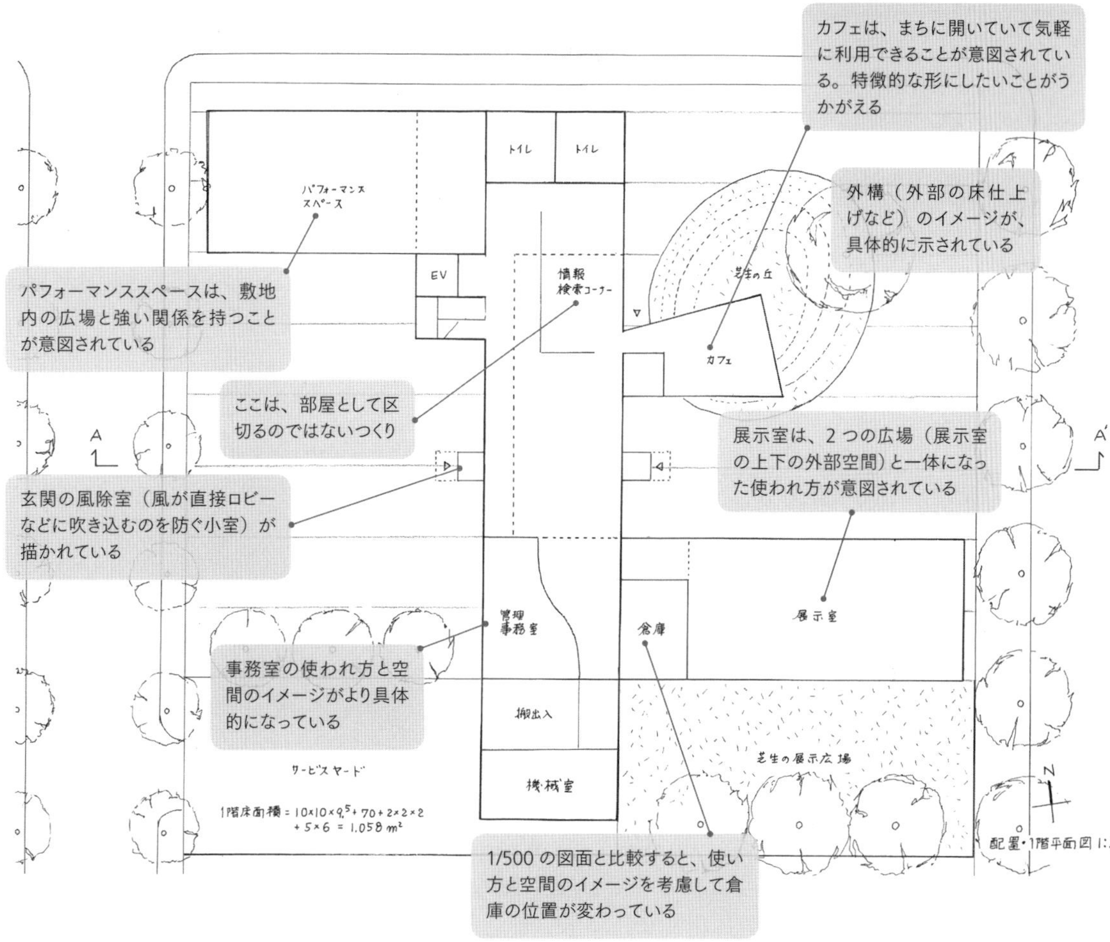
カフェは、まちに開いていて気軽に利用できることが意図されている。特徴的な形にしたいことがうかがえる
外構（外部の床仕上げなど）のイメージが、具体的に示されている
パフォーマンススペースは、敷地内の広場と強い関係を持つことが意図されている
ここは、部屋として区切るのではないつくり
玄関の風除室（風が直接ロビーなどに吹き込むのを防ぐ小室）が描かれている
展示室は、2つの広場（展示室の上下の外部空間）と一体になった使われ方が意図されている
事務室の使われ方と空間のイメージがより具体的になっている
1/500の図面と比較すると、使い方と空間のイメージを考慮して倉庫の位置が変わっている
パフォーマンススペース
トイレ
トイレ
EV
情報検索コーナー
芝生の丘
カフェ
A
A'
管理事務室
倉庫
展示室
搬出入
機械室
サービスヤード
芝生の展示広場
1階床面積 = 10×10×9.5+70+2×2×2+5×6 = 1,058 m²
N
配置・1階平面図 1:200

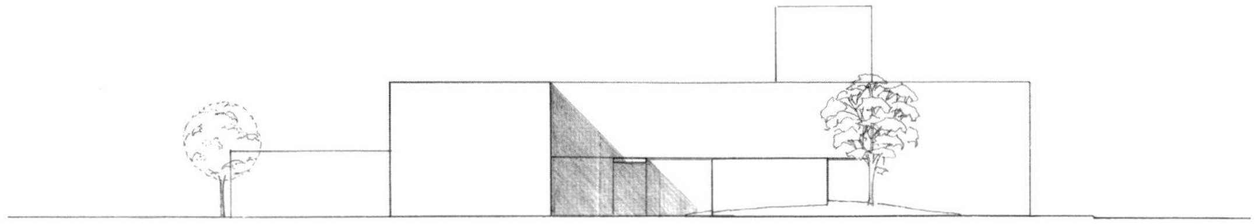
東立面図 1:200

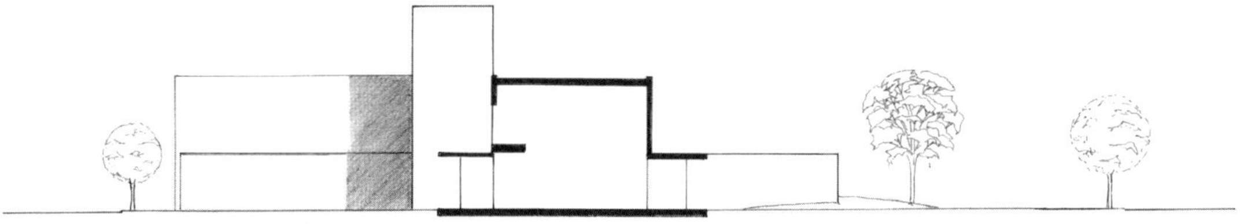
A-A' 断面図 1:200

1/200にスケールアップして描いた図面の例

※上の図面は、1/200で描いたものを、版面に納まるように縮小して掲載

3 −3 学生によるスタディ

まずは、有本くんと林さんの Step3 の流れを具体的に見てみましょう。

有本くんの場合

「この案で、一番大切にしたいことって何だろう？」

「やっぱり、空間が立体的につながっていくことだろうな」

「そっか！　ばらばらの要素が集まっているようにしたいわけじゃないんだ。だったら、思い切って単純化して、平面図で考えてみたらいいかも」

「そうだ！　この平面のままで、床の高さを少しずつ変えて、ぐるっと螺旋状に重ねて……っと」

「えっ。部屋どうしがつながらない……」

「おっ！　いけそう」

「スロープの場合は、確か 1/12 以下の勾配って習ったよな。ってことは、階高を 4m とすると……」

「えー！　最低でも 48m の長さが必要ってことか……。あり得ないなあ」

「ってことは、すべてをスロープでつなぐのはあきらめて、階段も使った方がよさそう」

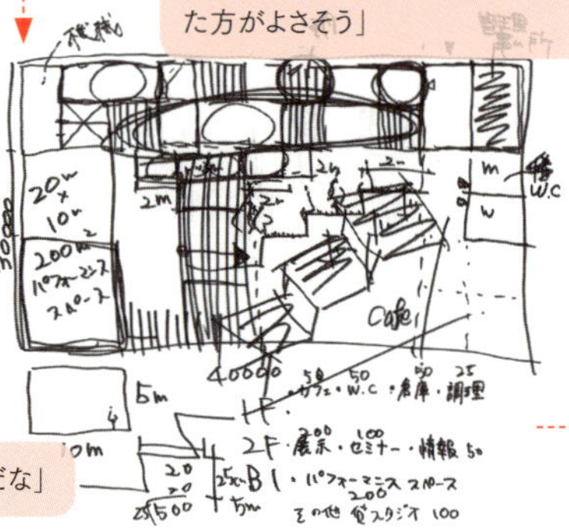

「こうなると、階高が重要だな」

林さんの場合

「先生には、屋根の意味を考えてみようって言われちゃった。屋根の意味かあ……」

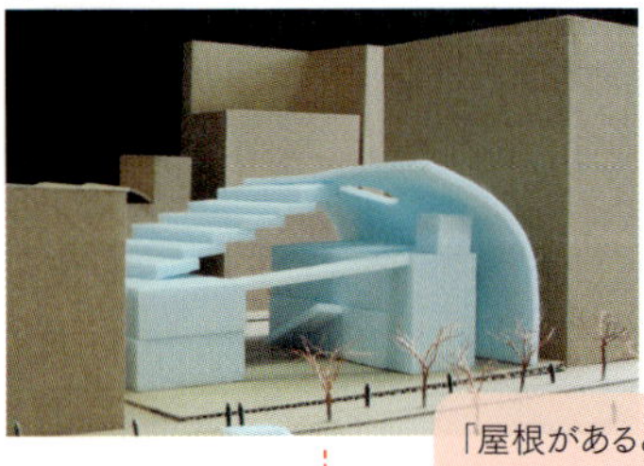

「屋根があると、2 つのヴォリュームの間に、いろんな関係が生まれそうに思えるな……」

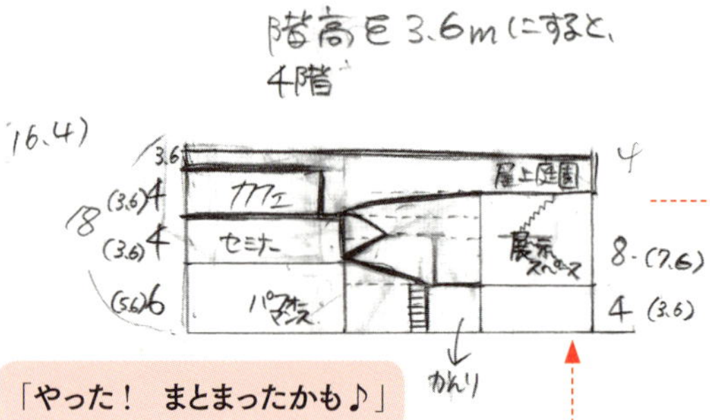

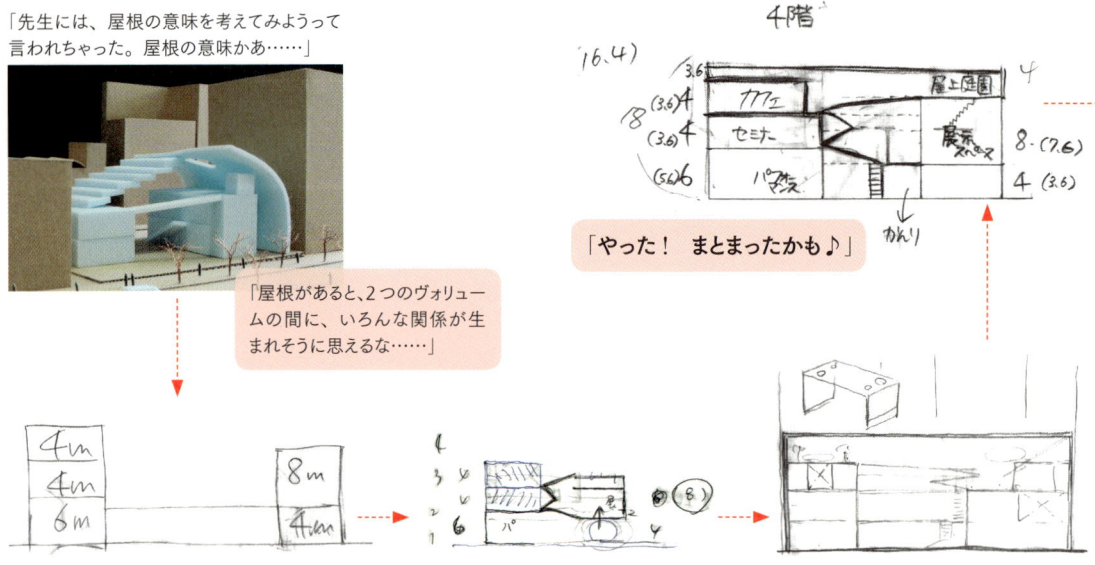

「やった！　まとまったかも♪」

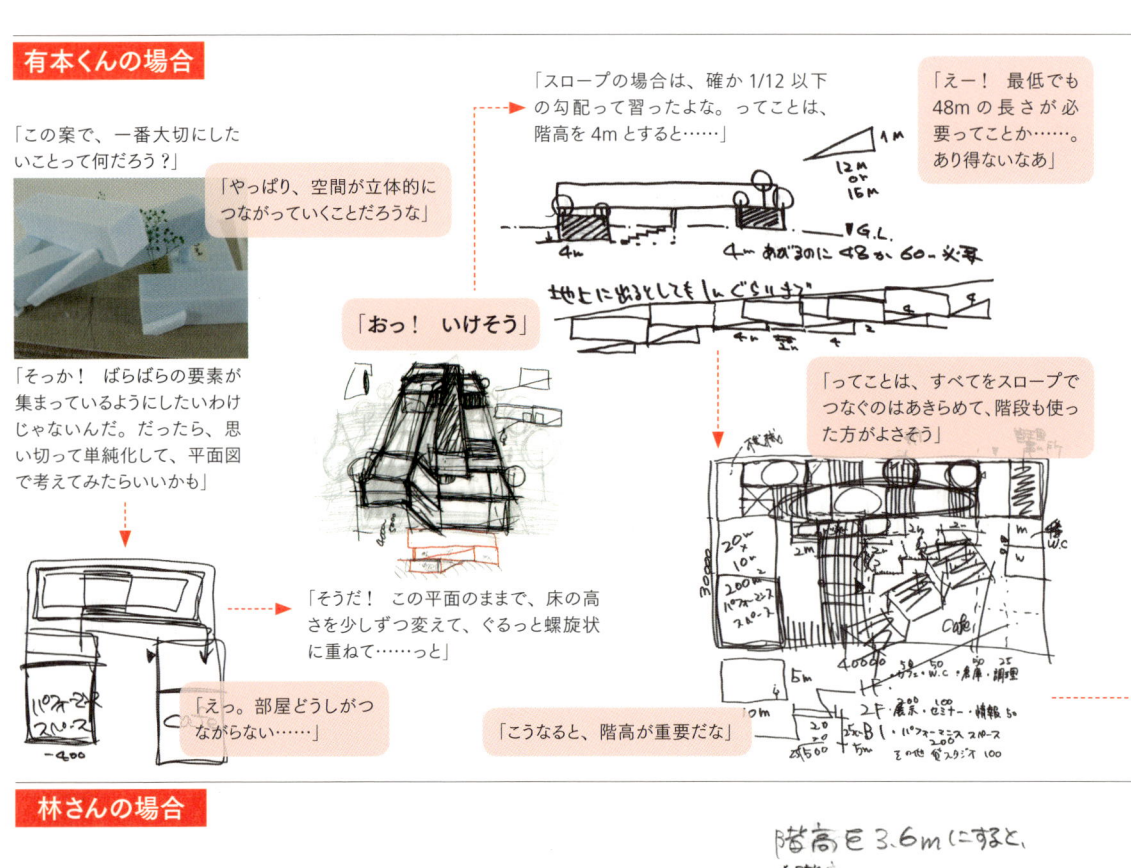

「2 つのヴォリュームの中身を考えてみよう。部屋の機能によっては高さが変わってくるから……、う〜ん、ややこしい……」

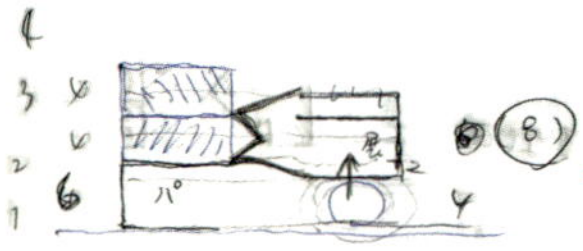

「あ、でも階高が違うから、思い切って階段でつなぐと案外面白くなりそう！」

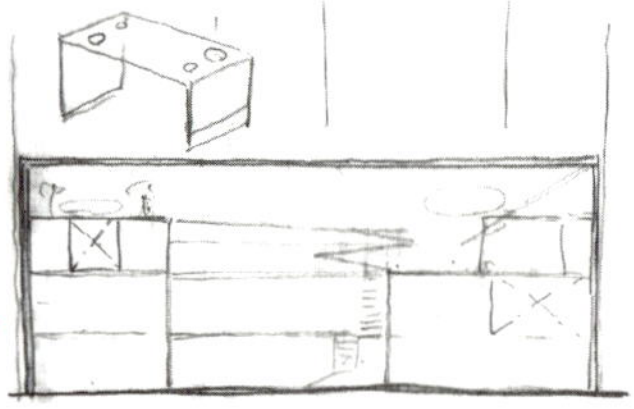

「そっか。屋根というよりも、大きなフレームの中にまとめてしまったらいいんだ」

「2 階の展示室は、どこに置こうかな？　とりあえず、中央に置いてみよう」

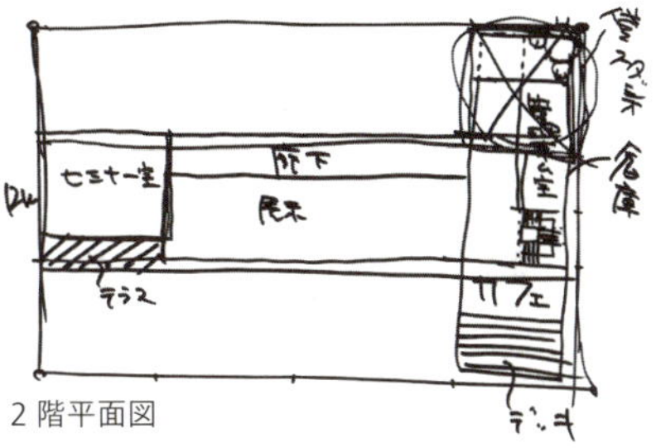

2 階平面図

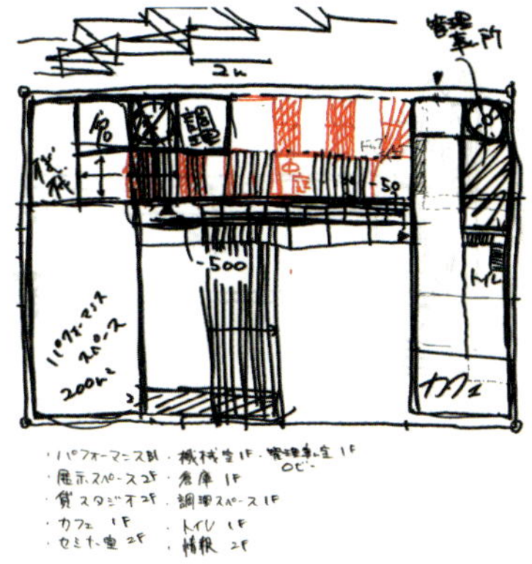

1 階平面図

「うーん。これだと、下の広場が少し圧迫された感じになってしまうかも」

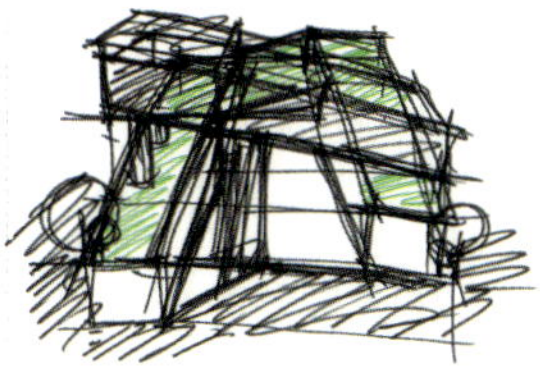

「奥（北側）に寄せてみたらどうかな？」

「なるほど、こんな感じになるのか……でも、まだ何か違うな」

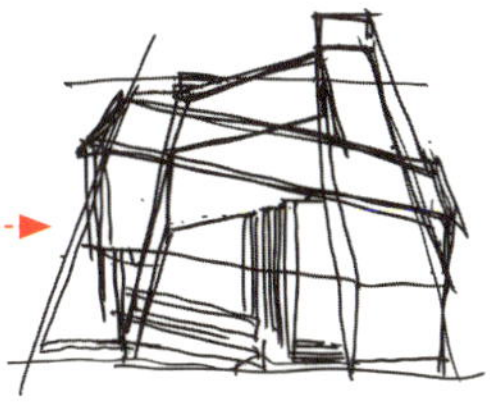

「逆にして、手前（南側）に置いたらどうかな？」

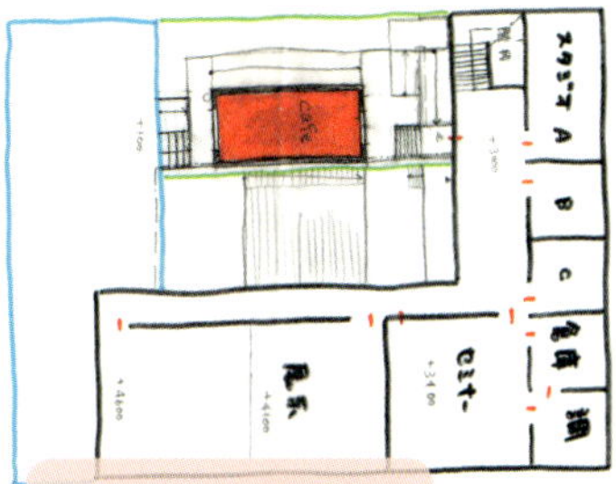

「おっ！　広場を取り囲む感じになった！」

「ヴォリュームにするとこんな感じ。うん、いいかも！階段を移動しながらいろんな風景が楽しめそう—!!」

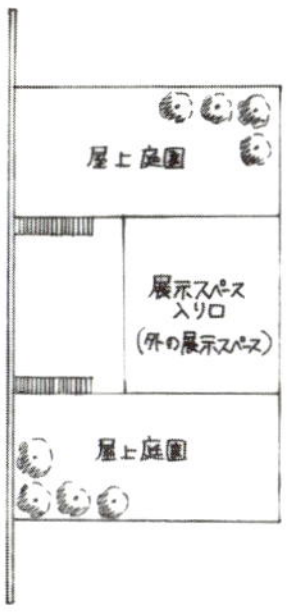

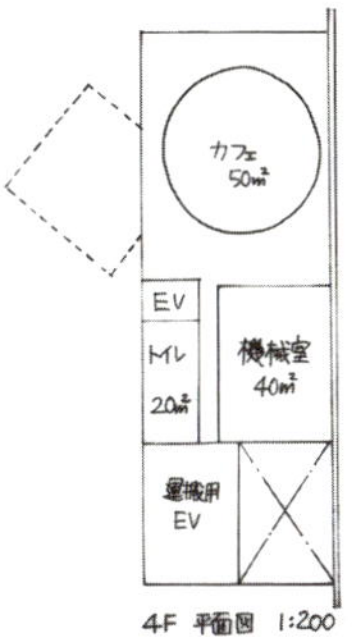

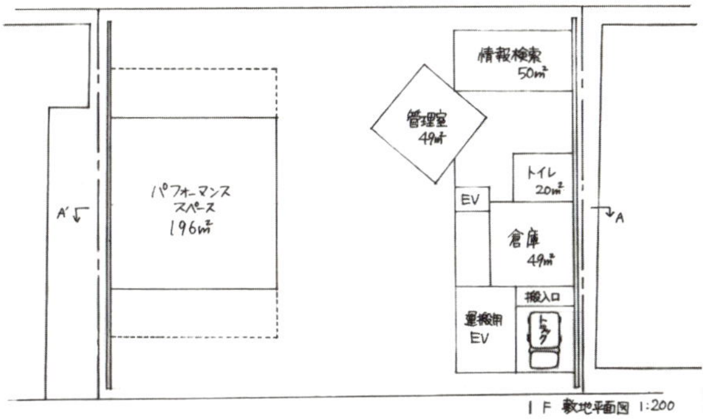

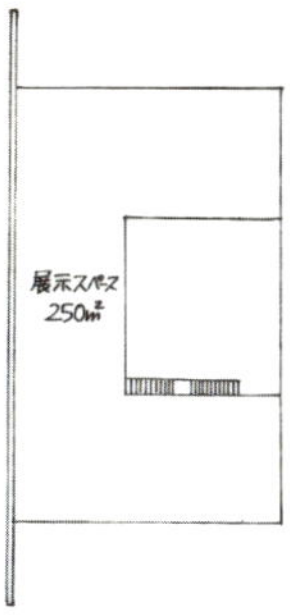

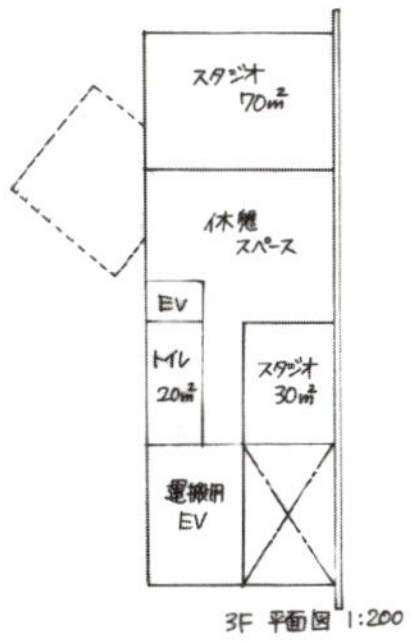

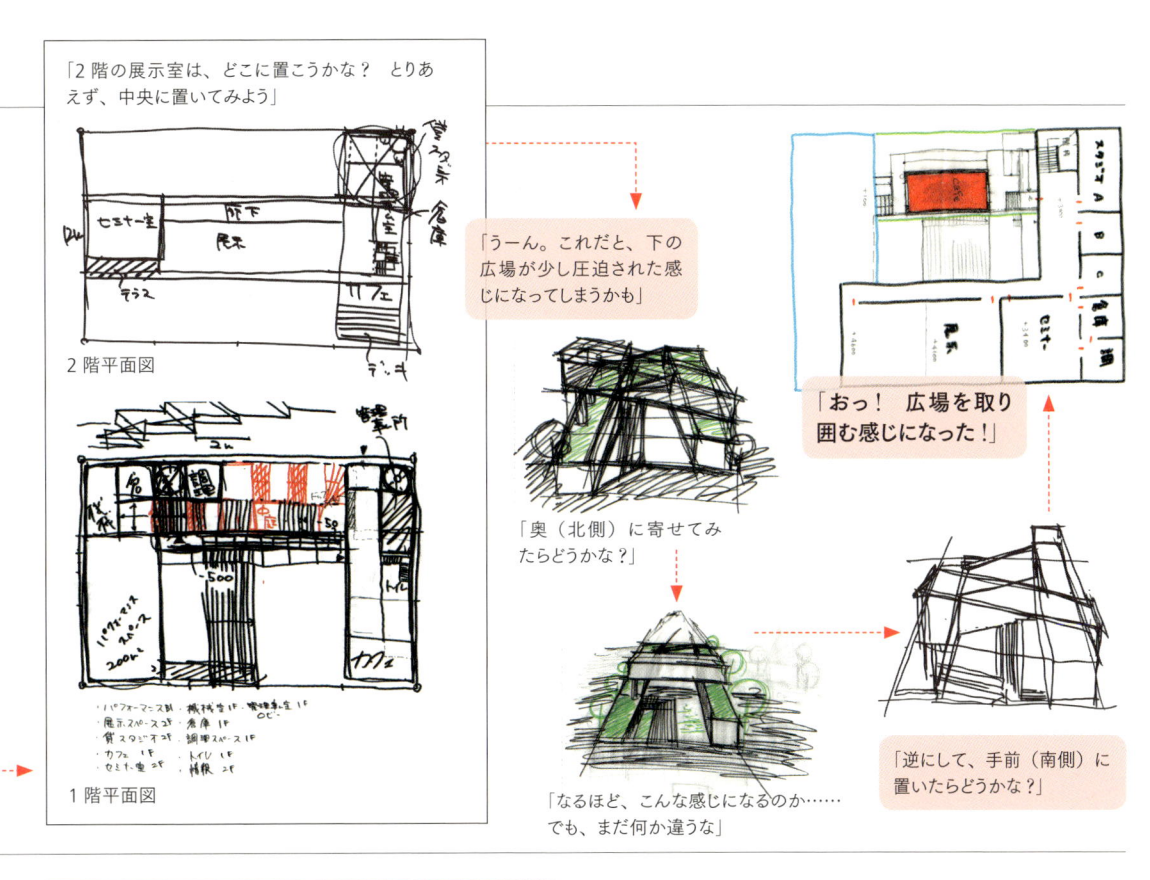

「ちゃんと平面図にして、部屋を描き入れてみると、こんな感じかな？　何か建築っぽくなってきた（笑）」

有本くんStep3 完成案

先生「斜めの要素を整理したのは正解だったね。前回より、すっきりとした、よい案になったと思うよ」
有本「僕もそう思います(笑)」

先生「このパフォーマンススペースの観客席にもなる階段広場を、螺旋状のヴォリュームがうまく取り囲み、それを南側の歩道から見下ろすことができるのもいい」
有本「なるほど……」

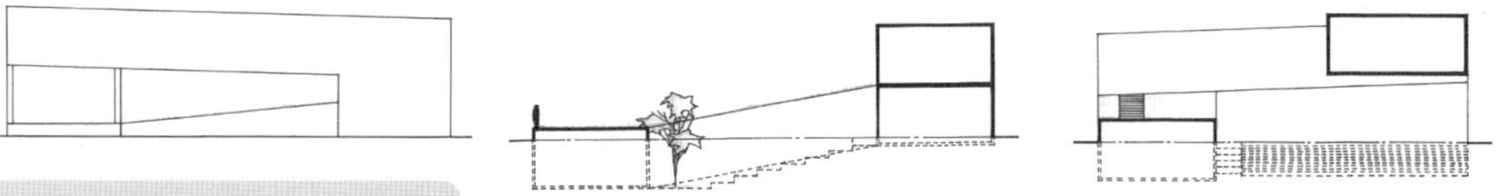

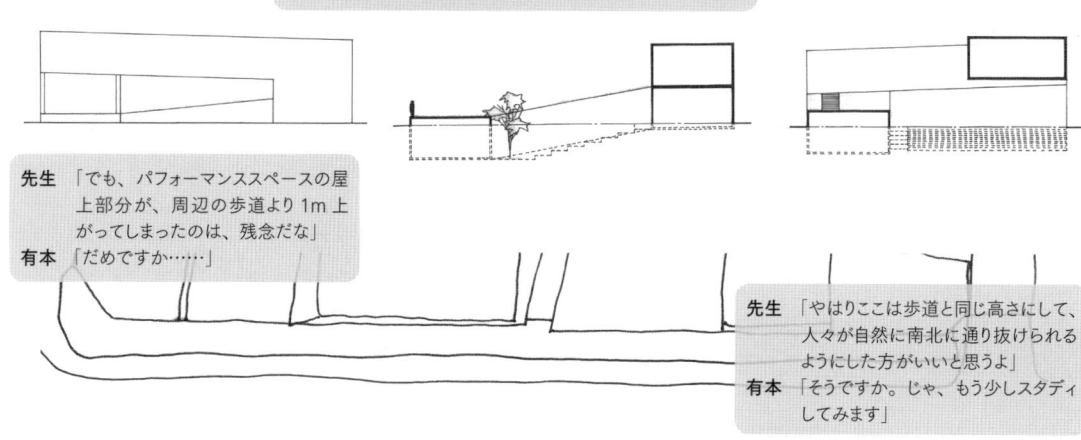

先生「でも、パフォーマンススペースの屋上部分が、周辺の歩道より1m上がってしまったのは、残念だな」
有本「だめですか……」

先生「やはりここは歩道と同じ高さにして、人々が自然に南北に通り抜けられるようにした方がいいと思うよ」
有本「そうですか。じゃ、もう少しスタディしてみます」

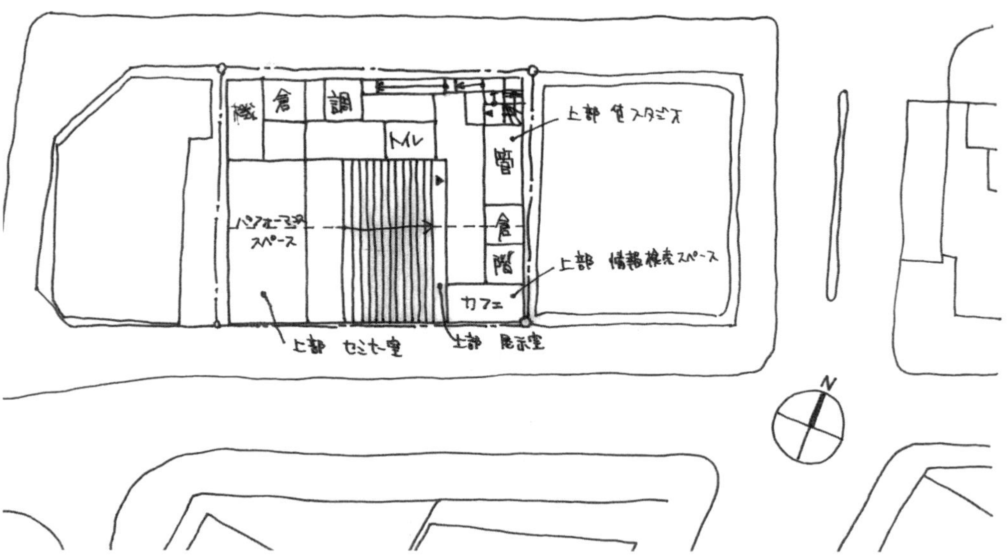

林さんStep3 完成案

先生　「フレームでまとめたんだね。思い切って考え方を変えて正解だったと思うよ」
林　「そうですよね。先生と話してよかったと思いました（笑）」

先生　「このまま進めていったら、都市のアクティビティが包み込まれているような建築になりそうだよ。この場所にふさわしい建物になっていくんじゃないかな」
林　「そうですか！　うれしいです。そんなふうに言われると、どんどん面白くなりそうな気がしてきました」

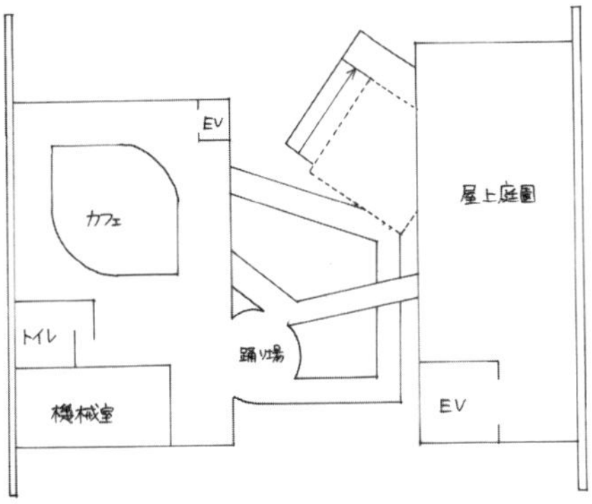

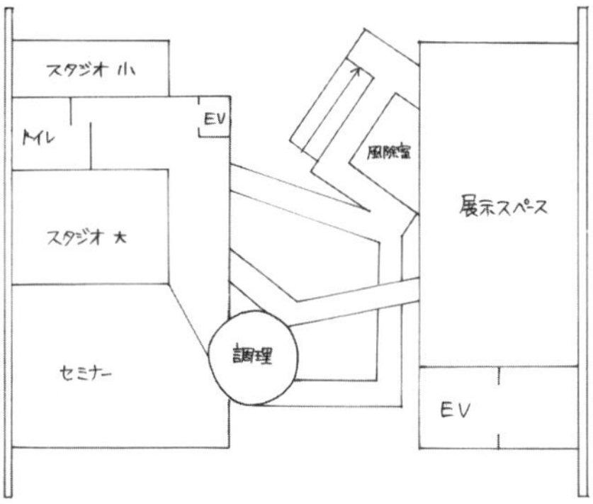

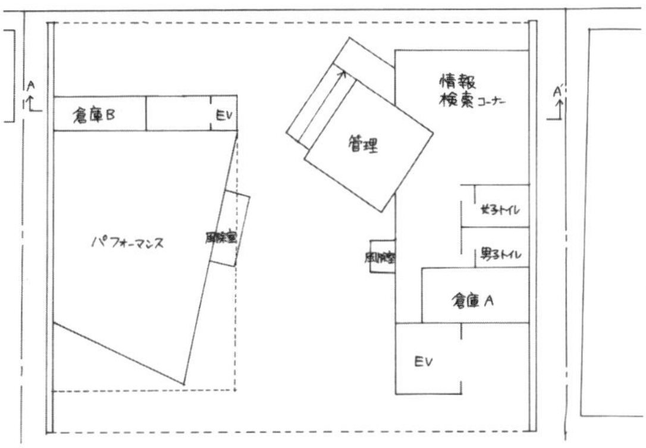

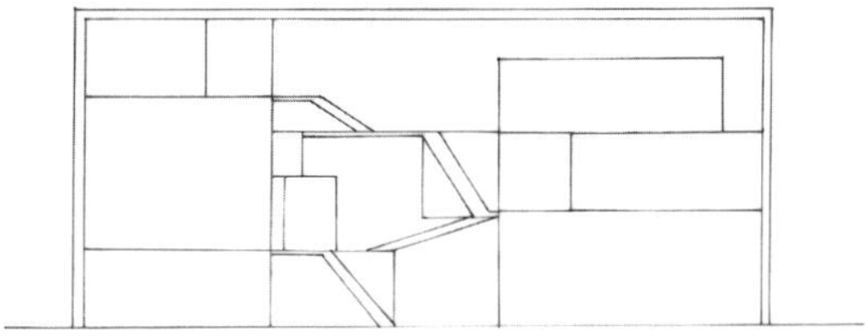

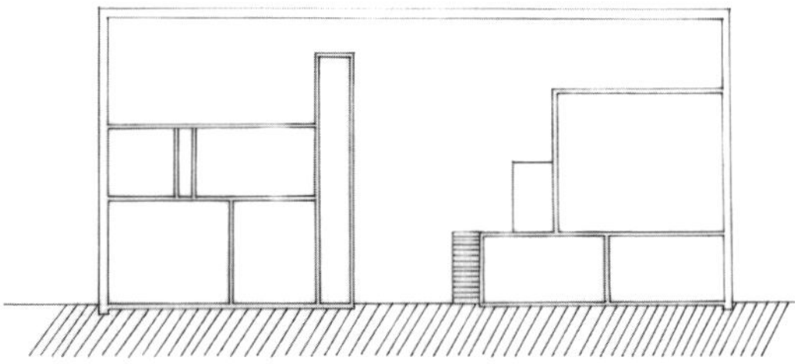

先生　「じゃあ次は、構造計画も入れながら、さらに細かく考えてみようか」
林　「ええっ！　構造ですか？　何だか、難しそう。でも、がんばってみます！」

※このページの図面は、1/200で描いたものを、版面に納まるように縮小して掲載

● みんなの図面も見てみよう

阿部くんの案

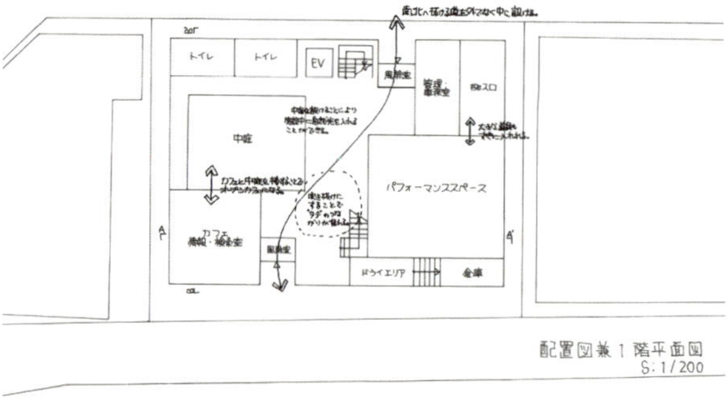

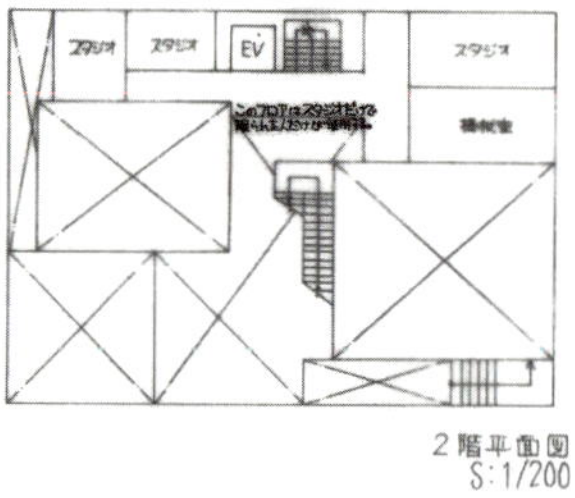

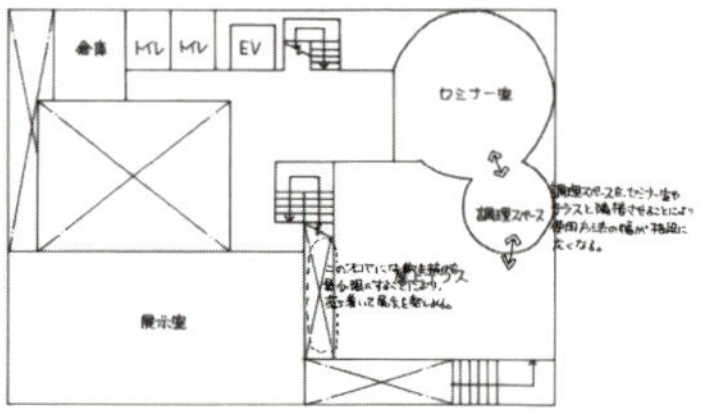

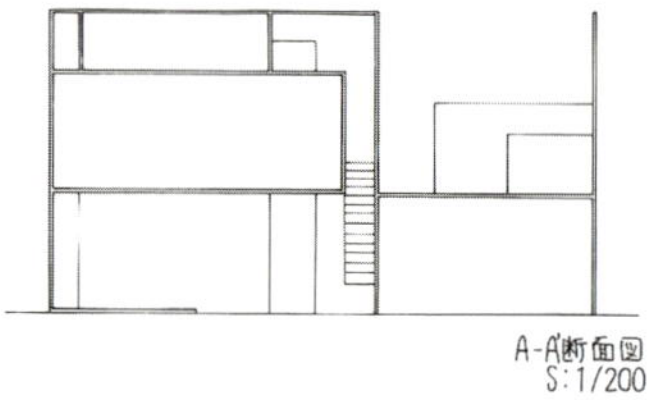

阿部　「敷地内を人々が南北に通り抜けることができる動線を設けました。その上に立体が浮遊しているような空間をイメージしています」

先生　「軽快で透明性を持つ、現代的な建物になりそうだね。次のステップで、さらに細かくスタディしよう」

南川さんの案

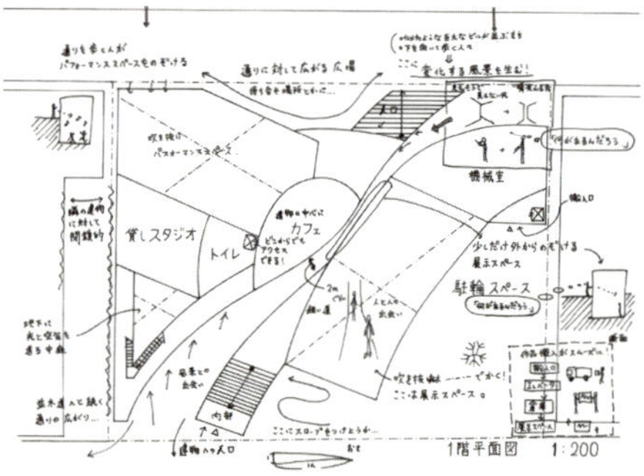

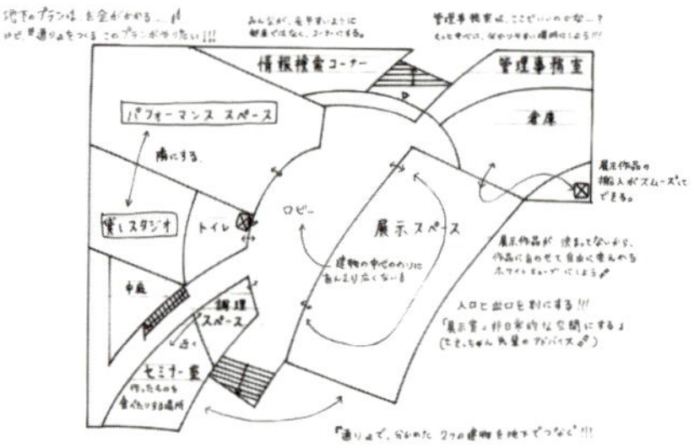

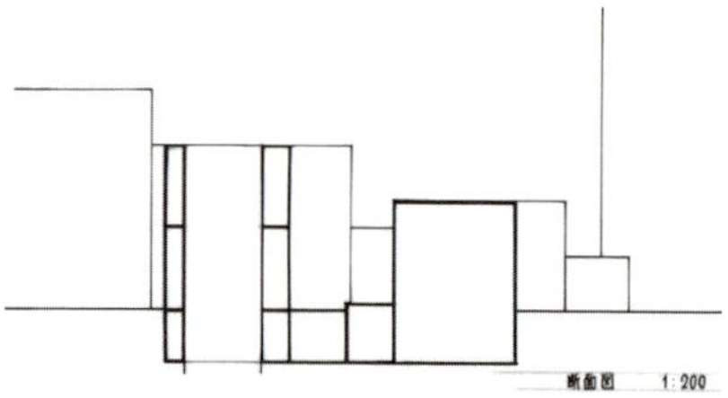

南川　「Step2 では、2 つの案を並行して考えていましたが、半地下案の方が可能性があるような気がしたので、それを図面にしてみました」

先生　「面白そうだけど、ずいぶん複雑だね。内部と外部の区別はついているか検討してみよう。もっとすっきりすると思うよ」

縮尺はすべて 1/1,000 に縮小して掲載

阪本くんの案

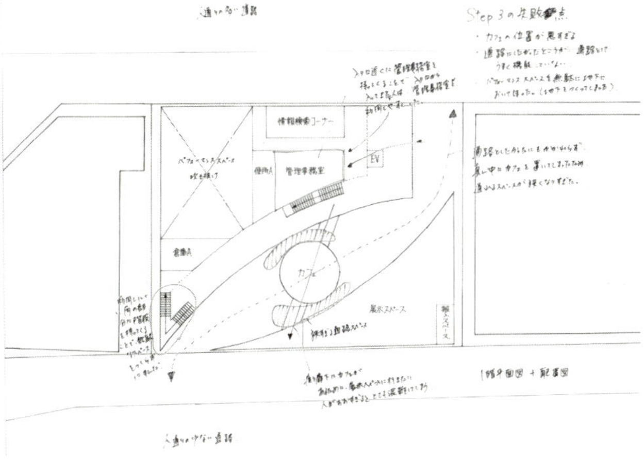

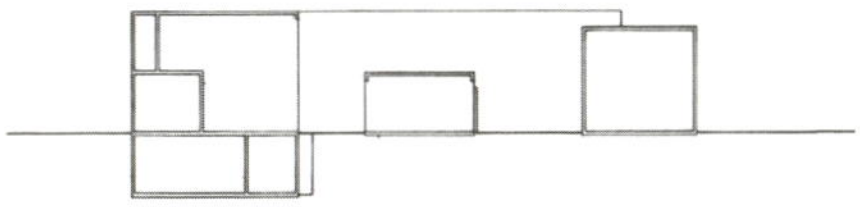

阪本　「ヴォリュームの形にこだわってまとめようとしているのですが……」

先生　「なるほど、特徴的な形を持つ２つのヴォリュームの間を斜めに通り抜けるところが、とても面白いね。でも、中心にあるエントランスの円は、あまりふさわしい形には見えないね。ここを再検討してみよう」

前田さんの案

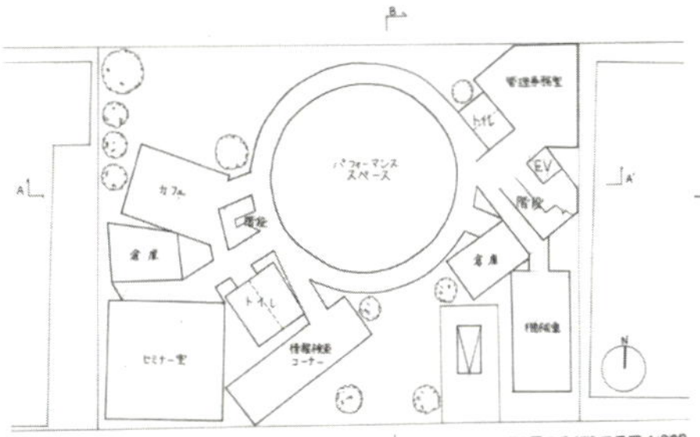

配置図兼1階平面図 1:200

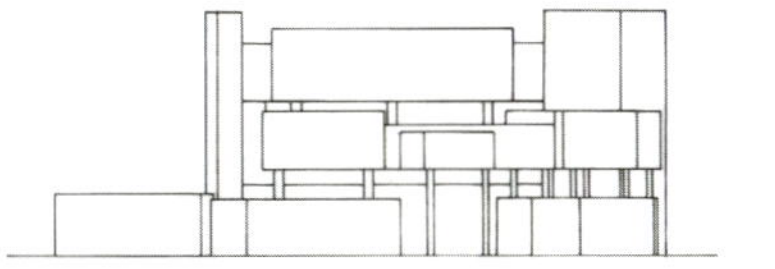

南立面図 1:200

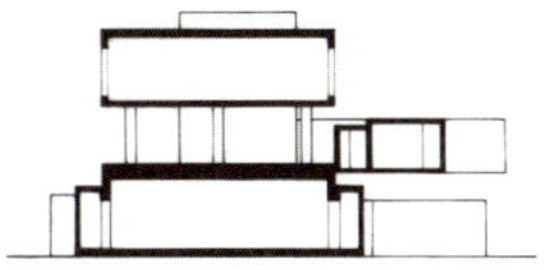

B-B'断面図 1:200

前田　「イメージを大切にしてまとめたつもりなのですが、少しまとまりがない気がしています……」

先生　「部分の集合として全体ができているのが、とても面白いね。中心部分の大きな円形に、もう少し浮遊感を持たせると、もっと面白くなりそうだね」

山神くんの案

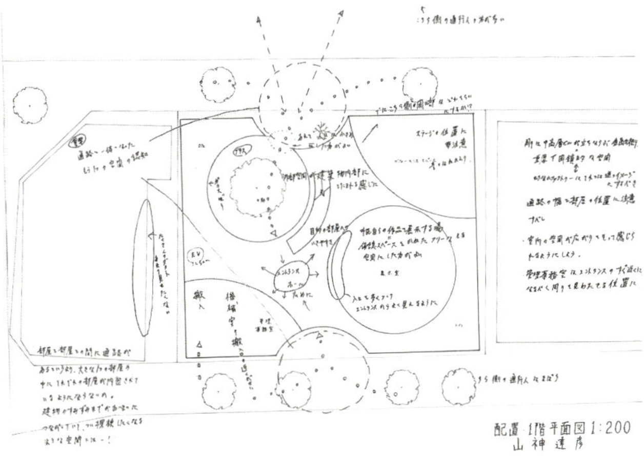

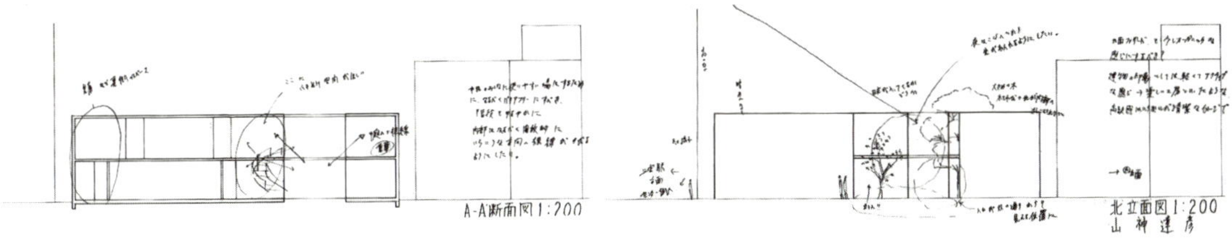

山神　「ヴォリューム模型では、２つの大きな円形部分を外部のようにイメージしていたのですが、必要な部屋を入れるのが難しいです」

先生　「そこがポイントになりそうだね。内部空間なんだけど、外部のようなイメージでつくる……、そんなことが大切になってきそうだね」

column

建築の意味を変える平面計画

花田佳明　はなだ・よしあき

金沢 21 世紀美術館

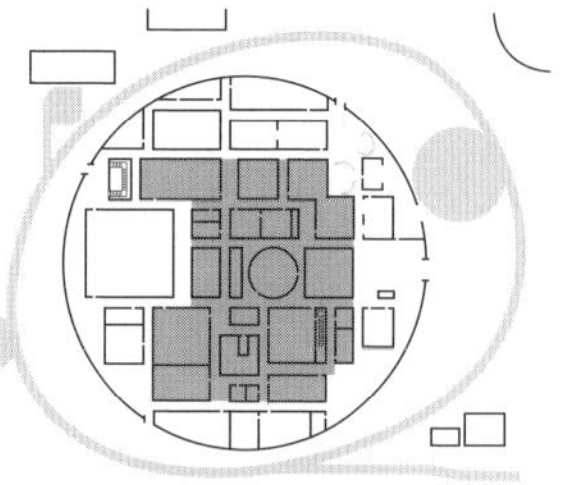

円形の館内の有料展示ゾーンと無料ゾーン

住宅の階段が玄関にあると、学校から帰った子どもたちはそのまま 2 階の子ども部屋に消えてしまうかもしれないが、居間に階段があれば、親子の接触の機会は確実に増える。教室と廊下の間の壁をなくし、多様な学習環境を可能にしたオープンスクールという学校もある。車に乗ったまま商品が買えるドライブスルー方式の店舗は、人と車とモノの流れを変えてこそ実現したものだ。平面計画と人間の行為や生活の間には、密接な関係があるという証拠である。

このことを利用して、建築の可能性を拡張した画期的な実例が、金沢 21 世紀美術館だ。建築家の妹島和世と西沢立衛によって設計され、2004 年に開館した。敷地は金沢市中心部にあり、兼六園も近い。

この建物は、開館 1 年目にして、地方都市の公立美術館、しかも現代美術を中心にした美術館としては驚異的な 157 万人という入館者数を記録した。その後もコンスタントに入館者を集め続け、リピーターも多い。また、ワークショップなどを頻繁に開催し、難解な現代美術に対する一般市民の関心を呼び起こした点でも高い評価を得た。

そのような実績を可能にした大きな要因は、特殊な平面計画にある。

一般の美術館は、まずは玄関ロビーがあり、そこから廊下沿いにある展示室を順路に沿って巡る構成になっている。しかし金沢 21 世紀美術館では、こういった部屋どうしの関係に革命が起きた。

この建物は、直径が約 112m、総ガラス張りの大きな円形平面をしている。その内部に、大きさや仕様の異なる直方体の展示室が海に浮かぶ島のように距離をおいて配置され、それらを円形のガラスが包んでいる。

外周に沿ったロビー状の空間はドーナツ状につながっており、そこから展示室どうしの隙間空間が網目状にのびていく。両者は何箇所かのガラス扉で巧みに区切られており、外周沿いのロビーは無料ゾーン、その内側は有料展示ゾーンというわけだ。

そのような空間が、実に新鮮な美術館体験を生み出した。無料ゾーンには、図書室、カフェ、ミュージアムショップなどがあり、個別利用が可能である。しかしそこを一周するうちにも、視線は各所で有料展示ゾーンにつながっていく。有料展示ゾーンの通路は迷路のようになっており、経路選択の幅が広く、次はどこへ行くかの意思決定や、ここはどこかという位置確認を迫られる。案内図を手にしていても、迷ったり展示を見落としたりすることもあり、順路に沿って鑑賞する従来の美術館とは異なる行動や感情が誘発される。

それらはまさに、都市を散歩しているような体験なのだ。特別な用事はないがまちに出る。歩いているうちにさまざまな人や店や情報に出会い、次の行動を決めていく。この美術館では、それと同じことをしているような気持ちになる。展覧会もさることながら、この空間をさまようこと自体が楽しくてたまらない。

さらにこの体験は、私たちの想像力を、金沢という歴史的・文化的都市へも広げていく。

たとえば、近江町市場の賑やかな商店をひやかし、ひがし茶屋町の細い路地を巡り、犀川《さいがわ》のほとりの静かな河原にたたずみ、金沢出身の泉鏡花の幻想的な小説に思いを馳せるとき、それらと金沢 21 世紀美術館での行動が、自分の中で重なってくる。さまざまな人やモノや情報が自由に行き来する都市空間と、金沢 21 世紀美術館の迷路のような空間が、時空を超えてつながるのだ。

逆に言えば、都市のような特性を持つ空間が美術館として実現したことによって、美術館や現代美術が市民に開かれ、公立の美術館が文字通り都市のような公共的空間になったということである。その背後にあるのは、すでに述べたドーナツ状の平面計画だ。私たちは、そのような空間的な変革が持つ建築と都市を変える力の大きさと可能性を、再認識する必要があるだろう。

Step 4

空間の囲み方・支え方を考える

Step4 で行うこと

Step 4では、これまでヴォリューム模型やシングルラインによる図面で表現されてきた設計案を、さらに具体的な壁・床・柱といった建築要素で構成されるものへと発展させていきます。

その際に考えなくてはならないデザイン上のポイントは2つあります。ひとつは空間の囲み方で、もうひとつは空間の支え方です。空間の囲み方とは、建物を構成する各部屋や動線の空間を、壁・床・屋根などの面的な要素で、どのように取り囲んだり、互いにつないだりするのかという問題です。これには、内部空間と外部空間の関係をどうするのかといった問題も含まれます。

一方、空間の支え方とは、さまざまな空間が配置される建物を物理的に頑丈にするには、柱や梁などの構造的要素を、どのように配置すればよいのかという問題です。

このステップでは、図面や模型を、具体的な壁・床・柱といった建築要素を表現できるものへと進化させつつ、これらの問題に対する解答としての設計案をつくっていきます。

4－1　空間の囲み方を考えよう

- さえぎること、つなぐこと
- ひとつの部屋の囲み方
- 複数の部屋の組み合わせ方
- ボード模型の制作

4－2　空間の支え方を考えよう

- 構造のしくみ
- 柱の配置と梁について
- 壁について

4－3　図面にまとめよう

- 平面図で示す
- 断面図で示す

4－4　学生によるスタディ

- 有本くんの場合
- 林さんの場合
- 有本くん Step4 完成案
- 林さん Step4 完成案
- みんなの案も見てみよう

4－1 空間の囲み方を考えよう

**建築空間は、何らかの建築的要素で空間を取り囲むことにより成立します。
たとえば、直方体の形をした部屋は、床・天井・四方の壁という６つの面で囲まれますが、
各面が閉鎖的であるか開放的であるかによって、部屋と周囲の関係は異なったものとなります。
ここでは、設計案における空間の囲み方を、ボード模型をつくりながら検討していきます。**

● さえぎること、つなぐこと

いま、建物のエントランス（入口）の部分を例にあげて、内と外の関係を考えてみましょう。もしも入口のドアが厚い壁面に設けられていて、窓もなくまったく中が見えないような場合には、その入口は慣れない人にとっては入りにくく、中の空間は外部から遮断され閉ざされた感じになるでしょう。それとは逆に、入口のドアやそれが設けられた壁面がガラスでできているような場合には、比較的入りやすく、中の空間は外部につながった開放的な感じになるでしょう。

次の例として、本書の設計課題にも出てくるような情報検索コーナーと廊下の関係を考えてみましょう。両者の間に壁をつくれば、情報検索コーナーは廊下を通る人々から見えない、閉鎖的ではあるが落ち着いた空間になるでしょう。逆に、両者の間をガラスの間仕切りとしたり、あるいは天井まで届く間仕切りの代わりに低い棚などで囲った場合には、情報検索コーナーは廊下を通る人々からよく見える、開放的ではあるがやや落ち着かない空間になるでしょう。

右は、性質の異なるスペースどうしを明確に区切りながらも、完全に遮断してしまわないで空間としての一体感も同時に感じられるようなデザインが行われている例を示したものです。「せんだいメディアテーク」の場合には、スタジオカウンターと呼ばれる事務的な作業のためのスペースが、曲線を描くカウンターと垂れ壁によって他の空間とは明確に仕切られつつも、利用者がアクセスしやすいように開放的に扱われています。「宮城県図書館」の場合には、規則正しく書架が配置されたスペースの横に、目の高さよりもやや低い位置まで床が持ち上げられた閲覧スペースがあり、両者の間には手摺《てすり》を兼ねた低いガラス壁が設けられています。書架スペースと閲覧スペースは、両方とも曲面の天井で覆われた一体感のある空間の中に置かれていますが、両者の境界部分で床の高さを変えて低いガラス壁という垂直要素を設けることによって、大空間の中でもくつろぐことのできる場所がつくられています。

これらの例のように、空間を仕切る方法にはさまざまなものがあり、それが空間どうしの関係に大きな影響を与えます。空間どうしの仕切りは、外部空間と内部空間の間にも、内部空間どうしの間にも存在します。したがって、設計を行う際には、空間どうしを互いにさえぎるのか、つなぐのか、あるいは区切りながらも連続させるのか、といった、さまざまな可能性を考えつつ、もっとも適したデザインが何かを検討していきましょう。

閉鎖的な入口と開放的な入口

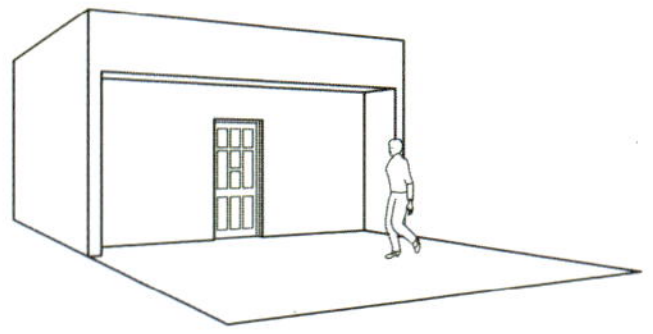

内外の空間は遮断された感じになる

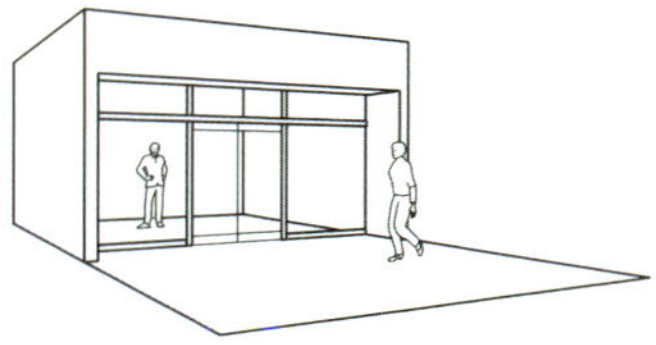

内外の空間は連続的な感じになる

空間を区切りながら連続させている例

せんだいメディアテーク

宮城県図書館

● ひとつの部屋の囲み方

ひとつの直方体の形をした部屋を考えたとき、もっとも閉鎖的な状態としては、aのような状態が考えられます。この図では、内部の様子をわかりやすく示すため、実際には存在する天井面を取り除いて描いており、以降の図も同様とします。

aのような状態は特殊で、出入りのための扉しかありませんが、通常は部屋を取り囲む壁に採光や換気のための窓を設けることになります。四方の壁にいくつかの穴をあけて開口部（窓や扉）を設けた場合を、bに示します。

c～eは、壁に穴をあける代わりに、部屋を囲む壁のうち1面あるいは2面全体を取り払って大きな開口部としたものです。壁のある面では部屋の内部と外部は遮断されますが、壁のない側では部屋の内部と外部の連続性が高くなります。部屋と周囲の関係は、それぞれの方向によって異なったものとなります。

fは、四隅の柱だけを残して、壁をすべて取り払ったものです。部屋の内部と外部の連続性はもっとも高くなります。

これらの図で壁を取り払った部分には、通常はガラスおよびガラスを支えるためのサッシュなどが入ることになるので、部屋の内部と外部が完全に連続するわけではありませんが、それでも壁で区切られる場合と透明なガラスで区切られる場合では、外部と内部の関係はまったく異なったものになります。

また、実際には、ある方向の壁全面が開口部となるのではなく、壁の一部分が開口部となる場合の方が多いでしょう。この場合、開口部を設ける位置によっても、内外のつながり方がいろいろと変化します。上の図のbも、壁に部分的な開口部を設ける場合の一例ですが、これとは違う位置に設けた例を、gとhに示しておきます。採光や換気、あるいは出入りのために開口部を設けるやり方には、いろいろあることがわかるでしょう。それぞれの部屋の中に立ったときに、どのような感じになるのかを、想像してみてください。

さまざまな空間の囲み方の例

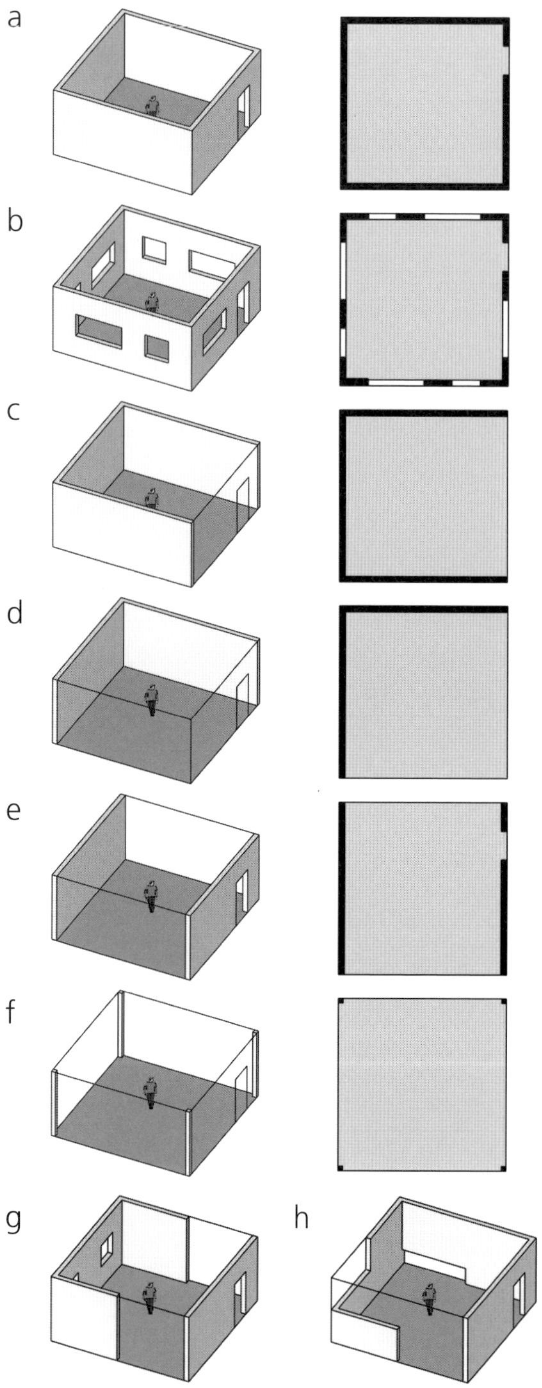

● 複数の部屋の組み合わせ方

では次に、複数の部屋が組み合わされて、ひとつの建物になる場合を考えてみましょう。複数の空間が組み合わされるとき、隣り合う部屋どうしの仕切り方の違いは、建物全体の空間的特質にも大きな影響を与えます。Step 3で必要諸室の配置を検討した際、平面図における空間どうしの仕切りはシングルライン（単線）で示しましたが、このStep 4では、それらを遮断性の強い壁にするのか、あるいは開放的なガラスなどにするのかを決定していきます。下の図は、部屋の大きさや配置はまったく同じで、仕切り方のみを変化させた5つの例を比較して示したものです。これらの図は各部屋を囲む四方の面の大まかな構成を模式的に示しており、実際には、壁の部分にも小さな開口部があったり、壁のない部分にもガラスやサッシュなどが入ったりするものだと思ってください。

Aは、すべての部屋の四方の壁を閉ざした場合を示しています。廊下の一部が外部空間と連続していますが、他の内部空間は、基本的に外部から遮断されています。

Bは、すべての部屋を廊下側にのみ開いた場合です。廊下側からは、すべての部屋の様子をうかがうことができますが、どの部屋も外部空間に対して直接つながりを持つことはありません。

Cは、すべての部屋を外側にのみ開いた場合です。廊下側からは、部屋の中の様子をうかがい知ることはできません。しかしながら、どの部屋も外部空間との連続性が高いものとなっています。

Dは、部屋と廊下、部屋と外部空間の関係が、部屋ごとに異なっている場合です。全体として、変化に富んだ構成となっています。

Eも、部屋と廊下、部屋と外部空間の関係が、部屋ごとに異なり、左のページのgやhと同様に、開口部のあけ方もさまざまに変化させた場合です。

以上、5つの例を見ながら、仕切り方を変えることで、空間の性質がどのように違ってくるのかを理解してください。また、各自でさまざまなバリエーションを試しながら、それぞれの設計案を発展させてください。

同じ部屋の配置で仕切り方を変化させた5つの例

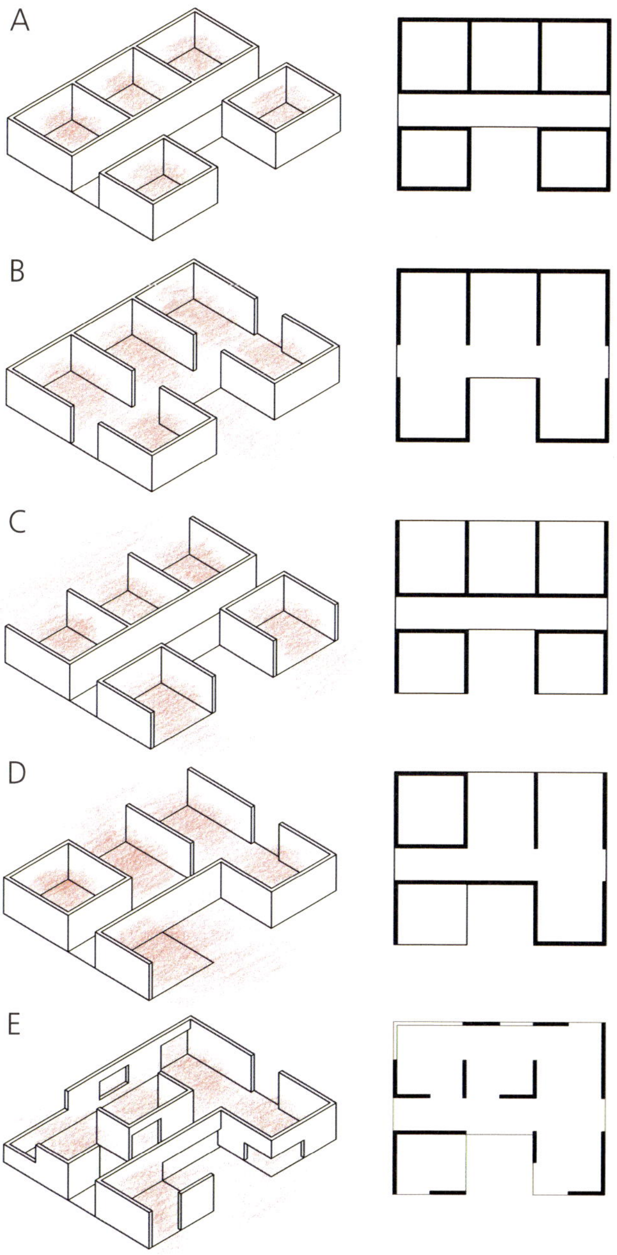

● ボード模型の制作

Step 3での成果物をもとにして、建物を構成する諸空間を壁・床・屋根といった面的な要素でどのように取り囲むのかを、ボード模型をつくりながら検討していきます。この段階で重要なのは、建物全体の大まかな空間構成を決めることなので、細かな部分にこだわる必要はありません。各空間を取り囲む垂直面については、小さな窓や扉はあってもおおむね閉鎖的にしたいところには壁をつくり、ガラス壁や大きな窓を設けて開放的にしたいところは壁でふさがないようにして、まずは建物全体の空間構成がどのようなものになるのかを把握してください。

ボード模型の材料としてはスチレンボードがよく使われます。スチレンボードで模型をつくる場合、ボードの切断面が垂直になっていないと、部材どうしの接合部がきれいに納まらないので、注意しましょう。切断の際、金属製の定規にカッターの刃を垂直にあてることができるように練習してください。コーナー部分の接合方法については、下の説明を参考にしてください。このようなテクニックは、模型制作の基本技法として、この際ぜひ身につけてください。

しかしながら、ここでつくる模型は、完成作品を誰かに見せるためのプレゼンテーション用模型ではありませんので、過度にきれいにつくる必要はありません。それよりも、思いついたアイデアをさっと模型で表現するのに慣れることが大事です。そして、いったんつくった模型でも、変更した方がよいと思う箇所を見つけたら、躊躇《ちゅうちょ》なく壊して修正してください。このようなスタディ模型は、あくまでも設計を考えるための道具なのです。どんどんスタディ模型をつくり変えていくことによって、デザインは進化していきます。

コーナー部分の接合方法

スチレンボードの場合、模型の出隅部分では、片方のボードの端をボードの厚さの幅だけ紙を1枚残してはぎ取るようにする。そうすると、この紙が残った部分で、ちょうどもう一方のボードの小口を覆うように接合できる

ボード模型に用いる材料

スチレンボード

薄い発泡スチロール板の両面に紙を貼ったもの。カッターで容易に切断でき、加工しやすいので、建築模型によく用いられる

バルサ板

たいへん軽くてやわらかな木材で、加工性もよい。スチレンボードでは得られない、自然な質感を表現したいときなどによく使われる

線材

柱や梁などの表現に用いる。断面形状が長方形のものは角棒、円形のものは丸棒と呼ばれる。ひのきなどの木材のほか、樹脂や金属製もある

虫ピン

部材を仮留めするのに用いる。制作途中に使うほか、模型の内部が見られるよう、取りはずし可能にした屋根などを固定するのにも用いられる

このページに示す2つのボード模型は、いずれもStep 3で説明に用いた右の平面図に対応するように制作したものです。両者の違いをわかりやすくするため、A案では閉鎖的な部屋をなるべく多くし、B案では逆に、開放的な部屋をなるべく多くしています。どちらも機能的には問題がありませんから、各部分における外部空間と内部空間の関係をどのようなものにしたいのかによって、壁の扱いに関するデザインが決定されることになります。

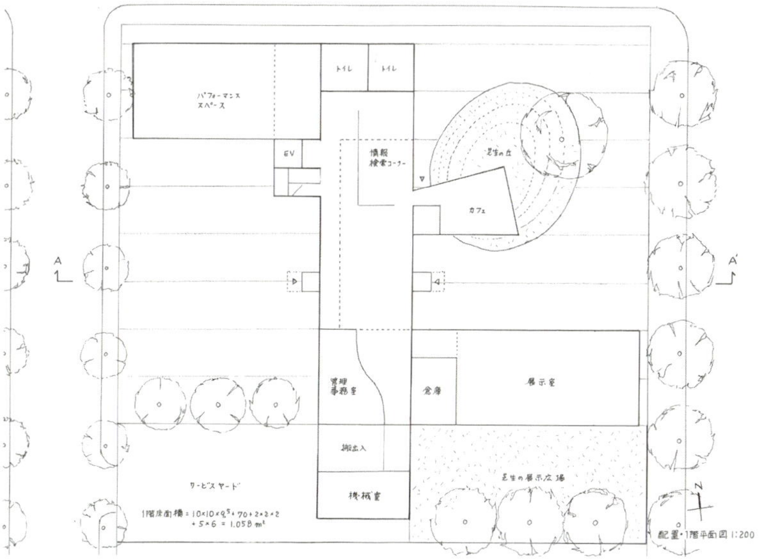

A案

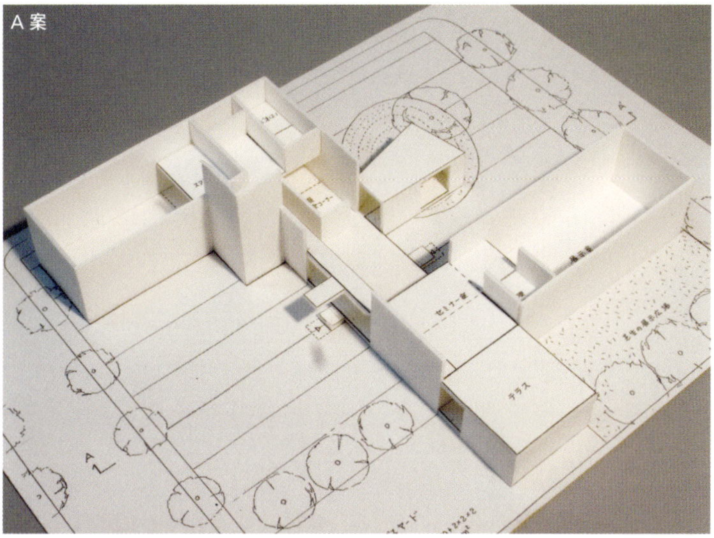

この建物において、もっとも必要面積の大きなスペースは、パフォーマンススペース（200㎡）と展示スペース（200㎡）だが、これらはいずれも、窓がほとんどなくても成立する部屋なので、A案では、これらの部屋を壁で取り囲み、外部から遮断された空間にしている。庭に張り出したカフェも同様に、比較的多くの壁で囲まれたデザインとしている

B案

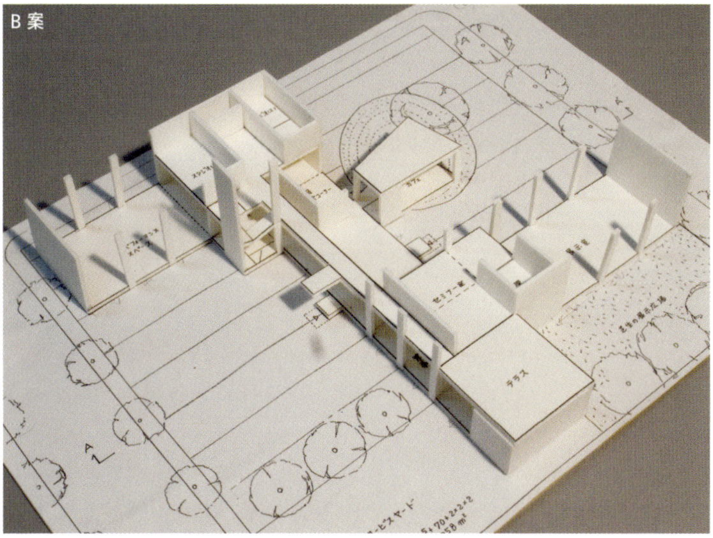

B案では、A案とは逆に、パフォーマンススペースと展示スペースについては外部に接する3面のうち、東側または西側の1面のみ壁を残し、他の2面は開放的なガラス壁（模型では柱のみを表現）として、外部とこれらのスペースの連続性が感じられるデザインとしている。庭に張り出したカフェも同様に、開放的で庭との連続性が高いデザインとしている。入口部分については、A案、B案とも、公共性の高い建物であることを考慮して、人々が入りやすいように比較的開放的な扱いにしている

④－2 空間の支え方を考えよう

建築空間は、基本的には壁・床・屋根などの面的な要素で取り囲まれることによって成立しますが、それらが重力のある地球上に建設され、地震や風などの外的な力を受けても壊れないためには、そこにしっかりとした構造が成り立っている必要があります。

● 構造のしくみ

構造のしくみは、建物が木、鉄筋コンクリート、鉄骨など、どの材料でつくられるのかによって異なってきます。したがって、設計の際には、本来は異なった材料による各種の構造形式について理解した上で、諸条件に応じてどの種類の構造形式を採用するのがもっとも適切であるかを判断しなくてはなりません。しかしながら、各種構造について詳しく説明することは、この本の目的ではありませんから、ここでは、ある程度の規模と耐火性能を必要とする建物において一般的に採用される、鉄筋コンクリート造（RC造）および鉄骨造（S造）のラーメン構造の場合を例に取り上げて、設計の初期の段階で検討しなくてはならない構造についての基本的な事柄を学習します。なお、ラーメン（Rahmen）とは「骨組み、枠」を意味するドイツ語で、ラーメン構造とは柱と梁の接合部を変形しないように緊《きん》結《けつ》した格子状の構造形式のことを言います。

ラーメン構造の場合、建物の主構造は、格子状に組み合わされた柱と梁です。柱の配置間隔（柱スパン）は、RC造の場合6～8m程度がもっとも経済的ですが、10m程度まで大きくすることもできます。S造の場合には、さらに大きなスパンも可能です。RC造の一部に大きなスパンが必要なときには、その部分にだけ鉄骨を組み入れることもできます。

3階建て程度の建物では、柱の太さは柱スパンが7m程度の場合、RC造で600mm × 600mm程度、S造で300mm × 300mm程度、梁成《はりせい》（梁の上端から下端までの高さの寸法）はRC造で柱スパンの1/10程度、S造で1/15 ～ 1/20程度が標準的です。

通常、平面図に梁は描きませんが、すべての柱はその上端および下端において、隣の柱と互いに梁で連結されることを忘れてはなりません。梁の位置は、右のページで説明する「通り芯」の位置と一致することになります。

各階の床スラブ（仕上げを含まない構造体としての床板）はこれらの梁で支えられ、4本の梁で取り囲まれるようにつくられます。RC造の場合、床スラブの一般的な厚さは120～200mm程度です。梁で囲まれる部分の面積が大きい（目安として30㎡程度以上の）場合には、柱をつなぐ梁の間に床を支えるための小梁が必要になります。

壁は、間取りの合理性と耐震性を高めるため、柱と梁の位置に合わせて設けられることが多いのですが、一方で、構造上の役割を持たない壁は、柱や梁とは関係のない自由な位置に設けることも可能です。壁については、右のページでもう少し詳しく説明します。

ラーメン構造の概要（RC造の場合）

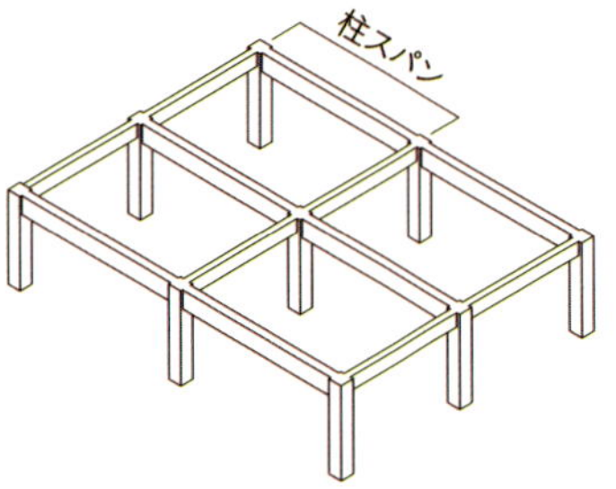

柱と梁による構成
一般的には、柱スパン（柱の中心どうしの間隔）は6～8m程度

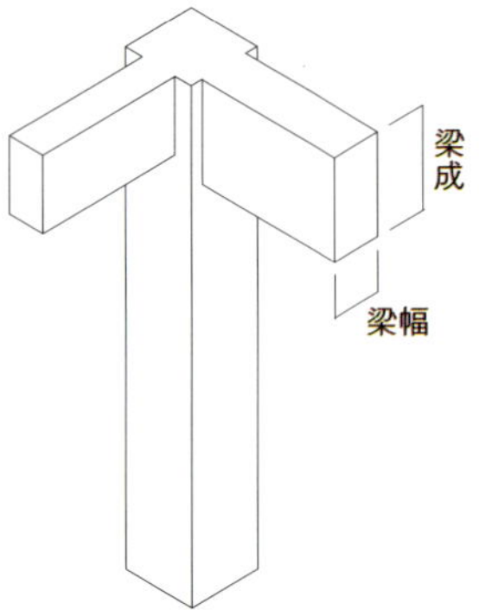

柱と梁の寸法の目安
梁成：柱スパンの1/10程度
梁幅：梁成の1/2程度
柱の太さ：600mm角程度。これは、柱スパンが7m、階数が3層程

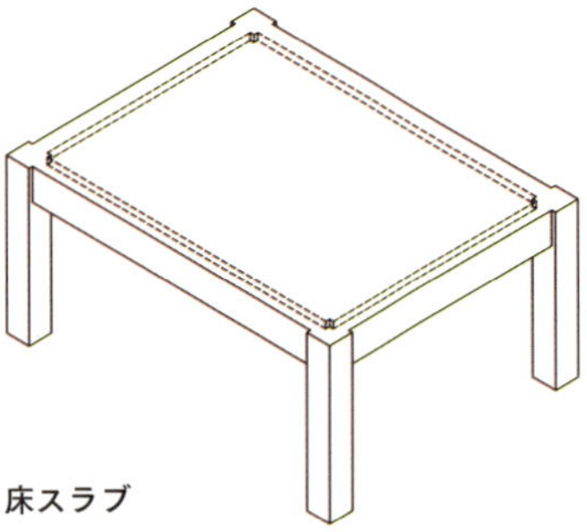

床スラブ

● 柱の配置と梁について

構造を考える上では、まず柱の位置を決めることが重要になります。一般的なやり方としては、構造をあまり意識しなかった段階の平面図上に、柱を配置するための格子状の基準線を描いてみるとよいでしょう（この基準線のことを柱の「通り芯」と呼びます）。通り芯どうしの間隔を左のページで述べた寸法の範囲内とし、なるべく均等になるようにします。縦横の通り芯を平面図にきれいにあてはめることができたら、次にそれらの交点に柱を配置してみます。多くの柱がじゃまな場所にきてしまう場合には、通り芯の間隔を変更するか、あるいは逆に平面形状の方を変更して、双方がうまく整合するようにします。また、各階の柱は原則として同じ位置とし、上の階に柱があるのにその真下に柱がないようなことは、基本的には避けるようにします。

大きな部屋をつくる場合には、柱が部屋のまんなかにこないようにするため、一方向の梁の梁成を高くして柱スパンを大きくするなど、さまざまな構造上の工夫を行うことになります。ときには、平面の一部分が柱の列で囲まれる範囲からはみ出るような場合も起こります。はみ出しの寸法が大きいときには、柱を追加してその部分が囲まれるようにしますが、はみ出しの寸法が3m程度以内であれば、柱は追加せずに梁だけをのばした片持ち梁として、その部分の床や壁を支えることもできます。

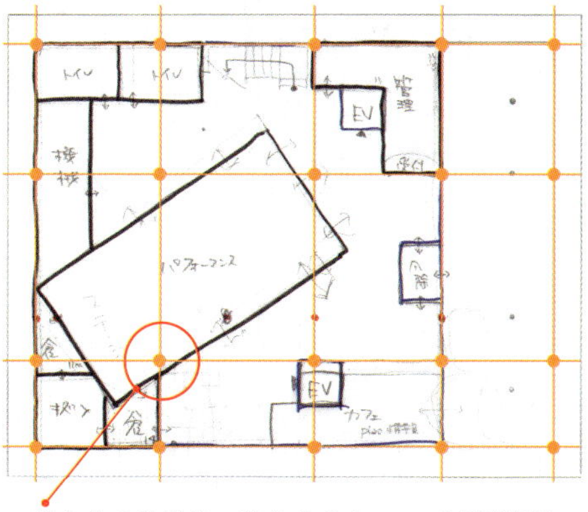

壁と柱の位置を一致させるよう、諸室の形を調整する

1階平面図

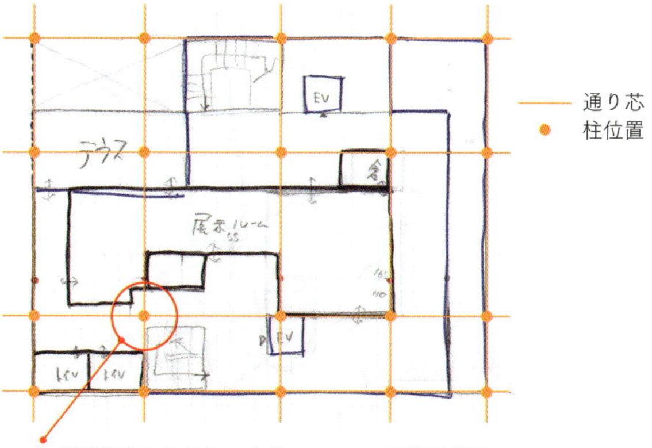

柱が通路をふさがないよう、周辺要素の配置を調整する

2階平面図

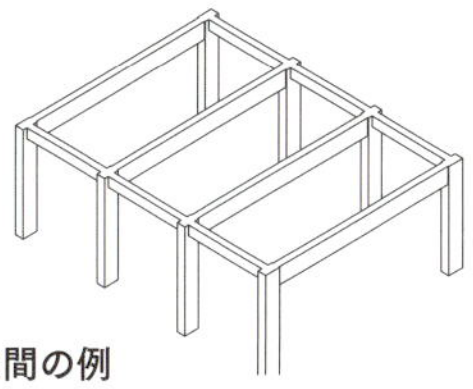

大空間の例
大きな部屋をつくるために一方向の梁の梁成を高くして柱スパンを大きくした例

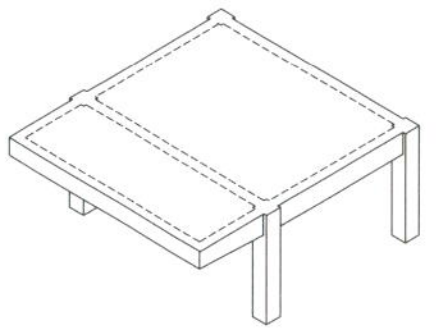

片持ち梁による支持
目安として3m以内の出っ張りであれば梁だけをのばして床を支えることができる。このような梁を「片持ち梁」と言う

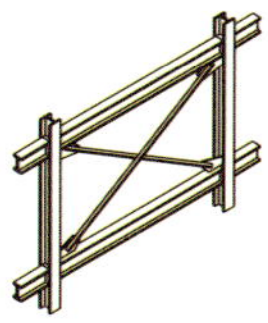

ブレース（筋交い）
鉄骨造（S造）では耐震性を高めるため、柱と梁の枠の中に何箇所かブレースという斜め方向の部材を加えることが多い

● 壁について

壁には、耐力壁と非耐力壁の2種類があります。RC造あるいはS造のラーメン構造の場合、柱と梁だけでも構造が成立しますが、耐震性を高める目的で、柱と梁でできた枠の中に構造上有効な壁をバランスよく配置することが多く、このような壁を耐力壁と言います。一方、構造上は役割を持たない、間仕切りなどのためにつくられる壁を非耐力壁と言います。RC造の場合、耐力壁の厚さは150～210mm程度、非耐力壁の厚さは120～150mm程度が標準的です。また、主構造がRC造でも、間仕切り部分を木造や軽量鉄骨造でつくる場合、その壁厚は100mm程度以下でも大丈夫です。平面図や断面図を描く場合にはこのようなことを理解した上で、壁厚を2～3種類の厚さに区別して描くとよいでしょう。S造の場合には、耐力壁は柱と梁の枠の中にブレース（筋交い）という斜め方向の部材を加えることでつくられるのが一般的で、その部分の壁の厚さはブレースの太さやブレースを壁内に納めるか露出させるかによって変わってきます。

4－3 図面にまとめよう

模型を使って空間の囲み方と支え方に関する検討を行ったら、その結果を図面で表現しましょう。この段階の平面図や断面図では、壁や床の厚みのほか、柱や梁の太さや高さも表現します。壁の厚みと柱の太さ、床の厚みと梁の高さは、それぞれ互いに異なるので、図面を描くためには、それらの位置関係も正しく理解しておかなくてはなりません。

● 平面図で示す

これまでのステップでは、平面図や断面図では空間どうしの仕切りを、すべて同一の単線（シングルライン）で示してきましたが、このステップでは空間どうしの仕切りを、大きく2種類の線で区別して表現します。壁・床・屋根などの閉じた部分は、太く厚みのある線（白抜きの二重線または黒く塗りつぶした太線）で示し、ガラス面や開口部などの開放的な仕切りは、細く厚みのない線で示してください。

なお、建物全体の延床面積や各部屋の床面積は、外壁あるいは各部屋を区切る壁の中心線（壁芯）で囲まれる部分の面積として算定します。したがって、柱の位置が同じであるときには、外壁面を柱の外面に合わせる場合の方が、外壁の中心線を柱の中心線に合わせる場合よりも、床面積が少し大きくなることに注意してください。

また、デザインの対象となるのは内部の空間だけではありません。1階平面図は配置図を兼ねるものとして、道路や隣接する建物との関係、地面の仕上げ（土、芝、舗装等）の種類、植栽など、周辺の外部空間の様子も合わせて表現してください。

● 断面図で示す

断面図についても、建物だけでなく、道路をはさんで向かいにある建物の輪郭や、歩道、車道、街路樹や敷地内の樹木の輪郭を示してください。それらを描くことによって、外部の空間がそれらの要素でどのように囲まれた感じになり、内部の空間とどのように連続するのかを確認することができます。また、図面に人を描き入れると、周囲の空間の大きさを把握することが容易になります。

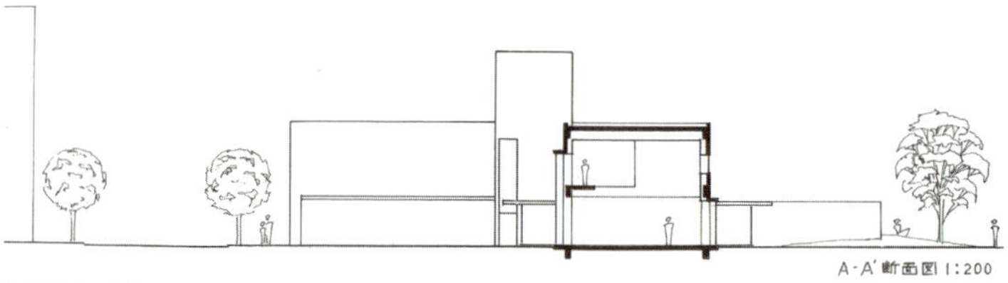

断面図の例

柱と外壁の取り合い

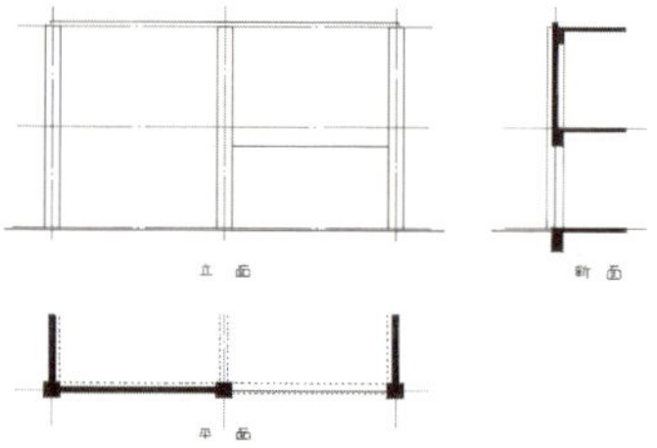

柱型が外壁面に現れる場合
外壁の中心線と柱の中心を合わせた場合である。この例では、梁の方は壁の外面に合わせて、梁形が外壁面に現れないようにしている

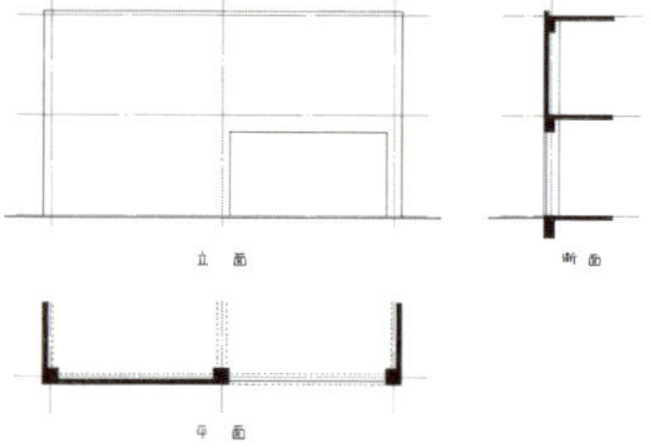

柱型が外壁面に現れない場合
外壁面を柱の外面に合わせた場合である。梁も壁の外面に合わせて、外壁面に柱形・梁形のいずれも現れないようにしている

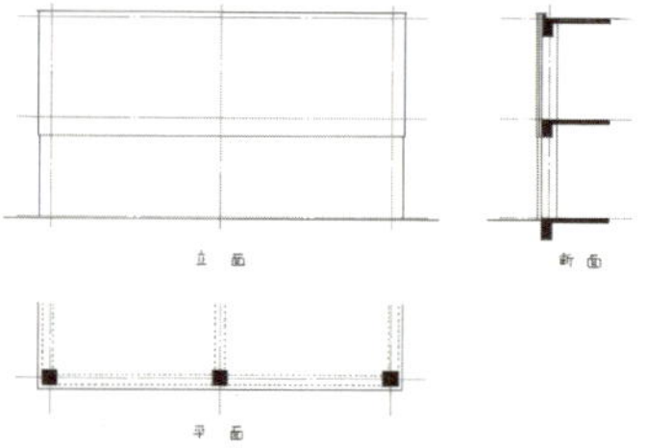

外壁が柱から離れている場合
外壁を構造体から独立させ、柱の外側に離して納めた場合である。外部から見て、総ガラス張りのデザイン等が可能になる

※上の図は、1/200で描いたものを、版面に納まるように縮小して掲載

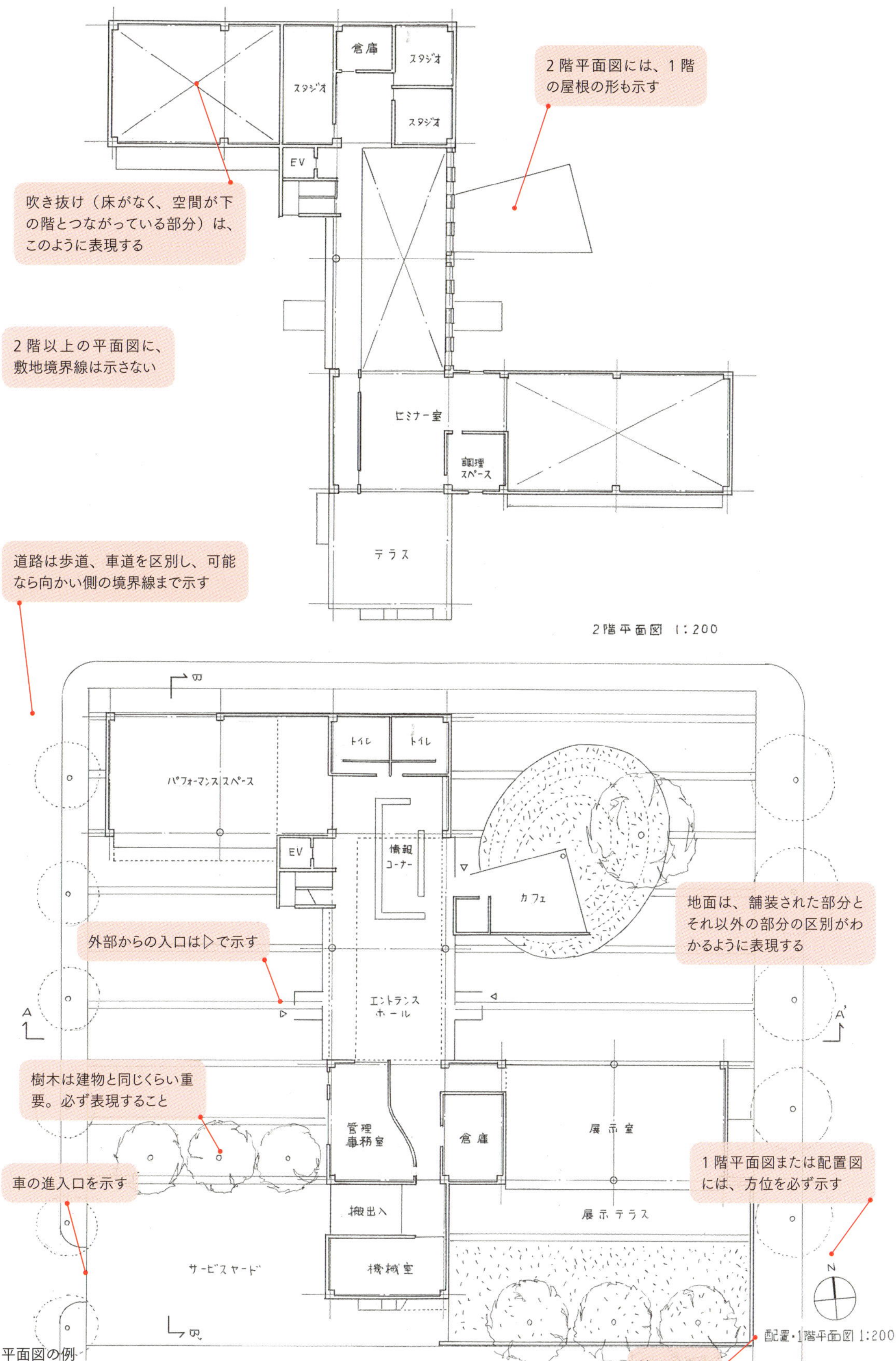
2階平面図には、1階の屋根の形も示す
吹き抜け（床がなく、空間が下の階とつながっている部分）は、このように表現する
2階以上の平面図に、敷地境界線は示さない
倉庫
スタジオ
スタジオ
スタジオ
EV
セミナー室
調理スペース
テラス
2階平面図 1:200
道路は歩道、車道を区別し、可能なら向かい側の境界線まで示す
パフォーマンススペース
トイレ
トイレ
EV
情報コーナー
カフェ
地面は、舗装された部分とそれ以外の部分の区別がわかるように表現する
外部からの入口は▷で示す
エントランスホール
A
A'
樹木は建物と同じくらい重要。必ず表現すること
管理事務室
倉庫
展示室
1階平面図または配置図には、方位を必ず示す
車の進入口を示す
搬出入
展示テラス
サービスヤード
機械室
N
配置・1階平面図 1:200
縮尺を示す

平面図の例
※上の図は、1/200で描いたものを、版面に納まるように縮小して掲載

④-4 学生によるスタディ

有本くんの場合

「さて、と。次に進む前に、まずはいまの設計案のどこを直さないといけないのか、確認しておくとするか」

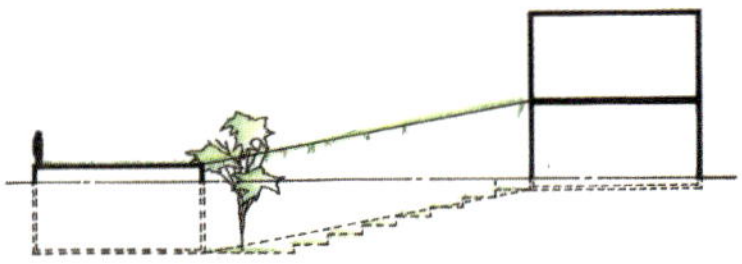

「確かにこの部分は、道路の高さとそろえる方がいいな。平面の方はどうかな。もう一度、先生に相談してみよう」

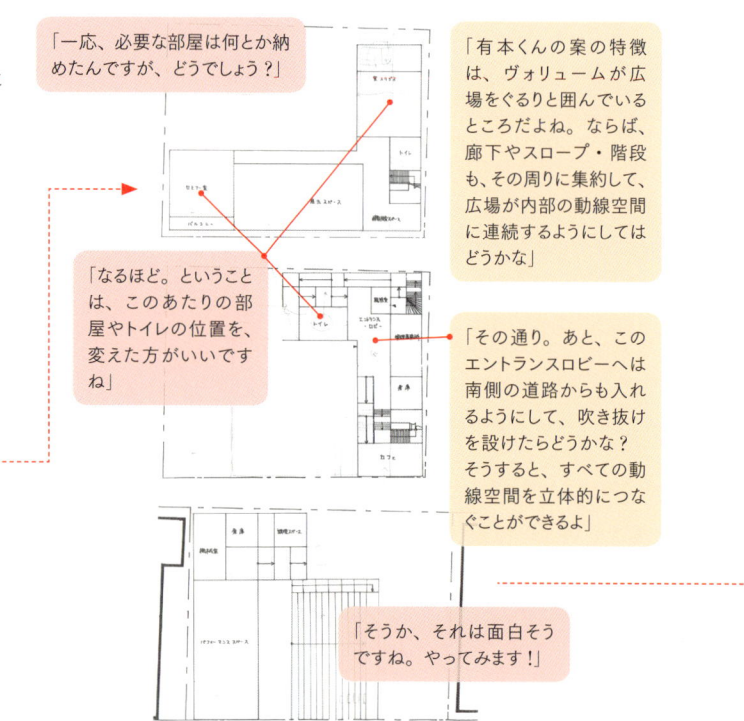

「一応、必要な部屋は何とか納めたんですが、どうでしょう？」

「有本くんの案の特徴は、ヴォリュームが広場をぐるりと囲んでいるところだよね。ならば、廊下やスロープ・階段も、その周りに集約して、広場が内部の動線空間に連続するようにしてはどうかな」

「なるほど。ということは、このあたりの部屋やトイレの位置を、変えた方がいいですね」

「その通り。あと、このエントランスロビーへは南側の道路からも入れるようにして、吹き抜けを設けたらどうかな？そうすると、すべての動線空間を立体的につなぐことができるよ」

「そうか、それは面白そうですね。やってみます！」

右上から　「次は、柱の配置を決めないといけないのか……」

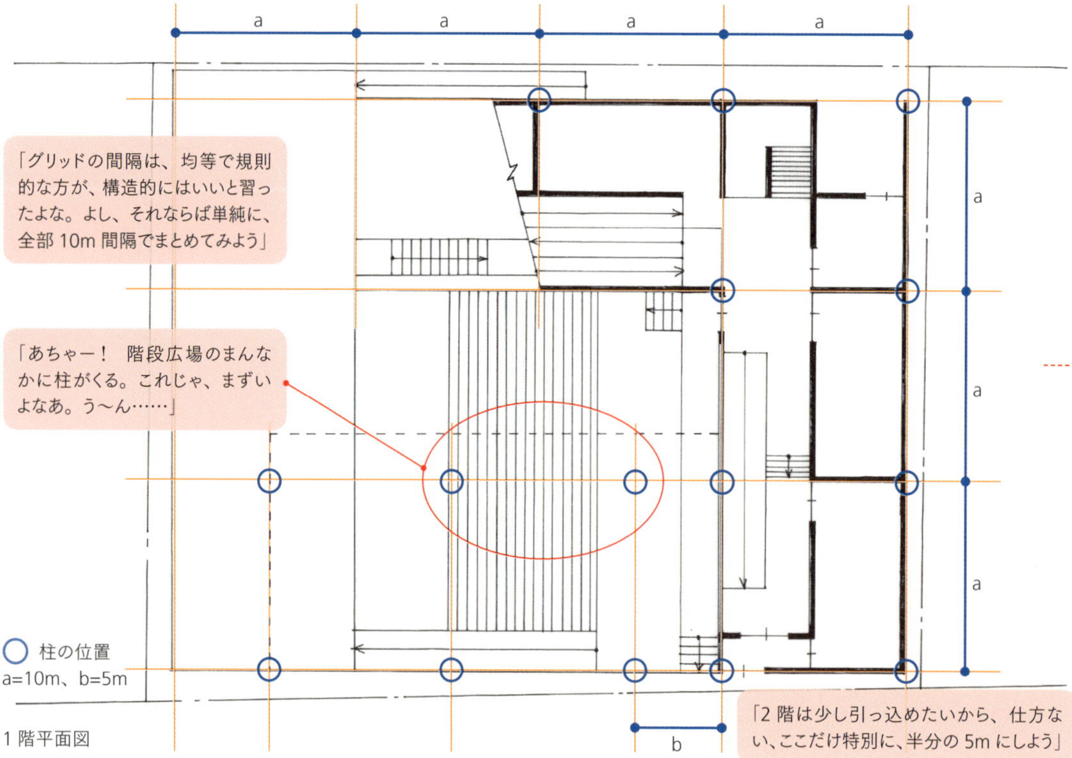

「グリッドの間隔は、均等で規則的な方が、構造的にはいいと習ったよな。よし、それならば単純に、全部 10m 間隔でまとめてみよう」

「あちゃー！　階段広場のまんなかに柱がくる。これじゃ、まずいよなあ。う〜ん……」

「2 階は少し引っ込めたいから、仕方ない、ここだけ特別に、半分の 5m にしよう」

1 階平面図

「ダブルラインで平面図を描き直してみました」

「おっ！　とてもよくなったね」

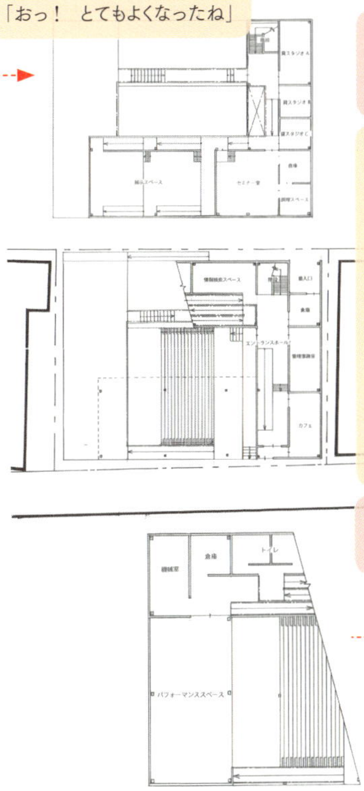

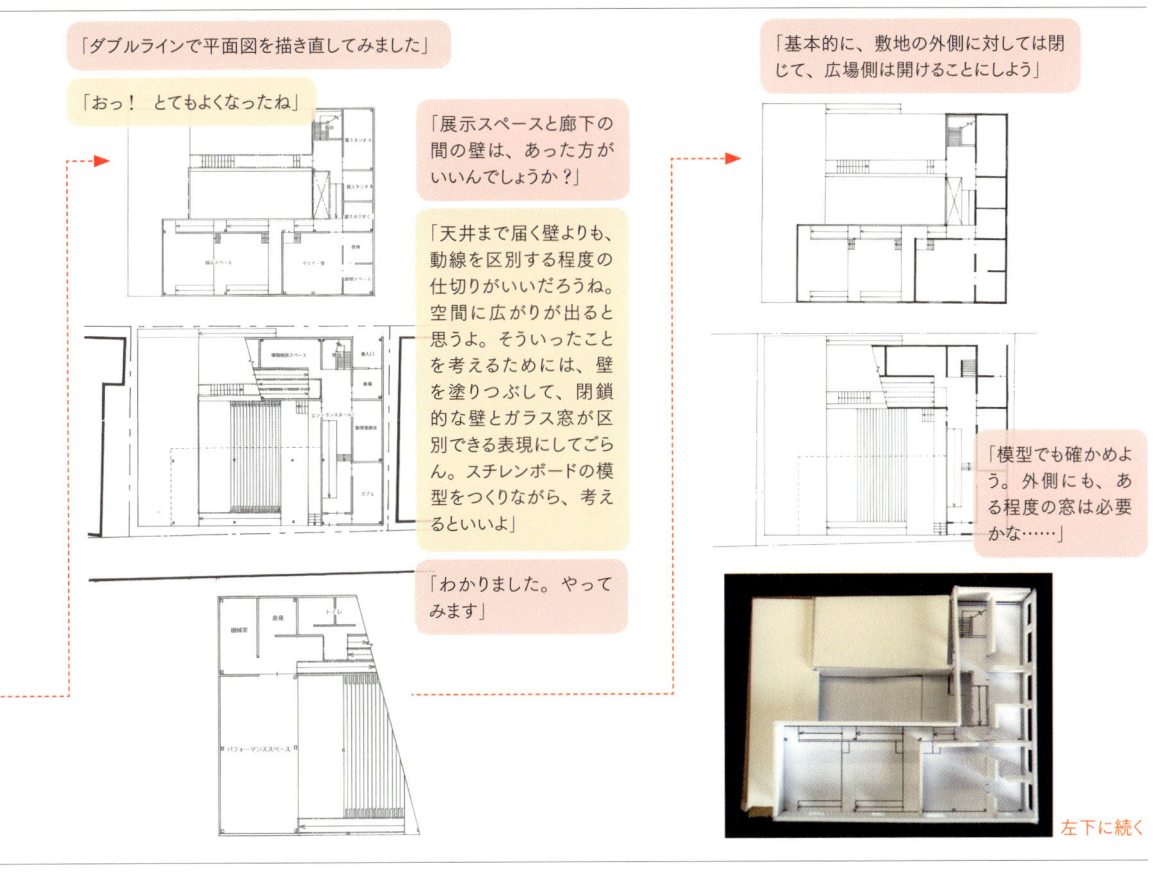

「展示スペースと廊下の間の壁は、あった方がいいんでしょうか？」

「天井まで届く壁よりも、動線を区別する程度の仕切りがいいだろうね。空間に広がりが出ると思うよ。そういったことを考えるためには、壁を塗りつぶして、閉鎖的な壁とガラス窓が区別できる表現にしてごらん。スチレンボードの模型をつくりながら、考えるといいよ」

「わかりました。やってみます」

「基本的に、敷地の外側に対しては閉じて、広場側は開けることにしよう」

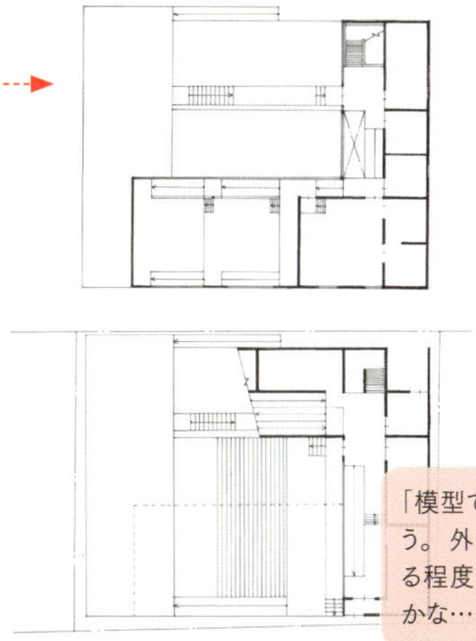

「模型でも確かめよう。外側にも、ある程度の窓は必要かな……」

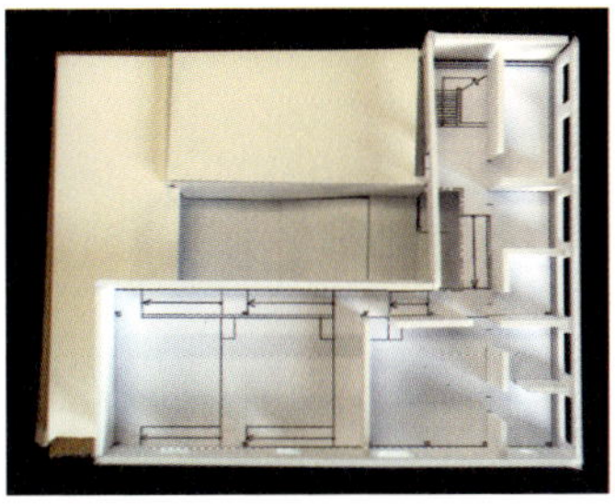

左下に続く

「2 階はどうかな……」

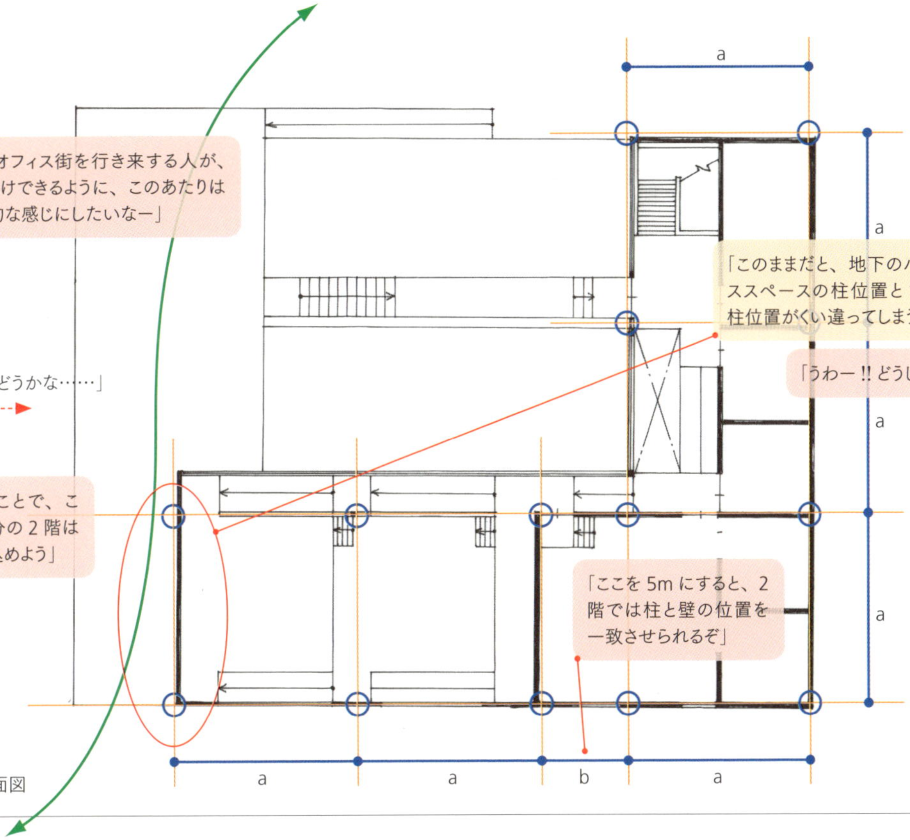

「駅とオフィス街を行き来する人が、通り抜けできるように、このあたりは開放的な感じにしたいなー」
「このままだと、地下のパフォーマンススペースの柱位置と 1 階以上の柱位置がくい違ってしまうよ」
「うわー !! どうしよう……」
「ってことで、この部分の 2 階は引っ込めよう」
「ここを 5m にすると、2 階では柱と壁の位置を一致させられるぞ」

2 階平面図

林さんの場合

「都市のアクティビティが包み込まれているような建築にするには、具体的にどうしたらいいのか、悩んでいます。とりあえずは、両側を階段でつないでみたんですが……」

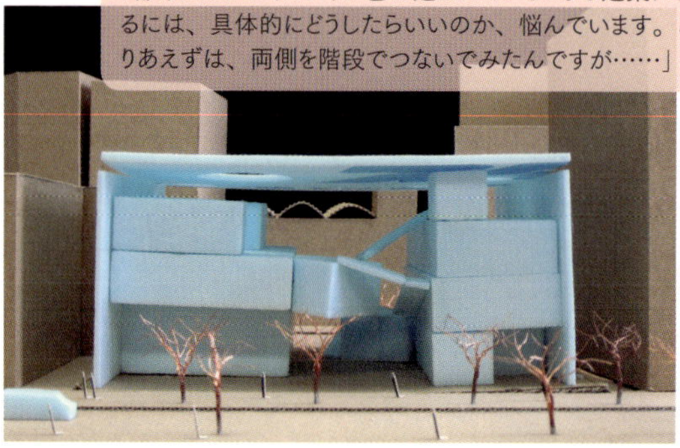

「いやいや、とてもいい感じになってきていると思うよ。このフレームの中に、外部だけど内部のような空間をどうつくるかが、ポイントだね。階段やブリッジはとても重要な要素で、立体的にいろんな角度から人の動きが見えるようにすると、面白くなると思うよ」

「よかったです。じゃあ、こんな感じで進めてっていいんですね」

「大丈夫。模型もつくりながら、見え方を検討してごらん。それと合わせて、開放的にしたいところと、閉鎖的にしたいところを、中の使い方も考えながら、決めていくといいよ」

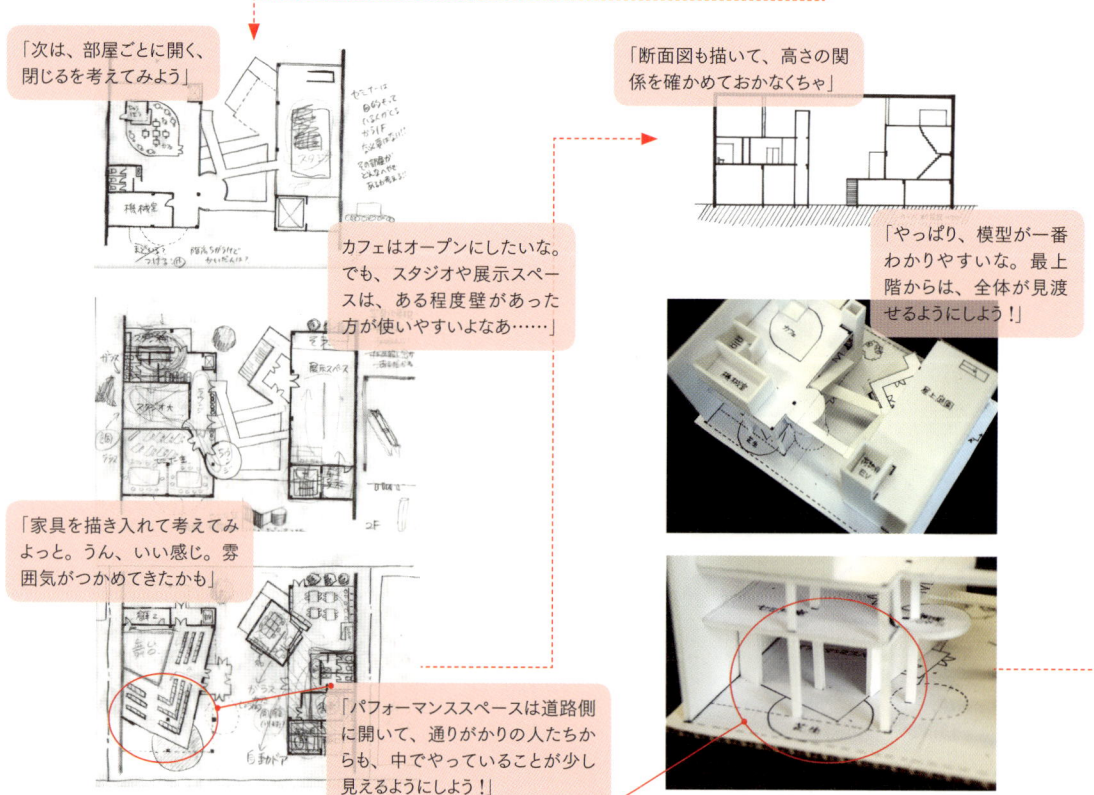

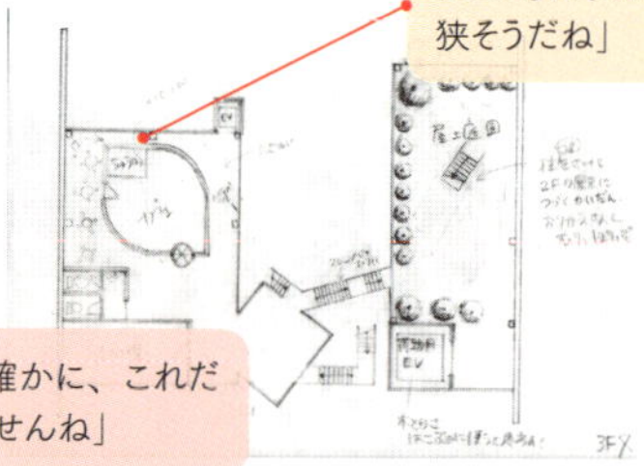

「このあたりは、ちょっと狭そうだね」

「あっ、確かに、これだと通れませんね」

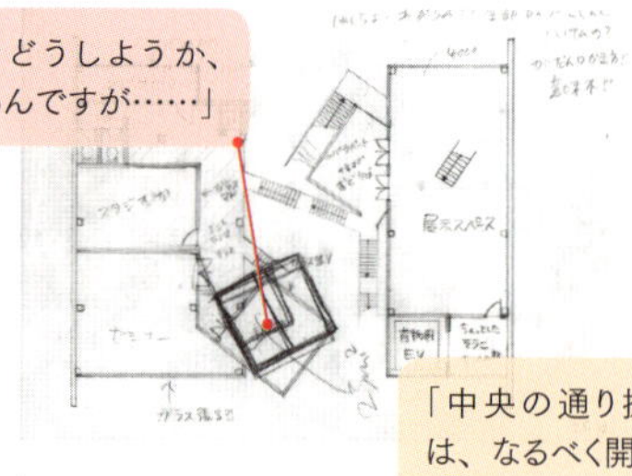

「ここをどうしようか、迷ってるんですが……」

「中央の通り抜け部分は、なるべく開放的にした方がいいだろうね」

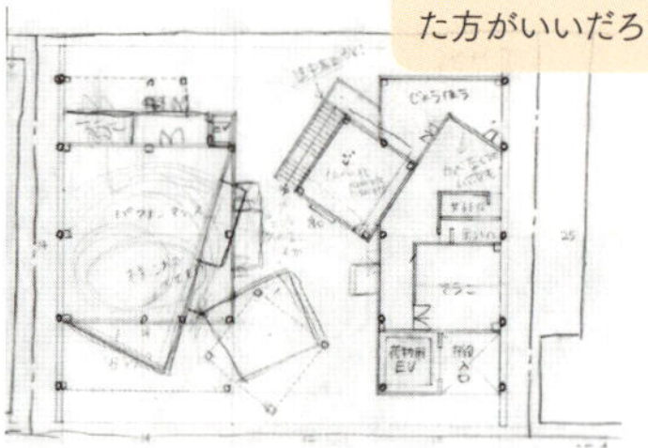

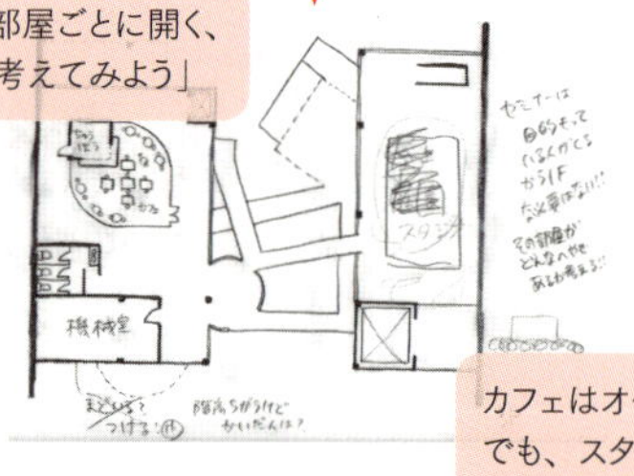

「次は、部屋ごとに開く、閉じるを考えてみよう」

カフェはオープンにしたいな。でも、スタジオや展示スペースは、ある程度壁があった方が使いやすいよなあ……」

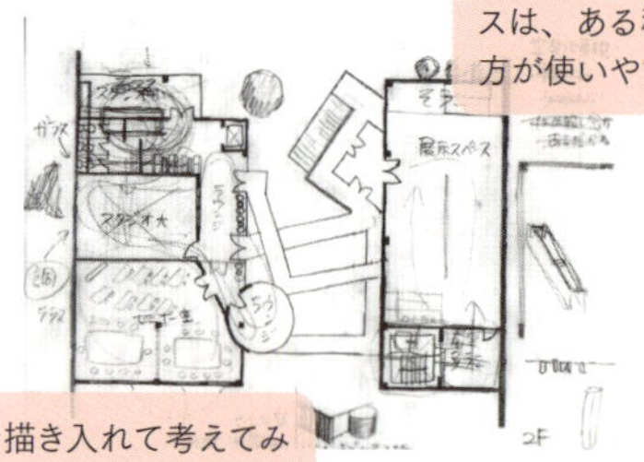

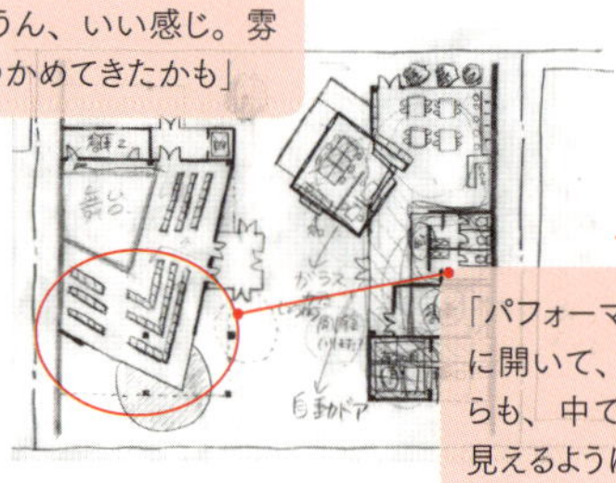

「家具を描き入れて考えてみよっと。うん、いい感じ。雰囲気がつかめてきたかも」

「パフォーマンススペースは道路側に開いて、通りがかりの人たちからも、中でやっていることが少し見えるようにしよう！」

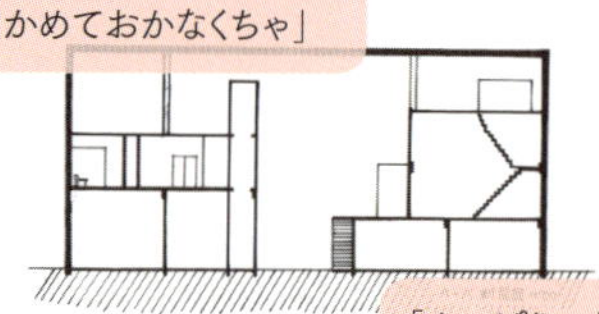

「断面図も描いて、高さの関係を確かめておかなくちゃ」

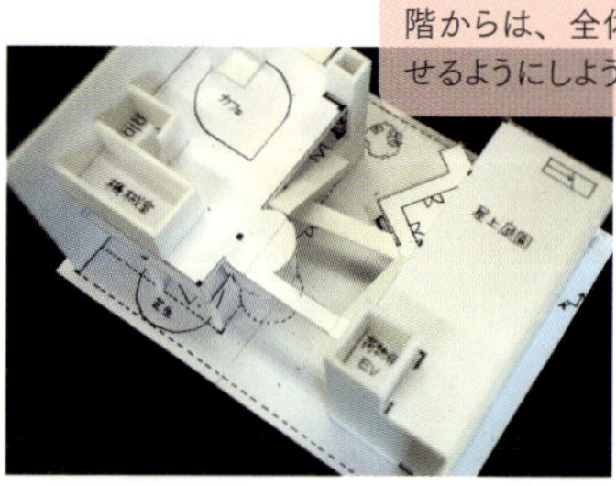

「やっぱり、模型が一番わかりやすいな。最上階からは、全体が見渡せるようにしよう！」

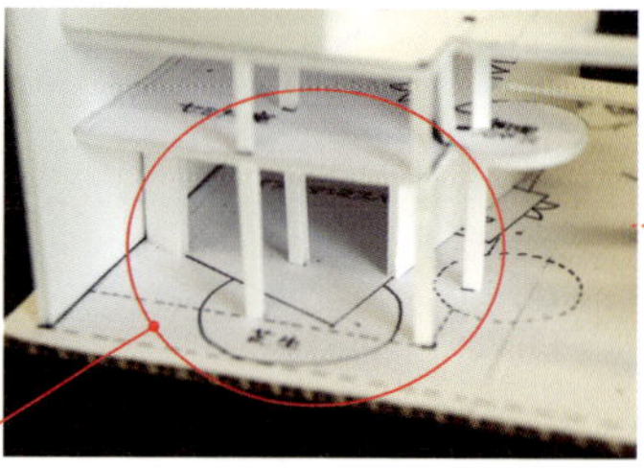

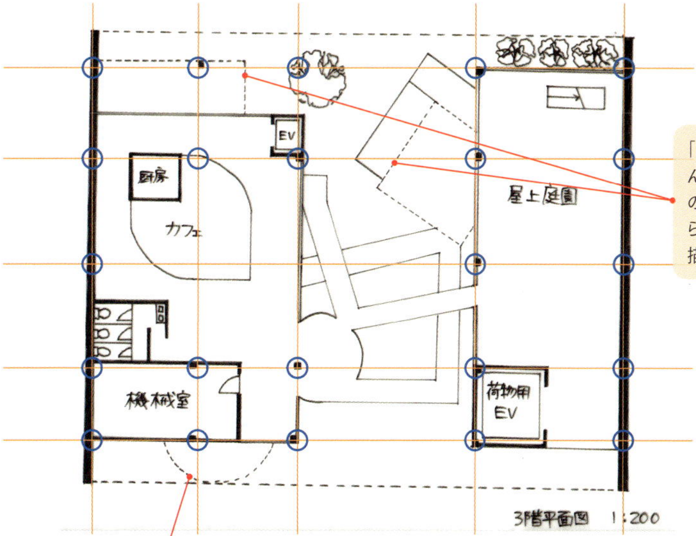

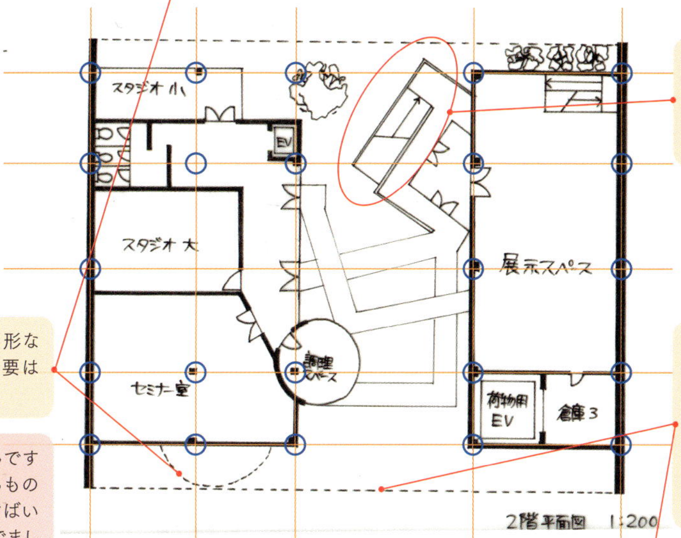

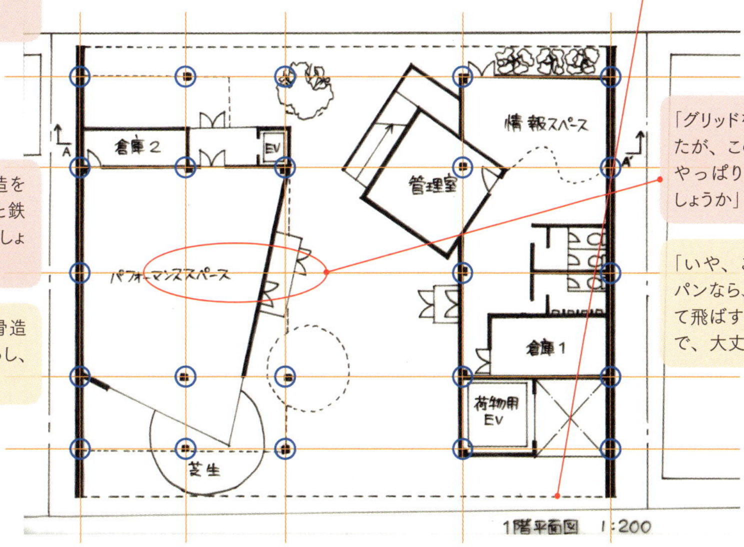

「さて、と。いよいよ構造を考えなきゃ。先生、RCと鉄骨では、どちらがいいんでしょう?」

「このデザインなら、鉄骨造だね。スパンを飛ばせるし、柱も細くできるから」

「グリッドを引いてみましたが、この2箇所にも、やっぱり柱がいるんでしょうか」

「いや、これくらいのスパンなら、梁を大きくして飛ばすことができるので、大丈夫だよ」

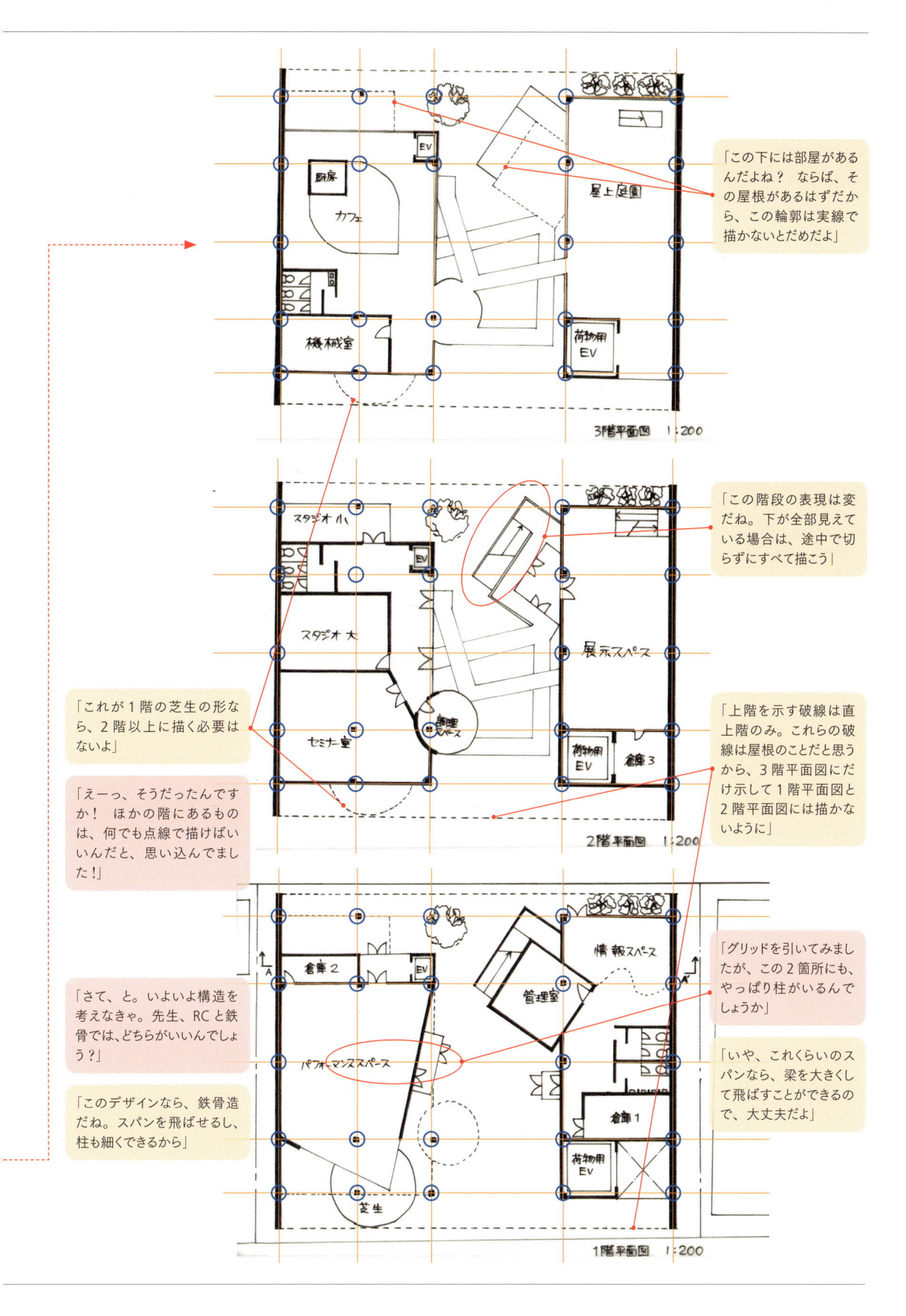

「この下には部屋があるんだよね? ならば、その屋根があるはずだから、この輪郭は実線で描かないとだめだよ」

「この階段の表現は変だね。下が全部見えている場合は、途中で切らずにすべて描こう」

「これが1階の芝生の形なら、2階以上に描く必要はないよ」

「えーっ、そうだったんですか! ほかの階にあるものは、何でも点線で描けばいいんだと、思い込んでました!」

「上階を示す破線は直上階のみ。これらの破線は屋根のことだと思うから、3階平面図にだけ示して1階平面図と2階平面図には描かないように」

有本くんStep4 完成案

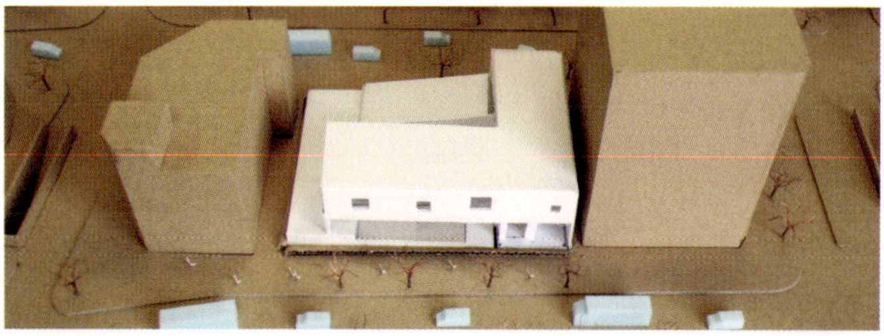

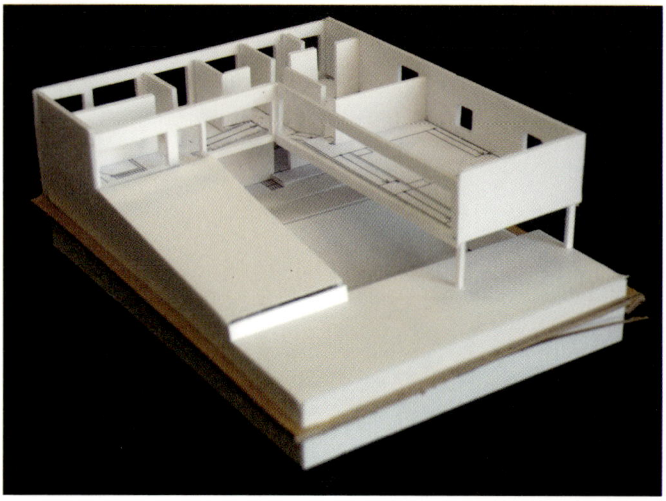

有本　「全体構成は、ヴォリューム模型で検討したのとほとんど同じで、壁や開口部について考えたことを、スチレンボードで表現してみたという感じです」

先生　「なるほど。でも、スチレンボードでつくったら、空間どうしの関係や、内と外の関係がよくわかったんじゃない？」

有本　「そうですね。アドバイスをもらったので、中庭側に大きな開口部をつくってみました。確かに、この開口部が、内部と外部を関係づける役割を果たすことに気がつきました」

先生　「突きあたりの展示室と廊下の間に壁を設けず、動線空間をそのまま広げたような扱いにしているのもいいね。下から上がってくる人の流れが、この部分で受け止められるような感じだね」

有本　「なるほど。だんだんと、建築空間というものが、見えてきたような気がします」

林さんStep4 完成案

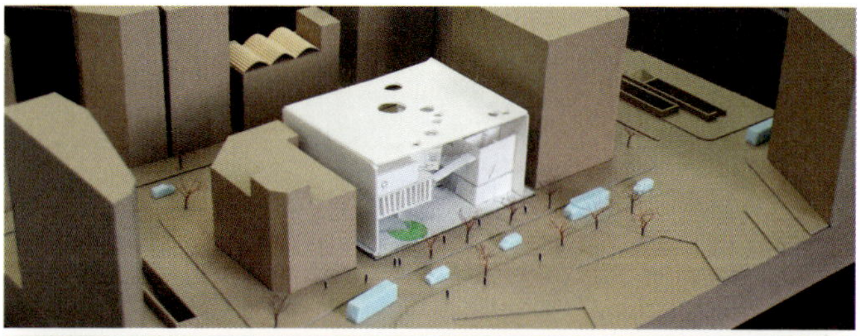

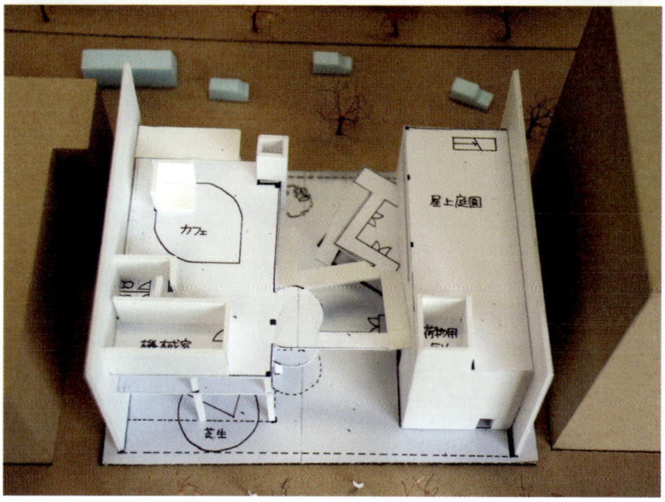

林　「ヴォリューム模型をスチレンボードの模型につくり替えるだけ、って思っていたのですが。床だけにしておくのか、壁で囲むのか、いちいち考えないといけなくて、大変でした（笑）」

先生　「その通り（笑）！　林さんの場合、すでに全体が大きな壁と屋根で囲まれているから、どうしても囲む必要のあるところだけを壁にして、後はできるだけオープンにしてみたらいいと思うよ。そして、全体が立体的にもひとつながりになるような構成を目指すのがいいね」

林　「そうですか。実は、模型をつくっているうちに、どこが外部でどこが内部なのか、自分でも混乱してきて……うまくできるか、ちょっと不安です」

先生　「そのような場合には、図面で外部と内部の境界線を描いて、ひとつひとつ確認しながら進めると整理できるよ」

林　「それなら、できそうな気がしてきました！」

● みんなの案も見てみよう

これらの案を、Step 2 のヴォリューム模型（p.42-p.43）や Step 3 の図面（p.58-p.59）と見比べてみてください。全体の構成は、当初案に似たものもあれば、まったく異なったものもあります。デザインの変化の仕方は人それぞれですが、いずれにおいても、考えが徐々に積み重ねられ、より深く検討されてきているのがわかるでしょう。

阪本くんの案

阪本「内部の動線を中庭に沿わせて立体的に配置し、ブリッジでつないでみました」

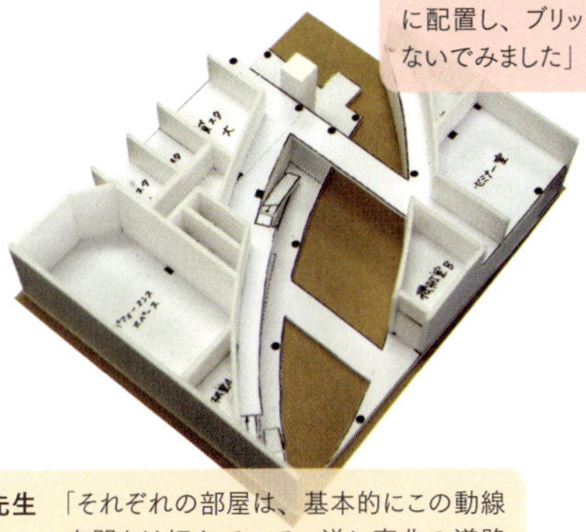

先生「それぞれの部屋は、基本的にこの動線空間とは切れていて、逆に南北の道路側に開く構成になっているのか……。さらに整理すれば、もっとよくなりそうだよ！」

阿部くんの案

阿部「壁で囲まれる部屋を中心において、その周りは外と連続するように考えてみました」

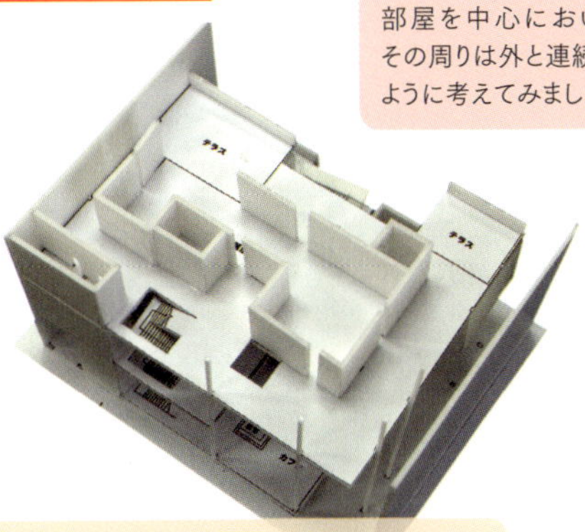

先生「なるほど。道路側の壁が少なくなるので、とても透明感のある建物にできそうだ。内部空間を、垂直方向にも連続させるようにすると、さらによくなると思う」

前田さんの案

前田「最上階の展示室を壁で囲って閉鎖的にして、逆にその下のパフォーマンススペースをガラスで開放的につくってみました」

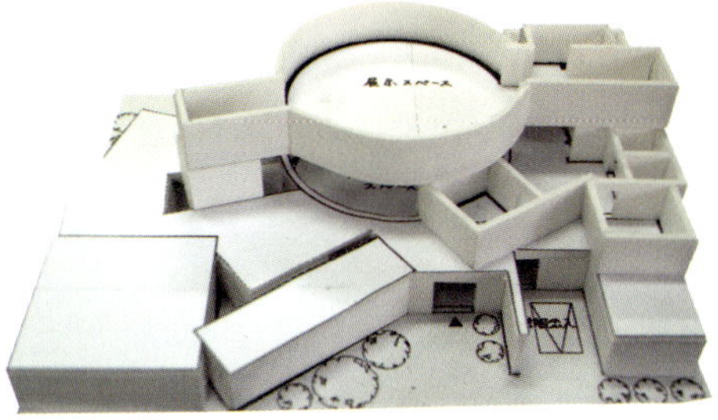

先生「いろんな部屋を積み上げてつくった感じだね。変化があって楽しそうだ。もうちょっと整理してみよう」

南川さんの案

南川「敷地を抜ける通路と中庭の周りに、いろんな空間が立体的に重なるようにしてみました！」

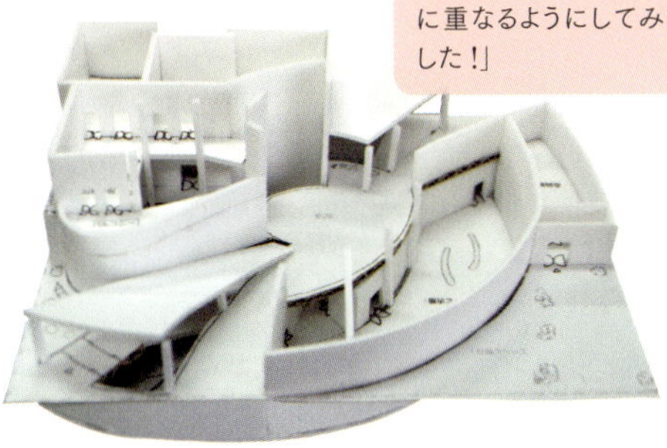

先生「あの複雑な構成をよくまとめきったね。おつかれさま（笑）！　通路を歩く人にも、建物の中の様子が伝わる仕掛けになっていていいね」

山神くんの案

山神「手前の丸い穴は中庭で、ガラスで仕切られた内部空間とつながった感じにしています」

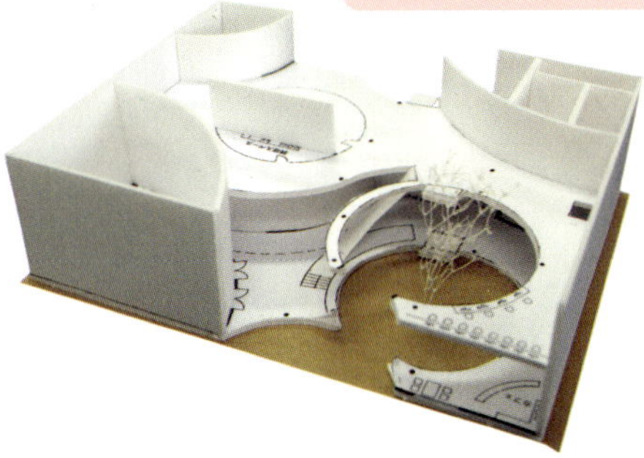

先生「ずいぶんよくなったね。外と内を曲線の壁で区切ったり、連続させたりしている様子がとても魅力的だ」

column

大地の隙間

川北健雄　かわきた・たけお

ヴァルスの温泉施設

約 2500 年前の中国の思想家、老子は、器を例にあげて、形有るものが便利に使われるのは、「無」すなわち空虚なところが、その用を為すからだと説いた。

「埏埴以爲器、當其無、有器之用。」（『老子』第 11 章）

建築もまた、その空虚なところにこそ、建築としての働きがある。ただし、器や建築における「無」は、際限なく均質に広がる空間ではない。そこにあるのは、物で囲むことで外部とは差異化された、非均質な空間なのである。建築では多くの場合、壁・床・柱・屋根といった要素を加算的に組み上げることで空間の差異化が行われるが、実は、そのような方法がすべてというわけではない。

ヴァルスは、スイスの山奥の小さな村である。谷間に広がる家々と周囲の牧草地に点在する納屋は、ほとんどの屋根がこの地域で採れる天然の石材で葺かれており、そこにはグラウビュンデン地方の山村に共通した、落ち着いた気持ちのよい景観が広がっている。そして、同じ地方のハルデンシュタインにアトリエを構える建築家、ピーター・ズントー（Peter Zumthor、1943-）の設計による温泉施設が 1996 年に開館したことで、この村は建築に興味を持つ人々の間でも、たいへんよく知られることとなった。

隣接するホテルからのびる狭くて暗い通路を抜けると、この施設の入口がある。そこからは、厚さ 3 ～ 7cm 程度の石を何層にも積み上げてつくった壁に挟まれた階段を、ひたすら下りていく。何だか、どんどん地球の内部へと入っていく感じだ。右側の壁と天井の間には細いスリットがあり、下りるにつれてそこから入る自然光が高さを増していく。

更衣室は個別の小さな部屋となっており、水着に着替えて反対側に出たとたんに息をのむ。高さ 5m ほどの大きな空間が広がり、訪問者はその上部に張り出した通路に立たされる。青灰色の珪岩《けいがん》でできた周囲の壁が溶け出したかのような、少し白濁した温水が、トップライトから落ちる光に照らされつつ、眼下にゆらめいている。

迷路状につながった浴槽の周りに林立するのは、やはり同じ石を積み上げげた柱状の壁である。その中にも、いくつかの小洞窟のような浴槽やサウナ室がある。言わば、地中の岩石の割れ目に生まれたさまざまな大きさの隙間を利用して、それぞれに適した空間が配置されているといった感じである。

お湯の中を歩いて浴槽を通り抜けると、窓から谷の対岸の緑が見えてくる。その光に導かれるようにして外に出ると、今度は光に満ちあふれたプールが広がり、その向こうにヴァルスの村の家々が姿を現す。ようやくのことで、地中から外に脱出。そんなさわやかさを、湯から出た身体にあたる風が感じさせてくれる。

以上の空間体験は、岩石の隙間を何十万年にもわたって細々と流れ続けた水が、やがては岩そのものをえぐりとって生み出した鍾乳洞をさまようときの体験を連想させる。そして、このような空間は、建築家が石という物質の隙間を巧みに操作することによって生み出されている。斜面に建つこの建物の浴室レベルの平面構成を見ると、山側では高い密度で分布している、小空間を内包する石積みの壁柱が、谷側にかけて徐々にまばらになっていく。それらの隙間には水が蓄えられ、次第に明るさを増す内部空間は、いつのまにか外部空間の広がりへと移行する。

建物に用いられている石材は、実は敷地からわずか 2km しか離れていない石切場で採石されたものである。その意味でも、この建物は大地と連続している。その空間は、あたかももとから山の斜面に露出していた岩盤に割れ目を施し、必要に応じて大小の穴を穿《うが》ったかのような方法でつくられている。

言わば大地に減算処理を施すことでつくられた、この非均質な空間において、石、水、空気といった物質は、大胆にその本性をあらわにし、人間との豊かな関係を取り結ぶ。物の間に巧妙に介在する「無」。そんな建築空間が、ここに存在する。

Step 5

細部を考える

Step5 で行うこと

空間構成と構造計画がほぼ決まったら、次に行うべきことは細部の「詰め」の作業です。

具体的な作業としては、これまでに描いてきた平・立・断面図の中に、階段、スロープ、建具、家具、便所、仕上げ材料、外部空間などの要素を、正確な寸法と形で描き加えます。それらを機能的に問題がなく、しかも建物全体の考え方と合ったデザインにすることによって、設計案を完成へと近づけていくのです。

まずは、階と階を結ぶ階段やスロープについて考えることから始めましょう。自分が設計している空間の様子を立体的に把握し、その全体像をつかむ機会になるからです。その次には、建具や家具や便所を考えて、各空間の細部を決めていきます。さらに、内外の仕上げ材料を慎重に選択し、建物全体の質感を整えます。そして、外部空間のデザインも行って、やっと建物全体の設計をしたということになるのです。

ひと通りの作業が終わったら、これらの要素相互の関係についても改めて確認して何度もデザインを練り直し、設計案をより完成度の高いものにしてください。

⑤－1 階段を設計してみよう

異なる高さの床と床、階と階を結びつけるのが階段です。それは、機能上の利便性、空間のデザイン性、非常時の安全性など多くの点において建築の特性を決定づけます。階と階を結ぶ階段やスロープを細かく考えることにより、設計中の空間に基本的な問題点がないかを確認し、その全体像を把握することができるのです。

● **階段の基本的なしくみ**

階段の形式にはさまざまなものがあるので、設計条件に合わせて選択したり、新たに考えたりする必要があります。また建築基準法上も避難階段や特別避難階段などの規定があり、周囲からの防火区画や附室の設置などが求められる場合もあります。

なお、階段の平面図にはいろいろな表現方法がありますが、ここでは、始点に黒丸を打って上る方向に矢印を描き、「UP」「DOWN」などの文字は記入しないものとします。

階段を構成するおもな要素は、踏み段、踊り場、手摺《てすり》です。踏み段のうち垂直部分を蹴上《けあ》げ、水平部分を踏面《ふみづら》と呼びますが、階段の設計においては、この2つの要素、および階段と踊り場の幅の寸法を十分に考えなくてはいけません。

これらについては、建築基準法によって、建築種別などに応じた最小寸法が決められていますから、まずはそれに従う必要があります。その上で、快適で美しくかつ安全な寸法を探します。当然のことですが、踊り場には、少なくとも階段幅と同じ寸法の通路スペースが確保される必要があります。そうでないと、たくさんの人が避難してきたときに、踊り場部分で滞留や事故が起こる危険性があるからです。

なお踏面(T)と蹴上げ(R)の寸法については、上りやすい階段にするためのさまざまな計算式が提案されています。T＋2R＝約630mmもそのひとつなので参考にしてください。

手摺の高さについては建築基準法上の明確な規定がありませんが、一般的には踊り場部分で1,100mm、階段部分で850mm以上としており、安全面への十分な配慮が必要です。

また、階段の位置を決定する際には、二方向避難や避難距離などを考慮しなくてはなりませんが、より基本的なこととして、構造計画との関係を忘れてはいけません。つまり、階段をつくるということは床に穴をあけることでもあるのですから、梁の位置と重ならないようにしなくてはいけません。また、もしも階段の上部に梁が位置するなら、その下を人が屈むことなく通過できる十分な高さがあるかどうかを、断面図等で確認してください。

階段の種類

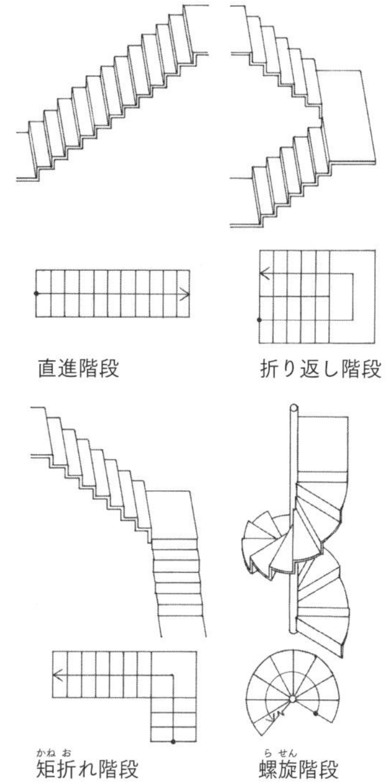

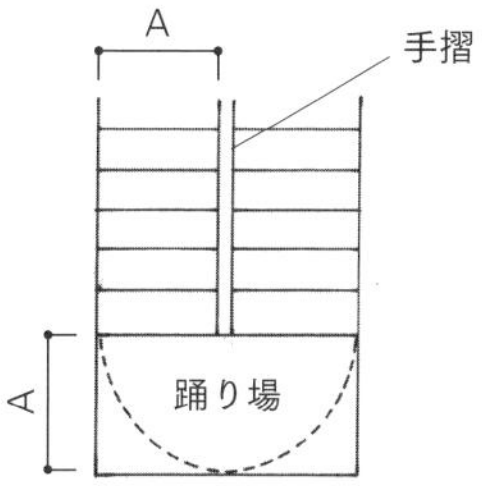

踊り場と階段の幅の関係

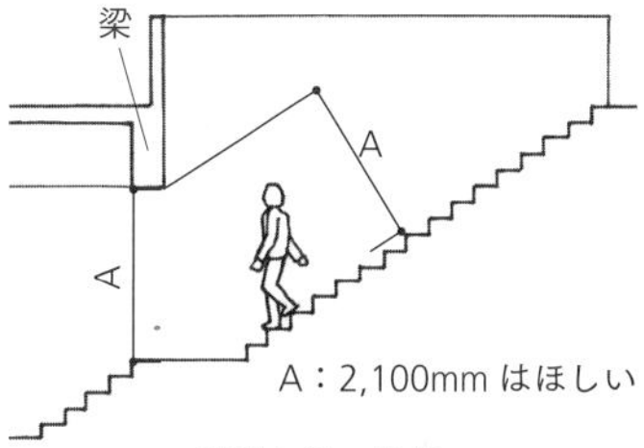

階段と梁の関係

● 階段を設計する

ごく基本的な階段の設計をしてみましょう。

階高が3,300mmとし、それを20段の階段で上るとします。すると、蹴上げ寸法は3,300mm÷20=165mmとなります。

階段の形式は折り返し階段とし、中間の高さに踊り場を設けるとすれば、踊り場までが10段ですから、その高さは165mm×10＝1,650mmとなります。また、踏面の寸法を260mmとすれば、踊り場までは9つの踏面がありますから、その全長は260mm×9＝2,340mmとなります。

そして、階段の幅員を1,600mm、手摺《てすり》の幅を100mmとすれば、この階段の平面図と断面図ができあがります。こうやって概略の大きさを把握した上で、さらに諸条件に合わせて寸法を変化させ、最適の形状と寸法を決定していくのです。

このほか、手摺や手摺子《てすりこ》の形状、階段下の空間の扱い、階段の周囲の壁の処理など、階段を巡るデザイン要素はたいへん多いので、優れた事例をよく研究し、デザインの語彙を増やしていかなくてはいけません。

たとえば、住宅の2つの床を結ぶ小さな階段でも、段板をささら桁《けた》ではさんだ一般的なタイプ(A)、ささら桁を中央に持ってきたタイプ(B)、ささら桁をなくし壁からの持ち出しとしたタイプ(C)を比べてみれば、デザインを少し変えるだけで、その雰囲気や周りの空間との関係が大きく変化することがわかるでしょう。

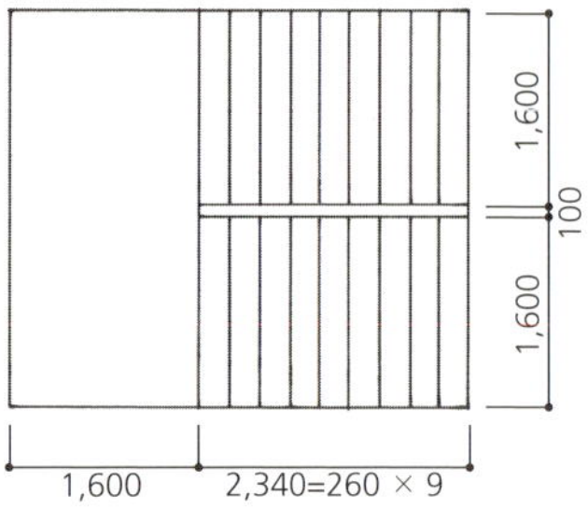

階段平面図例

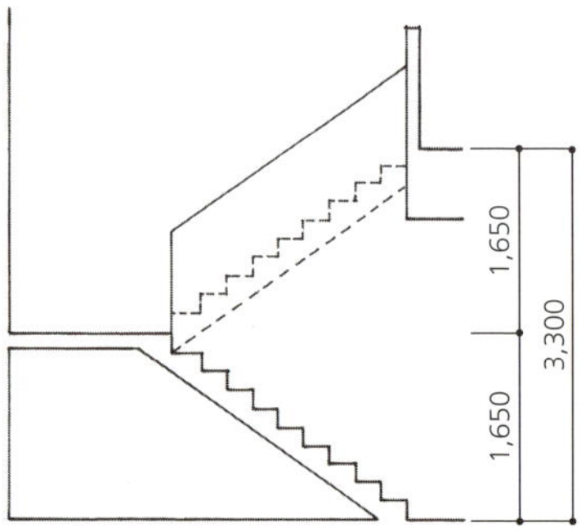

階段断面図例

階段のデザイン

A

B

C

なお、エレベーターやエスカレーターを設ける場合でも、階段は必要です。たとえ日常動線として、エレベーターやエスカレーターの方がおもに利用されるとしても、それらは避難経路としては使えないので、法規を満たした階段を設けないといけないことを覚えておいてください。

⑤-2 スロープを設計してみよう

スロープ（斜路）は、階段の上り下りが困難な人や車椅子利用者などの通行、自動車等の上下移動、ときには空間演出などの目的で、異なる高さの床や階を、階段に代わって結ぶときに用います。

● スロープの基本的なしくみ

スロープで注意すべきはその勾配です。それは一般に、分数（何分の 1）あるいは百分率（%）で表示します。たとえば、水平距離12m に対し 1m 上がるなら、勾配は 1/12、または約 8.3%（≒ 1 ÷ 12 × 100）ということです。

勾配にもさまざまな規定があります。建築基準法施行令では 1/8 以下と規定されています。しかし、より緩やかな方が安全で使いやすいスロープとなるので、一般的には、屋内は 1/12 以下、屋外は 1/15 以下が望ましいとされています。車路の場合は 1/8 から1/10 程度を目安にし、始点と終点には、より緩やかな緩和勾配の区間が必要です。

なお、平面図での表現方法は階段に準じ、下の図のように勾配の始点から終点に線を引き、始点に黒丸を打ち、上がる方向を矢印で示します。

スロープの例

● スロープを設計する

スロープの概略の大きさを知るためには、まずは高低差と勾配から、スロープの平面的な全長を計算します。たとえば、階高が 3,300mm で勾配 1/12 の場合、3,300mm × 12 ＝ 39,600mm ＝ 39.6m となります。

中央部分に踊り場をとって折り返し、スロープの幅員を 1,200 mm、手摺の幅を 100mm とするなら、概略の平面図や立体的な姿は下の図のように描くことができます。

なお階段と同様に、スロープの下を床から浮かすかどうか、手摺を壁状にするのか透かすのかなど、デザインすべき要素はたくさんあり、しかも同じ高さの移動でもスロープは階段よりも滞在時間が長くなりますから、スロープと周囲の空間の関係を考えることによって、いろいろな空間演出が可能です。

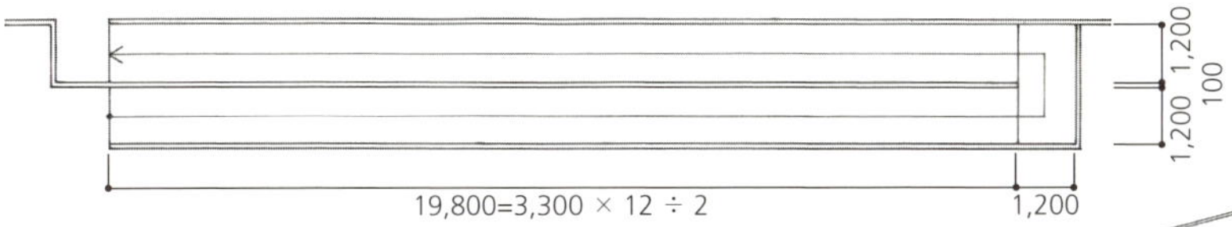

スロープ平面図例

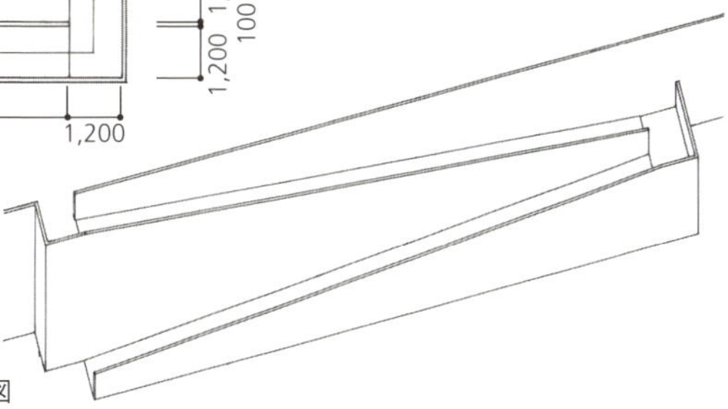

スロープアクソノメトリック図

⑤−3 建具を工夫しよう

**開口部に何らかの建具を取りつければ、2 つの空間の関係がさらに細かく決まります。
建具には多くの種類がありますが、基本的には、光、空気、熱、視線、人やモノなどの行き来をコントロールする装置と言えるでしょう。したがって、建具をデザインすることにより、部屋と部屋、部屋と外部の関係をさまざまに変化させることができるのです。**

● 建具の種類と図面表現

建具には、戸、扉、窓、固定間仕切り（ガラススクリーン等）、可動間仕切りなどいろいろなものがあり、それぞれさらに多くの種類に分かれます。たとえば出入り口の戸には、引き違い戸、片引き戸、引き込み戸など、扉には、両開き扉、片開き扉、回転扉、自由扉などがあります。また窓には、両開き窓、片開き窓、引き違い窓、上げ下げ窓、嵌《は》め殺《ごろ》し窓、回転窓、滑り出し窓、突き出し窓などがあります。

さらに、外装用か内装用か、素材は何か（木、スチール、アルミ、ステンレスなど）、光の透過部分の材料は何か（ガラス、紙、アクリルなど）、法的位置づけはどうなっているか（防火扉など）といった区別によって、建具の姿や性能は大きく変わります。

建具の大きさは、機能とデザインの両面を考慮して決定しなくてはいけませんが、まずは一般的な居室の片開き扉の寸法（幅 750 ～ 900mm、高さ 1,800 ～ 2,200mm）が基本になるでしょう。両開き扉などはそこから類推し、さらに身の回りのさまざまな建具の寸法を測ったり、いろいろな建物の図面を見たりして、スケール感覚を身につけてください。

扉の開閉については、内開きか外開きかを考えなくてはいけません。部屋側に開く内開きは、通路を通る人の安全性からは有利ですが、部屋から通路への避難の上では不利となるので、法令や避難計画を十分に検討してください。

大きな建物の入口には、風《かざ》除《よ》け室（風除室）が必要になることがあります。2 つの出入り口ではさまれた緩衝空間のことで、外気が室内に一気に侵入することを防ぐ役割を持っています。

こういった建具の図面表現は縮尺によって大きく変わりますが、まずは 1/200 程度の図面（平面図、断面図、立面図）で使われる表記法（p.86）を身につけましょう。

風除け室の例

雪見障子の例

● 建具の機能

より一般的に言えば、建具は空間と空間の境界のあり方を制御し演出する装置です。

たとえば「雪見障子《ゆきみしょうじ》」と呼ばれる建具があります。上半分に障子、下半分にガラスを入れ、さらにその内側に上げ下げできる薄い障子が嵌《は》め込まれた建具です。この薄い障子を下げれば、視線はさえぎられ光のみを取り入れる明かり障子になり、薄い障子を上げれば、建具の下半分が外の風景を切り取る窓になります。1 枚の建具によって、光と視線の制御を同時に行う好例です。

また建具には、空間と空間の境界に関わる文化的背景や時代状況も反映されます。

たとえば住居の玄関扉は、欧米

では内開きが一般的でしょう。なぜならば、内開きの扉であれば、内側から押すという住み手側が主導権を持つ行為によって外部からの侵入をくい止めることができるからです。そこには、建物や都市とは、外敵から身を守るための閉じた空間であるべきだというヨーロッパ的な思想が反映していると言えるでしょう。

しかし、日本の狭い住宅やマンションの扉は外開きが多い。そこには、障子や襖といった簡易な引き戸で空間を構成してきた伝統が、外部に対する防御意識を弱めているからだという文化的解釈が成立します。その一方で、玄関の面積が十分ではなく、内開きでは扉が履物にあたるという日本の現実的な住宅事情の影響も指摘できます。また、外開きの方が雨の浸入は防ぎやすい納まりになるので、日本の気候に適しているという解釈もでき、扉の開き方ですら、簡単には説明できないことがわかります。

さらに、建具の概念を拡張すれば、ガラスのカーテンウォールで外壁を構成したような建物では、その壁面で内外の空間の、光、熱、空気、視線などの関係を制御しているという意味において、カーテンウォール全体を一種の建具と考えることができるでしょう。近年のオフィスビルなどでは、カーテンウォールのガラスを二重にし（＝ダブルスキン）、その間の空気層の出入りを制御して断熱効果や冷却効果を上げる工夫もなされています。

「せんだいメディアテーク」
（設計：伊東豊雄建築設計事務所）

「せんだいメディアテーク」の
カーテンウォール

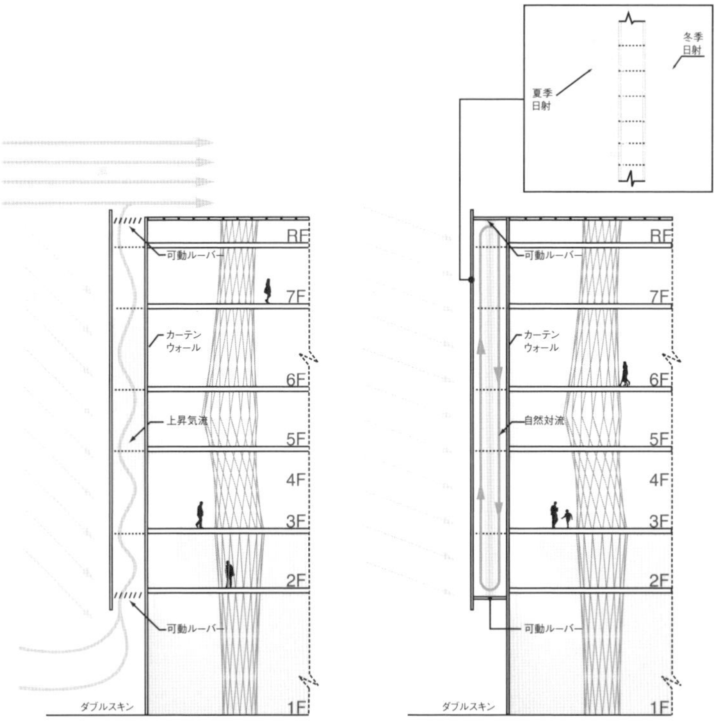

「せんだいメディアテーク」のダブルスキンのカーテンウォール概念図

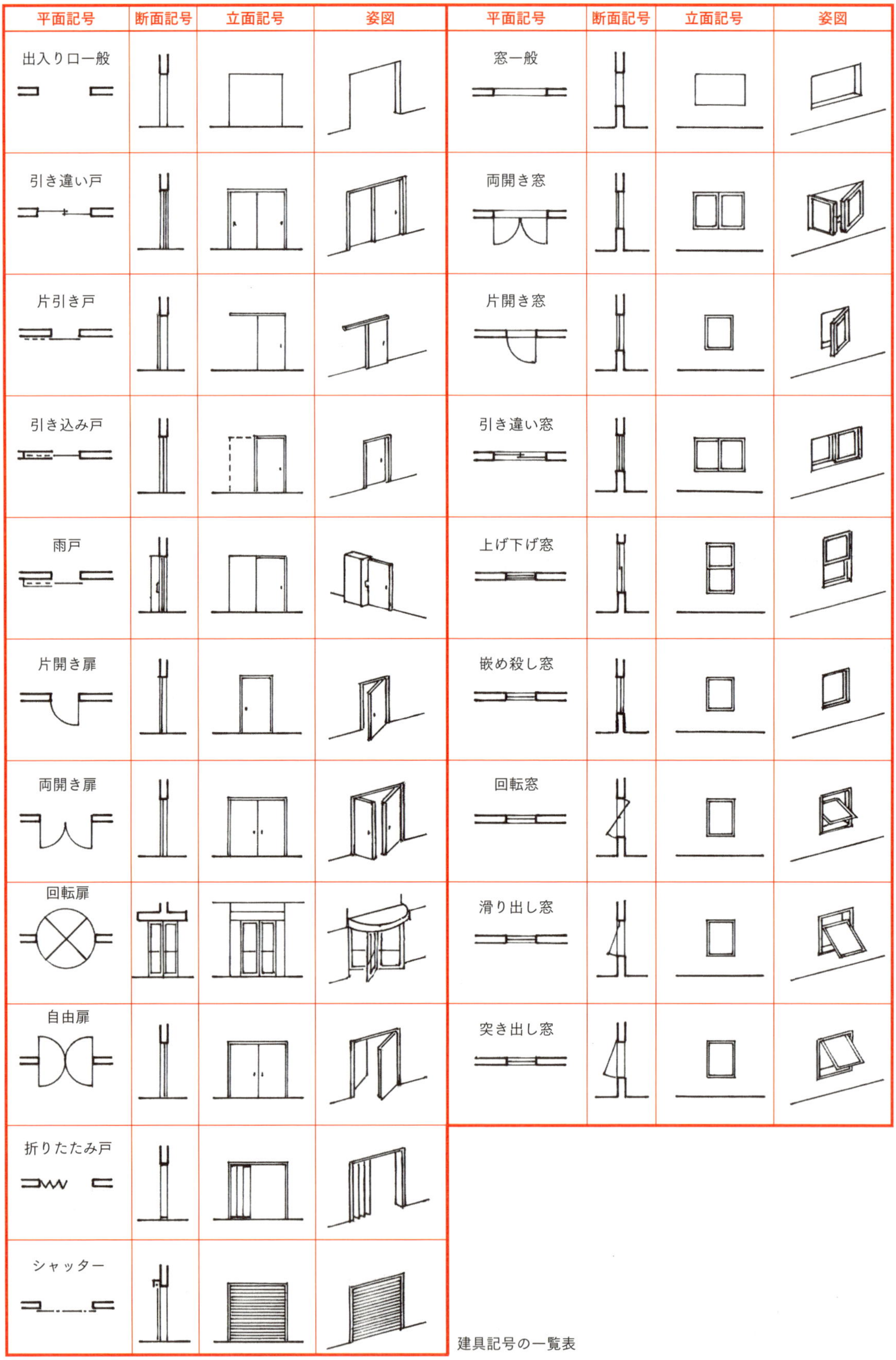
平面記号
断面記号
立面記号
姿図
出入り口一般
引き違い戸
片引き戸
引き込み戸
雨戸
片開き扉
両開き扉
回転扉
自由扉
折りたたみ戸
シャッター
平面記号
断面記号
立面記号
姿図
窓一般
両開き窓
片開き窓
引き違い窓
上げ下げ窓
嵌め殺し窓
回転窓
滑り出し窓
突き出し窓

建具記号の一覧表

5 −4 家具を考えよう

**家具は、床・壁・天井でできた空間の中に、
さらに小さな空間をつくり、新たな行為を誘い出すための装置です。
空間のスケール感を最終的に決める重要な要素と言えます。**

● 家具の種類と役割

たとえば、フローリング貼りのだだっ広いリビングルームの一部に、置き敷きのカーペットを敷くとします。するとリビングルームというひとつの空間の中に、カーペットの上の空間というもうひとつ小さな空間が生まれ、それ以外の床（フローリング）の上の空間との間に差異が生まれます。

次に、カーペットの上に椅子やテーブルを置けば、カーペットの上の空間がさらに細かく分節され、そこに、くつろぎや接客といった機能に応じた場が生まれるわけです。

当然のことながら、選ばれるカーペットや椅子、テーブルによってその場の雰囲気はさまざまに変化しますから、求められる機能や設計コンセプトなどにふさわしいデザインを慎重に考えなくてはいけません。

家具によって、より強く空間を分節することもできます。たとえば図書館の書棚を想像してください。その高さに応じて、「向こう」と「こちら」のつながり具合が変化し、ひとつの空間としての一体感や別の空間としての独立感などをデザインすることができます。そして、それぞれの空間の特性と必要な機能を対応させ、児童書や新聞・雑誌などの閲覧ゾーン、専門書の並ぶゾーンなどとして利用されるわけです。

既製の家具には、個人のデザイナーによるものから家具メーカーによるものまでさまざまな種類があり、歴史的に有名な名作家具も多く、それらについての十分な知識を身につけなくてはいけません。

もちろん、家具自体を設計することも可能です。また、家具を単品としてではなく、建物の一部として設計し、つくりつけることもしばしば行われます。

家具の役割

● さまざまな家具

家具というものをさらに広く解釈することも可能です。ある小学校では、教室の近くに秘密基地のような仕掛けを設けたり、中庭に球体を並べています。前者は建築と家具の中間のスケールを持ち、後者は家具と遊具の間の名づけようのない存在です。しかしこれらは子どもたちに大好評で、彼らはそこでさまざまな過ごし方や遊び方を発見します。

つまりここでは、あらかじめ求められる機能に忠実なデザインではなく、思いがけない行為が誘発されるようなデザインが提案されており、それによって、いっそう魅力的な「家具」が実現していると言えるのです。

中庭に「家具」を置いた例

5 −5 便所をうまく納めよう

便所も建築にとってたいへん重要な要素です。この空間が快適かどうかで、建築全体についての利用者の印象が変わると言っても過言ではないでしょう。構造や設備との調整も必要であり、「便所と階段が納められれば一人前」と言われることもあります。

● 便所に関する基本寸法を身につける

当然のことながら、便所のデザインは建物の種類や規模などによって大きく異なりますが、まずはその位置、男女別の規模（大小便器数の内訳など）、便器や洗面器などの位置関係、車椅子利用者等への対応などを十分に考える必要があります。さらに実施設計においては、配管ルートの確保なども考慮しなくてはいけません。

最初にやるべきことは、大便ブースの大きさ、小便器や洗面台の間隔などの基本寸法を頭に入れることです。もちろんそれらは施設内容などによって異なりますが、まずはおよその寸法を知らなくてはいけません。それらをもとに、1/100 〜 1/200 の平面図の中に、便器、便所ブース、洗面器などを描き込んでみてください。その上で、細やかな配慮に基づきプランを修正していくのです。

車椅子に対応した便所についてはいろいろな工夫がありますが、これについても標準的な寸法や備えるべき装置を把握しましょう。

● 便所に対するさまざまな配慮

公共施設や商業施設など、多くの人が利用する便所を設計する際にはさまざまな配慮が必要です。たとえば下図の便所では、次のような工夫を読み取ることができます。まず、通路に面した部分には扉がないですね。その代わりに入口部分を通路側から下げ、雰囲気を壊す便所への入口が直接見えないようになっています。一方、車椅子利用者などのための多目的便所は通路の近くに置かれています。男女ともに、洗面ゾーンと便器の並ぶゾーンがうまく分離されていることにも注目してください。女子便所では、洗面所以外に化粧直しなどに使えるパウダールームも設けられています。

便所の例

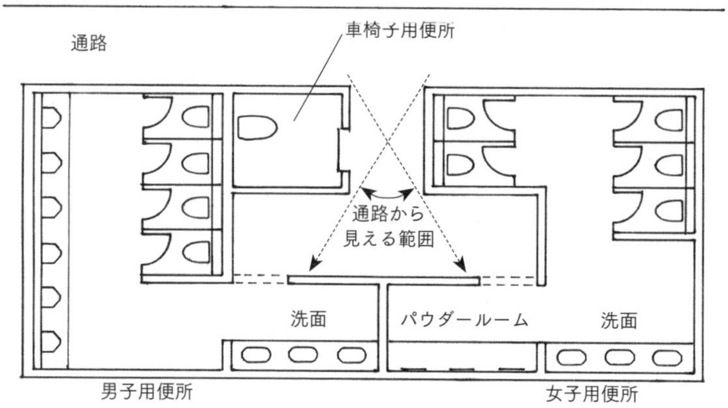

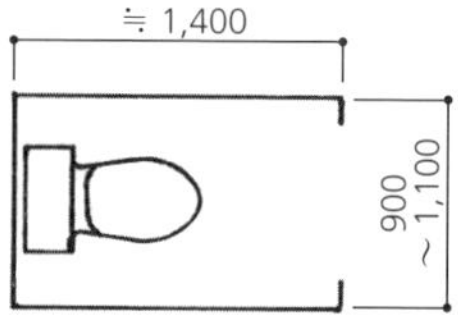

洋風大便器

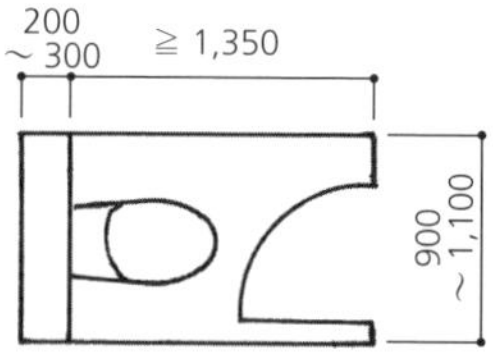

洋風大便器（配管スペース付き）

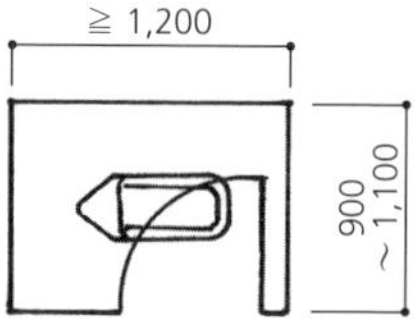

和風大便器

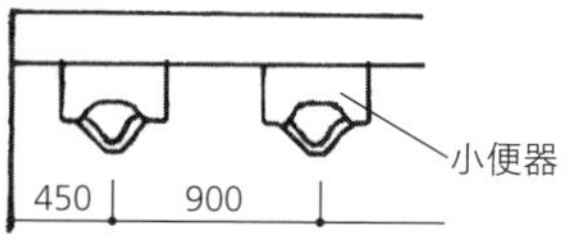

小便器の間隔の基本

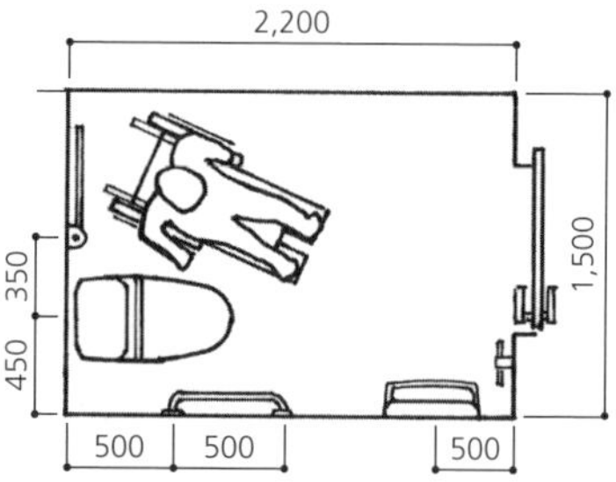

車椅子用便所の例

5 -6 仕上げ材料を決定しよう

モノのありようは形と材料によって決まります。同じ立方体でも、それが木なのかスチールなのか、あるいはコンクリートなのか土なのかは、外形を示す輪郭線だけではわかりません。
仕上げる材料を決めて初めて、その立方体の現実の姿がイメージできるわけです。
建物はまさにモノのかたまりですから、あらゆる部分の材料を決定する必要があるのです。

● **仕上げ材料の決定要因**

仕上げ材料を何にするかは、建築の内・外装から家具や細かな部品にまでおよぶ問題です。その決定にあたっては、求められている空間の性能や雰囲気、気候風土、文化的・歴史的背景など、多種多様な要素を考慮しなくてはいけません。それは建築の意味を左右するからです。

また仕上げ材料は、その部位のつくり方、つまり構法とも深い関係にあります。たとえば、設計図に描かれた線の裏側は、コンクリートが充塡《じゅうてん》された壁なのか、あるいは鉄骨や木の柱の間に間柱を立て、それにボードや板を貼ってつくった中空の壁なのかといった問題です。それによって、可能な仕上げ材料の種類や施工方法も違ってきます。

このほか、土、木、ガラス、ペンキ、漆喰《しっくい》など無限にあるとも言える仕上げ材料や、それらの構法について、ここで語り尽くせるはずもありませんので、以下、いくつかの基本的な仕上げとその図面表現について示します。

「住吉の長屋」
（設計：安藤忠雄建築研究所）中庭

● **コンクリート打ち放し**

鉄筋コンクリート造の場合、そこに特別な仕上げを施さなければ、コンクリート打ち放し仕上げと呼ばれるものになります。

コンクリートの表情は、打設するコンクリートの質や型枠の精度に応じて変わります。また、型枠の表面にわざと凹凸をつけてコンクリートに模様を刻印したりすることもでき、造形の自由度が高い素材です。

図面表現としては、その縮尺にもよりますが、型枠の割り付けに応じて残る目地の線や、型枠間の距離を保つセパレーターによって残る穴を表現すると雰囲気が出ます。

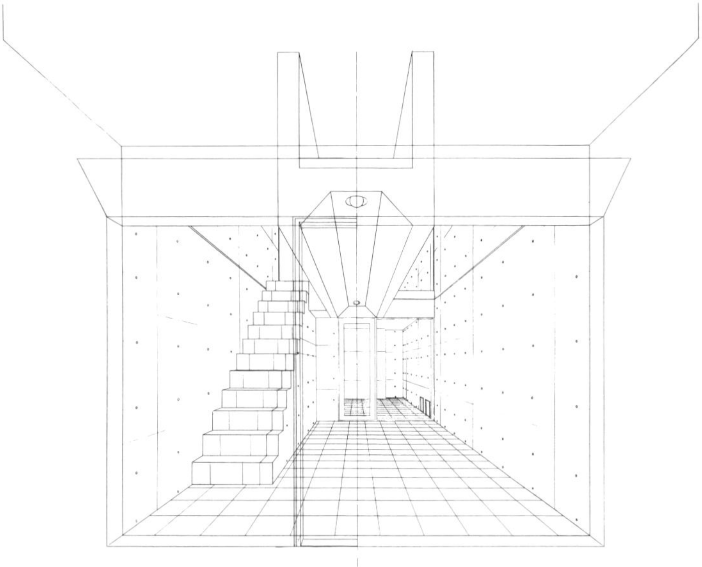

「住吉の長屋」コンクリート打ち放しのパース

● タイル・石

コンクリートの壁をタイルや石で仕上げたい場合は、モルタルでそれらの素材をコンクリートに貼りつけます。一般に、タイルや石は一定の大きさのピースに分かれており、それぞれが小さな場合はそのまま貼りますが、大きくなると落下の危険があるため、同時に金物によってもコンクリート面に取りつけます。

タイルや石の大きさにもよりますが、各材料の厚みと取りつけるために必要な厚みを加えると、30mm 程度から数十 mm は必要なので、壁の厚みは、コンクリートの表面からその寸法分だけ増えることになります。

図面表現としては、縮尺にもよりますが、立面図に各素材の割り付けの目地を表現したり、平面図では壁を白抜きの表現にし構造体と仕上げの線の両方を描くと雰囲気が出ます。

「熊本県立美術館」
（設計：前川國男建築設計事務所）

「熊本県立美術館」立面図

● 金属パネル

壁や天井などに、工場であらかじめつくられた金属パネルを取りつけることもできます。素材としては、アルミ、ステンレス、スチールなどが代表的で、表面に塗装や装飾を施したり、内部に断熱材を仕込んだり、さまざまな加工が可能です。

鉄骨造の建物の場合なら、金物を介してボルト止めするのが一般的で、地震時の揺れなどにも対応できるディテールが必要です。

図面表現としては、立面図にパネルの割り付けの目地を表現したり、平面図では壁を白抜きの表現にし構造体と仕上げの線の両方を描くと雰囲気が出ます。

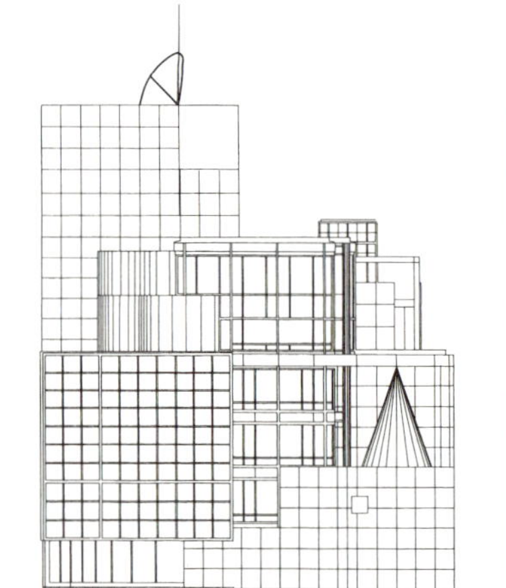

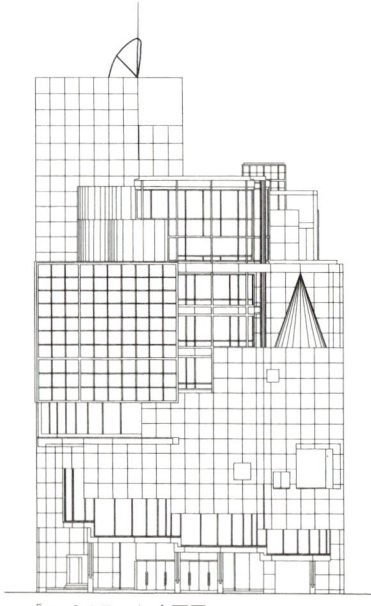

「スパイラル」立面図

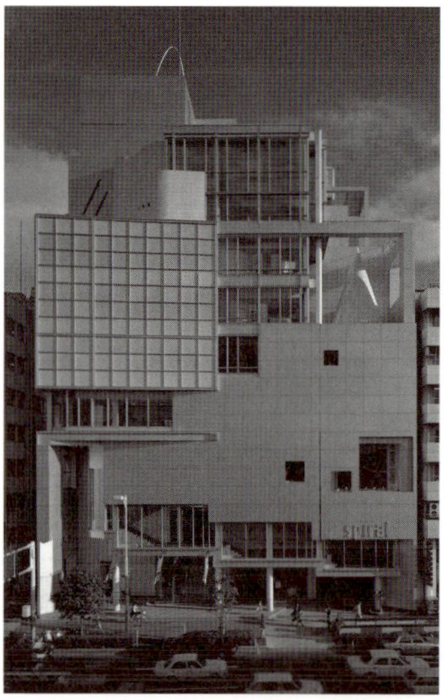

「スパイラル」（設計：槇総合計画事務所）

5 －7 外部空間をデザインしよう

**建物は周囲の外部空間から独立して存在することはできません。
したがって、建物を設計しながら、同時に外部空間のことも考え続ける必要があります。
そして、外部空間がきちんとデザインされ、
建物と外部空間の間に緊密な関係が成り立ったとき、設計作業は完成したと言えるのです。**

● 外部空間を構成する要素

外部空間の設計の原理は、これまで説明してきた建物の設計の考え方と基本的には同じです。

外部空間にも、建物の内部空間と同じように床があります。壁は周囲にある建物の外壁や塀などです。いわゆる天井こそありませんが、パーゴラ、テントなどの軽微な屋根、樹木の枝葉、そして何より空の雲がそれに近いものでしょう。もちろんベンチなどの家具も外部空間には存在します。そしてこれらを、外部空間で期待される活動や行為に合わせてデザインしていけばよいわけです。

考えるべき具体的な要素としては、床の形状・高さ・素材（土、アスファルト、タイル、石、芝生、水など）、ペーブメント（舗装）のパターン、植栽（高・中・低木、グランドカバーなど）の配置や樹種、塀・門扉・ベンチ・テーブル・パーゴラ・テントなどがあげられるでしょう。

「代官山ヒルサイドテラス」
（設計：槇総合計画事務所）

同上

● デザインされた外部空間の例

建物間の外部空間が見事にデザインされたひとつの例が「代官山ヒルサイドテラス」です。店舗やオフィスや住居が複合した都市型施設で、建物の凹凸によってさまざまなスケールの空間が生み出され、そこに植栽や床のレベルの変化やペーブメントのパターンが加わり、さらに精微なデザインがなされていることを読み取ってください。

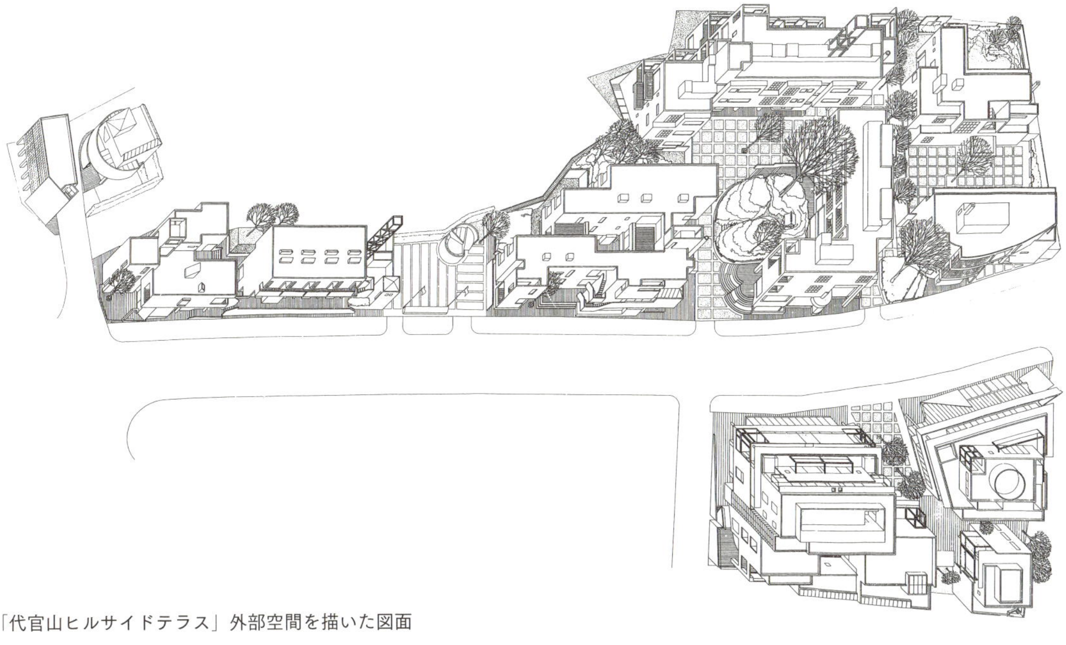

「代官山ヒルサイドテラス」外部空間を描いた図面

column

「納める」ということ

吉井歳晴　よしい・としはる

桃ヶ池の家 中庭

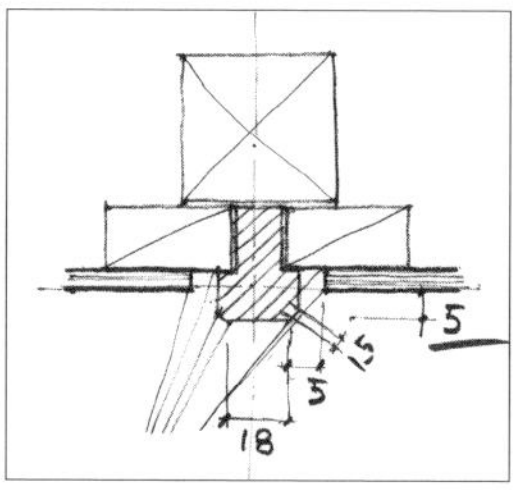

天井竿縁部分詳細スケッチ

欄間越しに天井を見る

建築の世界には、「納まり」という独特の言葉がある。「納める」とか「納まった」というように、動詞の形でも使われる。設計の途中では、部屋や階段の位置を組み替えながら「この平面図はまだ納まってないなあ」と悩み、工事現場では、部材どうしの細かな位置関係をチェックして「ここの納まりが悪いねえ」とぼやいたりする。

一般には、「税金を納める」とか「箪笥《たんす》に衣類を納める」という具合に使う言葉だ。では建築の世界において、「納める」とか「納まり」とは何を意味するのだろう。私がある住宅（桃ヶ池の家）を設計したときの、「納まった」と感じた瞬間の記憶を手がかりに考えてみたい。

都市の中の狭小敷地。住み手から、1階には老人室と客間を和室でつくってほしいという要望が出た。まずは中庭を設け、狭い敷地ながら、家全体に光を取り入れるという方針にした。そして中庭につながるように6畳2間の和室を配置し、中庭からの採光を確保する基本設計をまとめ上げた。そして次に実施設計。2つの和室を中庭からの光で満たし、少しでも広く感じられ、しかも「和」の香りを漂わせるために、さらに細かく考えた。

小さな空間である。古典的な座敷の意匠ではうっとうしい。むしろ、簡素で現代的な数寄屋仕立てを目標にすべきだと判断した。そのために、床の間は畳面と同じ高さの地床、通常より細い桟《さん》で組んだ障子《しょうじ》、縁幅の小さな畳、木枠のない坊主襖《ぼうずぶすま》、柄のおとなしい襖紙などを採用し、さらに欄間《らんま》のくりぬきは襖紙の模様に一致させた。

最後に私が注目したのは天井である。欄間を介して2つの和室の天井はつながっており、それらの空間の雰囲気を決めるのは天井だと思ったからだ。

和室の天井と言えば、真っ先に思い浮かぶのが竿縁《さおぶち》天井である。一定間隔で吊った「竿」のような角材や竹で天井板を受けるやり方だ。しかし小さな部屋にはいささか不釣り合い。何より化粧合板を貼る程度の予算しかない。だけど竿縁天井は「和」のデザインには欠かせない。

そういった複数の条件を満たす解として私が思いついたのは、竿縁天井のイメージを抽象化することだった。「竿」がつくる線と影を、今回の空間のスケールに合ったものに置き換えればよいと考えた。

そのために、化粧合板の天井板どうしを少し離し、その間に、天井面より少し下げた細い角材を通してやる。そうすれば、「竿」に相当する平行線ができ、天井面には影も落ちる。さらに角材の角を少し削ると影の印象がやわらかくなり、天井板の分断感が軽減されて一体感が増すことにも気がついた。天井全体に光が行き渡り、空間の広がりが生まれるのだ。

しかし、天井面から角材をどのくらい下げるかの判断が難しかった。3㎜なのか10㎜なのか。断面図を何枚も描いて手で考え、実寸の模型をつくって目でも確かめた。そして、絶対に5㎜だと思えた瞬間に、私は「よし、納まった」と呟いていた。この天井なら、床の間、障子、襖、畳、そして中庭とうまくつながり、2つの和室は、中庭からの光が流れ込む現代的な和室になると確信できたからである。言い換えれば、天井の断面形状を決定した行為は、単に天井という部位の機能や美的条件を満たすためのものではなく、天井を含む空間全体が目標とする質感を獲得できるよう、天井という部位のあり方を決定する作業だったのである。

そう考えるなら、平面計画をまとめるといった作業における「納まり」や「納める」という言葉の意味も明らかだろう。部屋や階段や便所など部分のデザインを、建物全体のデザインとの関係の中で決定することなのだ。

つまり、建築の世界において「納める」行為は、部分を部分として解くのではなく、部分と全体の間に「これしかない」という関係を発見し、その関係の中で、部分を建築化することなのである。そして、このような部分と全体の相補的な関係こそが、「納まり」という言葉の意味なのだ。もちろん、その関係をどうとらえるかは設計者の考え方次第であり、その関係のデザインこそが、「納まり」を考える醍醐味と言える。

Step 6

プレゼンテーション

Step6で行うこと

設計案がまとまったら、最後に行わなくてはならないのが、プレゼンテーションの作業です。プレゼンテーションとは、設計案を他の人に対してわかりやすく魅力的なものとなるように表現し、提示することを意味しています。

プレゼンテーションのやり方には、誰に対してどのような目的で行うのか、どのような表現媒体を用いるのかによって、いろいろな方法がありますが、ここでは建築設計のもっとも基本的なプレゼンテーション手法として、平・立・断面図や模型写真等を用いて、設計案を紙の上に表現する方法を学びます。

その上で、完成した図面と模型を用いて、人前で発表する方法についても補足します。

6－1　各種図面をそろえよう

- 平面図
- 断面図
- 立面図
- 平行投影図
- パースとスケッチ
- コンセプトの表現

6－2　模型で表現しよう

- 模型の縮尺と材料
- 縮尺に応じた表現
- 光と背景の工夫
- 点景とCGを用いた演出

6－3　図面をレイアウトしよう

- レイアウトの手順
- 学生によるレイアウト例

6－4　学生による制作例

- 有本くんの作品
- 林さんの作品
- みんなの作品も見てみよう

6－5　人前で発表しよう

- 要点の整理
- リハーサル
- 質疑応答

⑥－1 各種図面をそろえよう

基本設計における各種の図面の役割は、
提案する建物の機能や空間構成を、わかりやすく伝えることです。
ここでは、そのためのさまざまなプレゼンテーション上の工夫を紹介します。

● 平面図

a1 は、通常の平面図とはやや異なる、建物を真上から見下ろした状態を示す屋根伏図の表現の一例です。この例では、敷地の境界線や周辺道路の状態も同時に描かれて、屋根伏図を配置図に組み込んで表現しています。地面に落ちる影を描くことで、建物各部の高さ関係を読み取ることができます。

a2 は住宅の 1 階から 3 階までの平面図を並べて表現した例です。床の板張り部分の目地を示すことで、他の部分との区別が容易になり、空間の全体構成が把握しやすくなっています。

a3 は小学校の部分平面図ですが、各教室の外側のテラス部分に着色することで、教室と外部の関係が把握しやすくなっています。おもな家具を描くことで、それぞれの部屋の使われ方もイメージしやすくなっています。

a4 では、地階から 2 階までの平面図が縦に並べられています。地階平面図では、外壁の周囲の土の部分も壁と同様に黒く塗られ、結果として人の入ることのできる空間だけが浮き出ています。数種類の床仕上げを区別して表現することで、全体の構成がわかりやすく示されています。

a5 は商業施設屋上の外部空間を表現したもので、芝生の部分が着色されることで、そこに置かれた遊具やベンチなどの配置が把握しやすくなっています。

a1

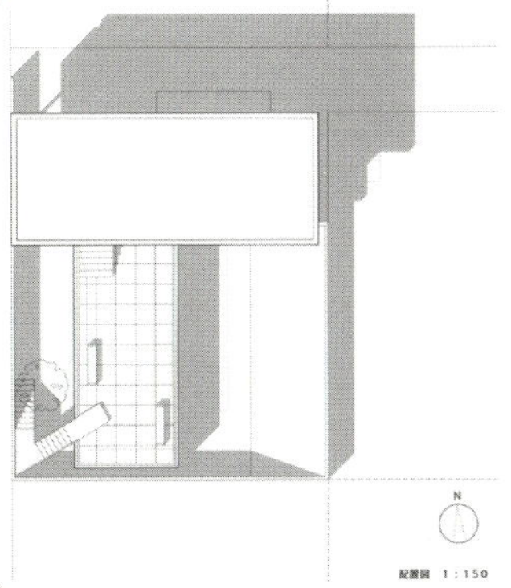

a2

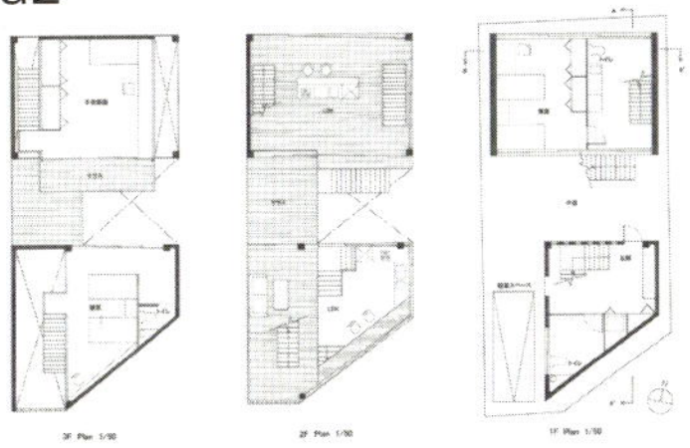

a3

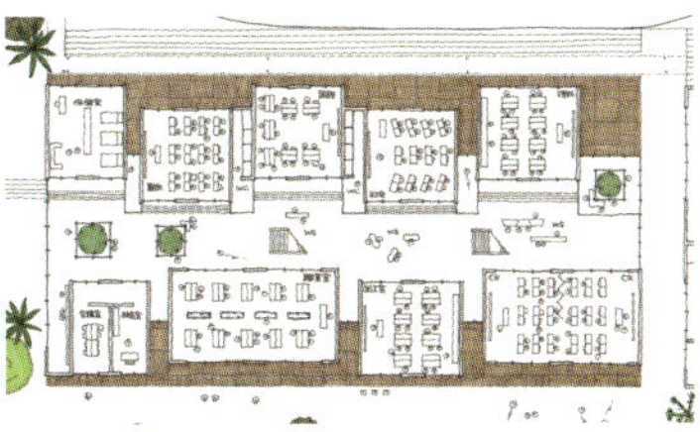

a4

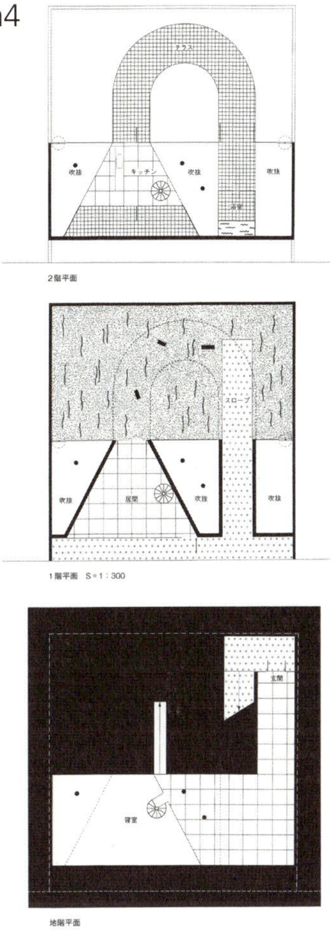

a5

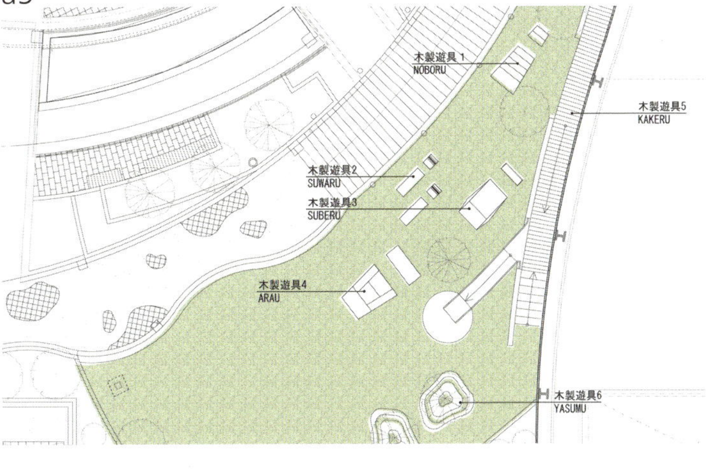

● 断面図

b1 は、斜面地に建つ住宅の断面図です。四分の一円の断面形状を有するヴォールト屋根と地面の間に生まれた 2 層の空間が、1 階のテラスを介して外へと広がっていく様子がよくわかります。

b2 も住宅の例で、道路ぎわの盛土によって外からの視線が適度にさえぎられることで、外部空間と一体となった生活空間が確保される様子が、よくわかります。

b3 と b4 は、ともに集合住宅の例で、上下の階の立体的な相互関係がわかりやすく示されています。階段や吹き抜けなどを含む位置で断面を切ると、上下階のつながりをうまく表現できます。

なお、b2、b3、b4 の 3 つの例では、断面図の中に人が描かれていることに注目してください。断面図に人を描くと、それを目安として部屋の高さを把握することができます。また、それぞれの部屋が実際にどのように使われるのかをイメージしやすくなります。b4 では、中庭で遊ぶ子どもたちと隣接するブリッジや屋上テラスに立つ人々を描くことで、中庭が互いの視線が行き交う場となっている様子が表現されています。

b1

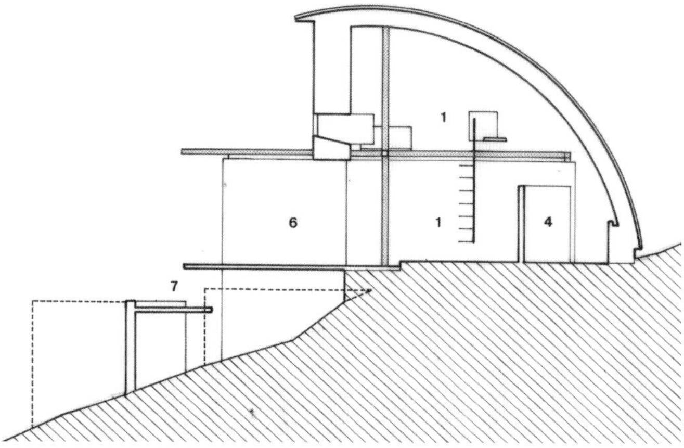

b2

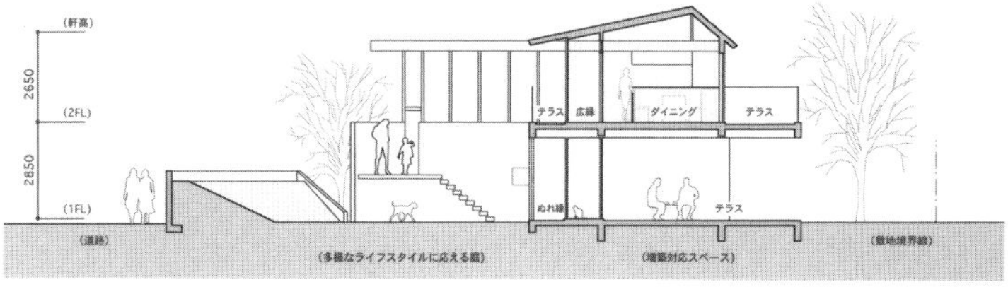

b3

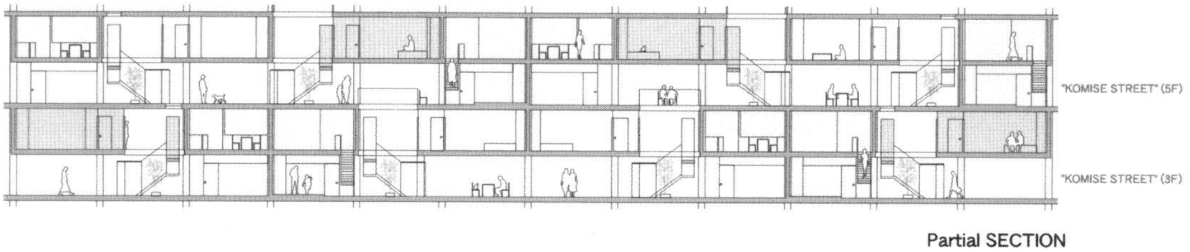

b4

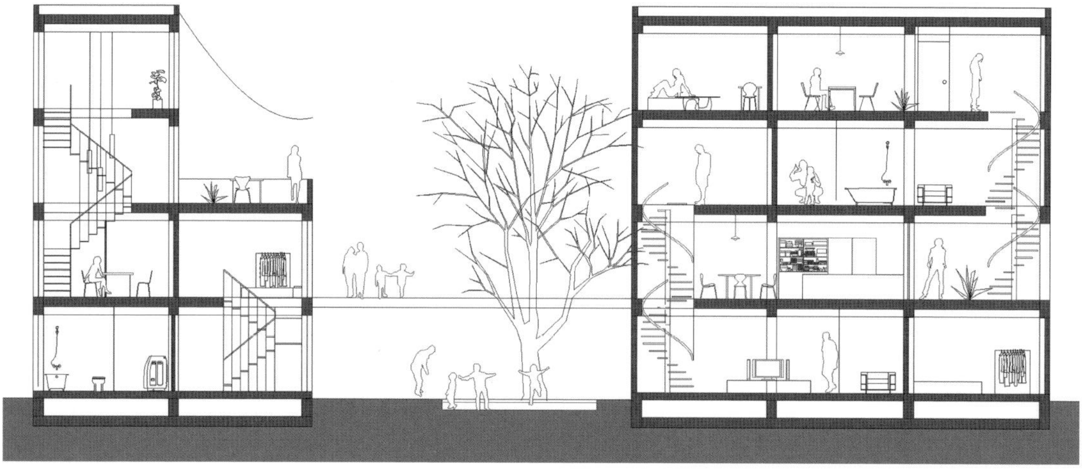

● 立面図

ここでは縮尺が異なるいくつかの立面図の例を並べてみました。

c1 は、比較的大きな縮尺で描かれており、外部空間に置かれる遊具とそれを使う子どもたちの様子がイラスト風に描かれています。

c2 は、坂道に面して建つ住宅の立面図です。建物の手前に人物を描き、背後に樹木を描くことで、奥行き感が表現されています。

c3 は、p.95 の a1 と同じ建物の立面図です。窓のガラス部分に薄いグレーの着色を行うことで、造形的な特色がわかりやすく表現されています。

c4 は、凹凸のある建物の立面を、影をつけて表現しています。影をつけることによって、立面各部の前後関係が把握しやすくなっているのがわかるでしょう。

c5 は、水辺に建つ劇場の計画案の立面図です。隣接する建物の外観をていねいに描写し、歩行者用ブリッジを渡る人々や街路樹なども表現することで、新しい建物とその周囲にどのような関係が生まれるのかが、わかりやすく示されています。

c1

c2

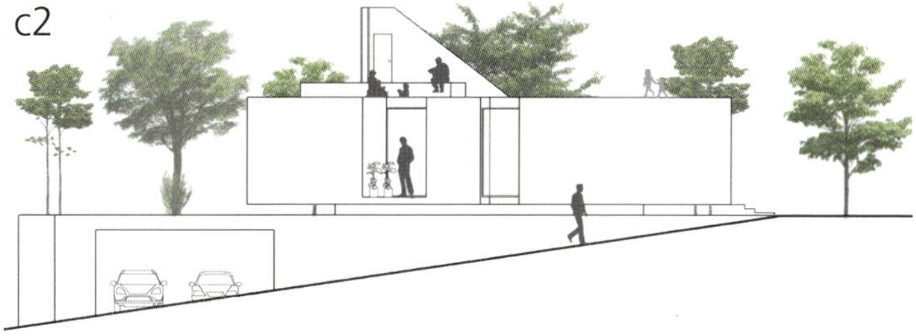

c3

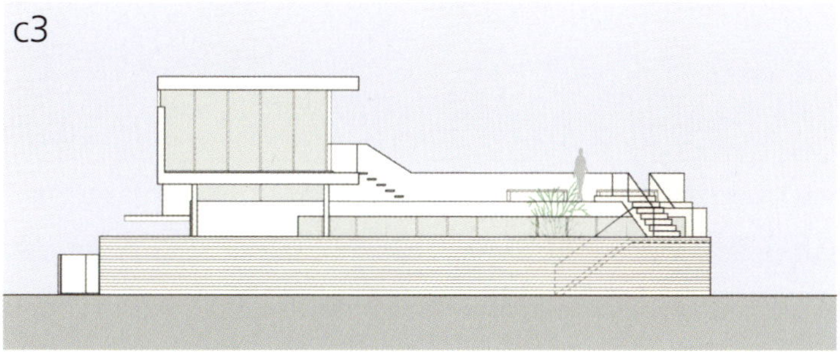

c4

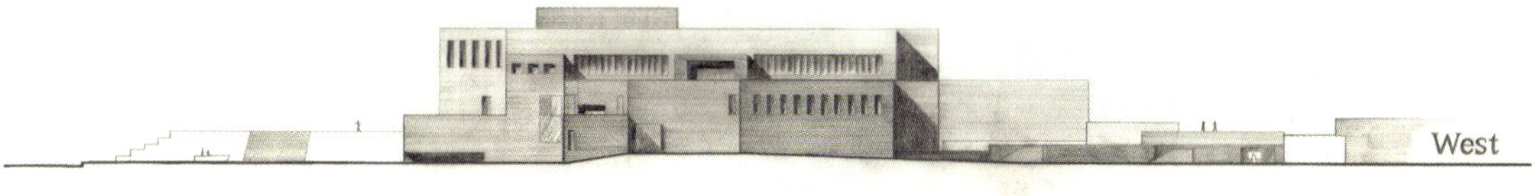

c5

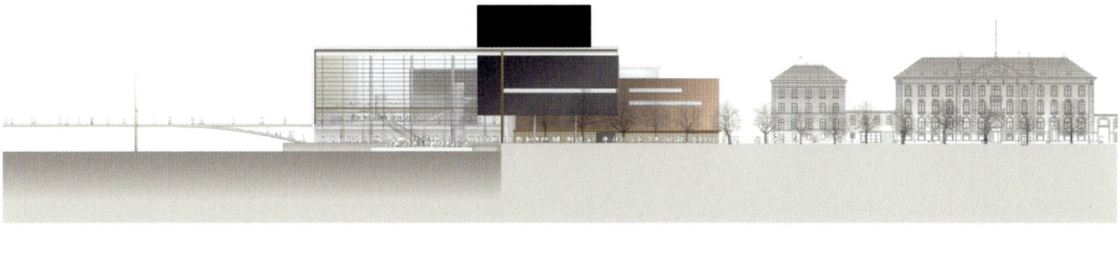

● 平行投影図

平行投影図には各種の図法がありますが、それらのうち建築表現に多く用いられるのが、アクソノメトリック図（軸測投影図）です。アクソノメトリック図の種類には、互いに直交する3つの座標軸の角度がすべて異なるように描く不等角投影（トリメトリック）図法や、3つの座標軸が互いに120度で交わるように描く等角投影（アイソメトリック）図法などがあります。なお、3つの座標軸は、水平方向の2軸をX軸とY軸、高さ方向の軸をZ軸と呼ぶのが通例です。

d1は、X軸とY軸が互いに90度で交わるようにしたアクソノメトリック図です。X軸とY軸が直角のままなので、作図の際に平面図を傾けて置き、それを下敷きとして各部分から高さに応じた垂直方向の線をのばすことで作図できます。この例では、建物の外観を単純に描くのではなく、1階、2階、そして屋根を別々の図として描き、垂直方向にずらして並べています。このようにすることで、各階の内部の様子とそれらの上下の重なり方を、同時に表現することができます。

d2の場合には、互いに90度で交わる軸はありません。3次元のCADモデルを平行投影で表示して、影や樹木も表現しています。

d3、d4はアイソメトリック図の例です。d3はp.95のa2と同じ建物で、平面図で板張りの表現になっているところなどに着色し、建物全体の輪郭線とともに描いて、空間構成のコンセプトを抽象的に表現しています。d4では、1階、2階、屋根をそれぞれ別々に描いて垂直方向に並べ、さらに1階と2階において、L字形の外壁を水平方向に分離して描いています。このような表現で、建物全体がどのような構成要素の集まりで成り立っているのかを概念的に示しています。

d1

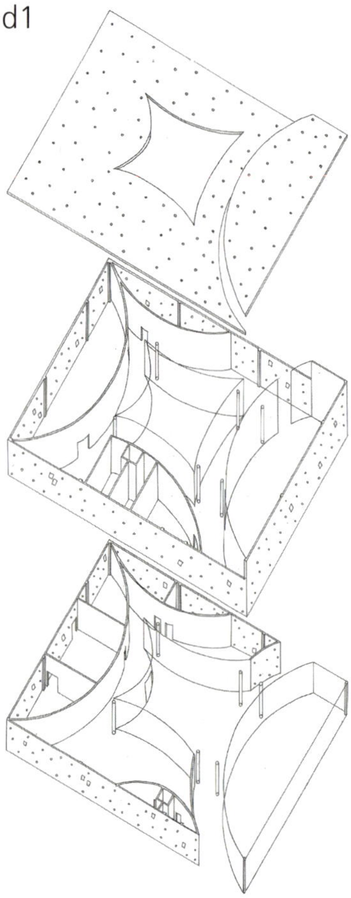

d2

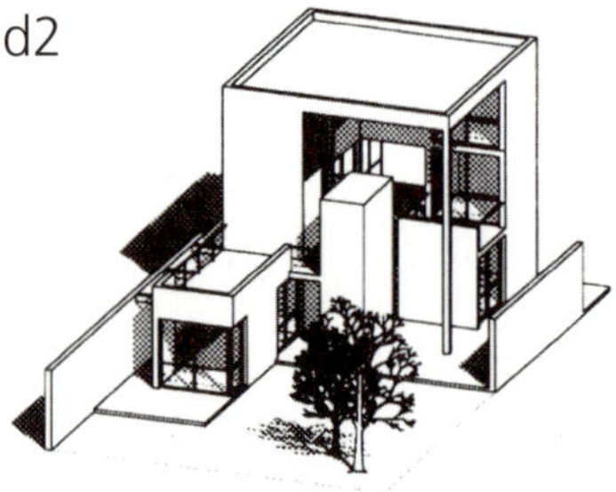

d3

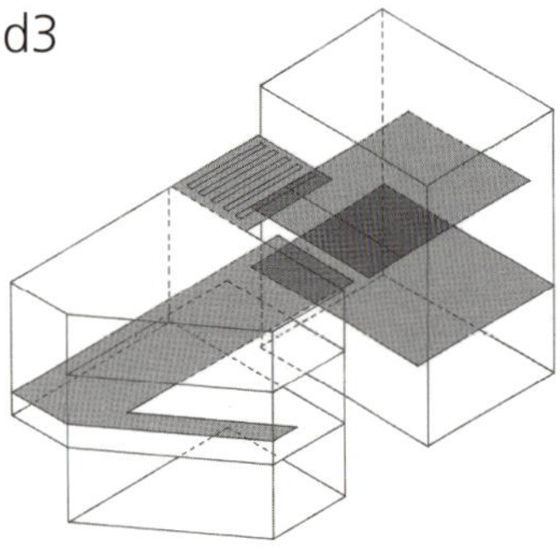

d4

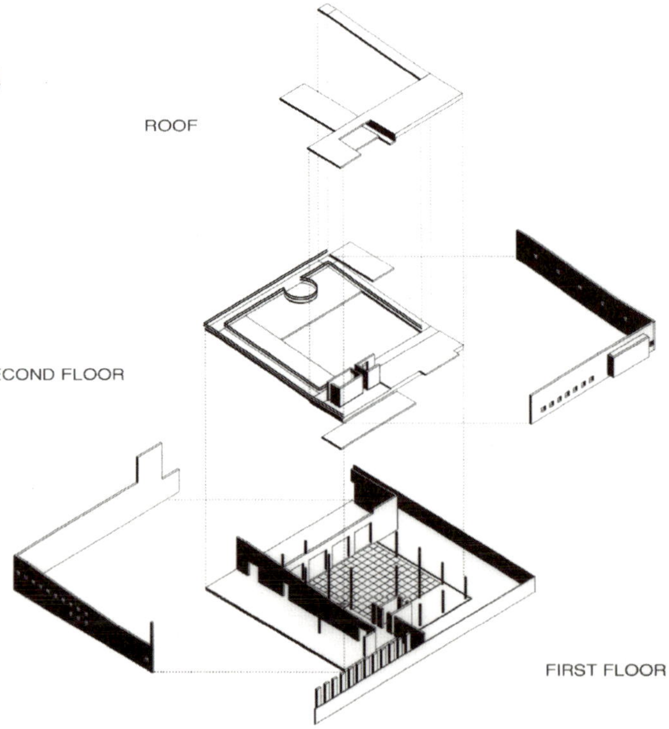

● パースとスケッチ

e1 は、3 次元 CAD で作製したモデルを、レンダリング（質感や光の効果等を表現すること）した画像です。建物だけでなく、人物や樹木も配置され、背景の空には雲が浮かんでいて、とてもリアルな表現となっています。

e2 は、同じモデルをスケッチ風のレンダリング手法で表現したものです。コンピュータを用いながらも手描きに近い表現とすることで、完成物としての印象を与えずにすむため、設計の途中段階で案を検討するときなどに示す図として適しています。

e3 と e4 は手描きスケッチの例です。人物や家具を示すことで、空間の使われ方をうまく表現しています。

e5 は左ページの d4 と同じ建物の断面パースで、ある垂直面で建物を切断し、切り口の真正面から建物を眺めたように作図したものです。このように表現すると、複数の部屋の内部を同時に表現し、それらの立体的な関係をわかりやすく示すことができます。

e6 はある展示施設案のパースですが、光の状態や眺める位置によって、建物の内部空間や外部空間の見え方が変化する様子を、3 枚組の絵として効果的に表現しています。

e1

e2

e3

e4

e5

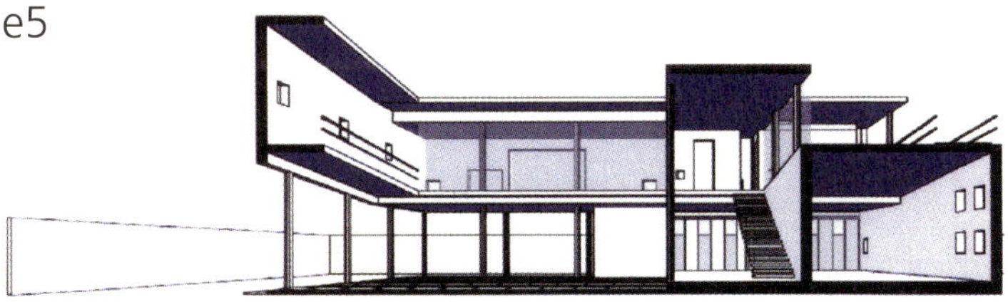

e6

● コンセプトの表現

設計案を説明する際、ときには空間構成の特徴などを、抽象化された図で示す方がわかりやすいことがあります。

f1 は、p.98 の d4 および p.99 の e5 と同じ建物のコンセプト図です。左上が計画建物の配置図で、その右側の図は、この建物が赤い 1 階部分と青い 2 階部分の 2 つの L 字形の組み合わせでできていることを示しています。これらの下の抽象化された断面図では、1 階と 2 階をこのような配置にすることで、両者が向かい合いつつ、外部空間に対しては、それぞれ違った方向に開かれる様子が示されています。

f2 は、公園の計画にあたり、その空間を構成するさまざまな要素の配置を、どのような考え方で決めたのかを説明したものです。左側の図で示される「レイヤー」とは、透明なシートのような概念で、複数のレイヤーを重ね合わせるようにして、右の平面図に示されるような全体計画にまとめたことを、図解しています。

f3 は、ある集合住宅の企画提案に関する概念図です。右上がりに並べられた 3 つの図では、地形と関係させつつ建物群と通路を配置していく考え方が示されています。また、左上の図でその平面配置と断面形状を抽象的に示し、右下の図で通路の風景イメージを示しています。これら各種の図の組み合わせにより、全体としてどのような提案を行おうとしているのかを、理解することができます。

f1

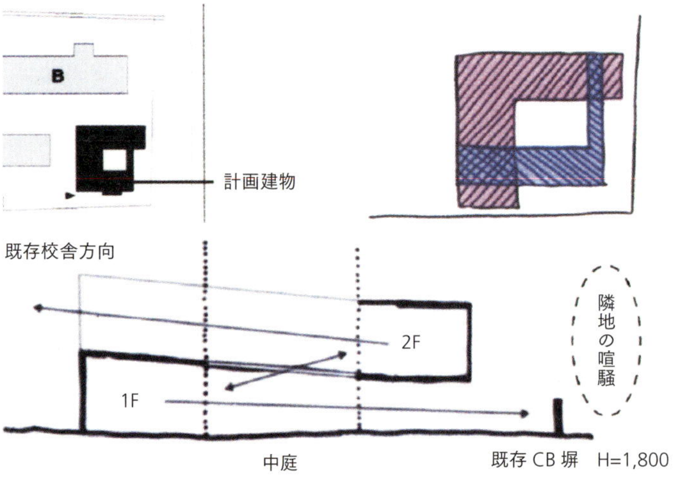

f2

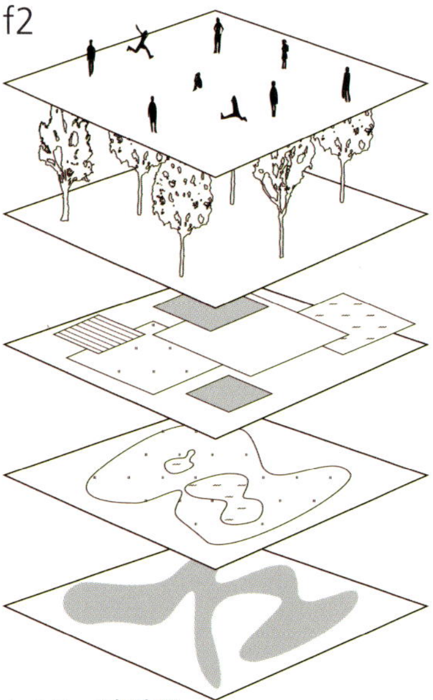

レイヤーの概念図

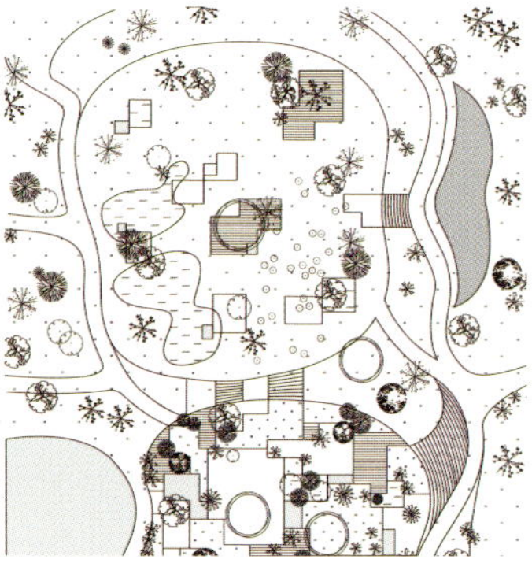

平面図（部分）

コンセプト
本公園の計画にあたっては、水・土・芝生、高さの違うフロア、植栽、そして人々といった要素を、それぞれの特性に合わせて別々のレイヤー上で配置し、それらの重なりによって、多様な場所が生まれるようにした。公園に来た人は、その中で自分に合った居場所を見つけて過ごすことができる

f3

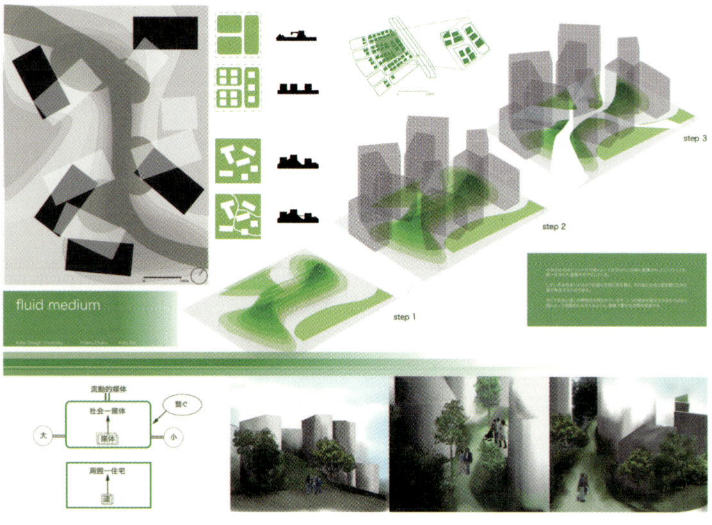

6 －2 模型で表現しよう

これまでのステップでは、設計者自身がデザインを検討するために模型をつくってきましたが、最後のステップでつくる模型は、人に設計案を理解してもらうためにつくるものです。そのような目的でつくる完成模型の制作の要点、および完成した模型の撮影の要点について説明します。

● 模型の縮尺と材料

模型をつくる際の縮尺の目安として、建物の全体像や、敷地周辺との関係を示すには、1/200 以下の縮尺の模型でも大丈夫ですが、内部空間を表現するためには、1/100 から 1/50 以上の縮尺の模型が必要になります。

模型をつくる材料としては、スチレンボード、バルサ材その他の木材、段ボール、各種モデルボードなどが比較的多く用いられますが、金属、粘土、布等を用いてもかまいません。大事なのは、設計意図を表現するのに適した材料を選ぶことですから、ぜひ、自分でいろいろな工夫をしてみてください。スタイロフォームなど光が透過する材料の場合は、写真に撮ったときに輪郭や陰影が明瞭に出ないことが多いので、完成模型として用いるときは、ジェッソなどの地塗り剤を塗るのが一般的です。ガラス窓については、透明なプラ板で表現するのもひとつの方法ですが、窓枠のみをつくってガラス部分を抜いた状態にして表現することも可能です。

● 縮尺に応じた表現

模型は、どのようなつくり方をするにせよ、実物を抽象化して表現するものですから、過度に具体的､直接的に表現する必要はなく、縮尺や表現に応じて、適宜簡略化してつくります。

g1 は、課題作品（p.110）の完成模型で、1/100 の縮尺でつくられています。内部の空間が立体的に展開している様子が、よくわかります。ガラス面のサッシュのラインは、プラ板に傷をつけることで表現しています。また、人物を配置することで、空間の大きさが把握しやすくなっています。

g2 は、住宅の内部を表現した模型で、1/30 の縮尺でつくられています。このくらいの縮尺になると、家具や手摺、壁に掛けられた絵画に至るまで、細かく表現することが可能です。また、床に木目模様を印刷した紙を貼ることで、素材感を表現しています。これらの工夫により、空間の雰囲気が、とてもよく伝わってきます。

g1

g2

● 光と背景の工夫

模型を写真に撮る際、表現意図に応じたカメラアングルを用いるとともに、模型にどのような光をあて、どのような背景で撮るのかも、きわめて重要です。

h1 では、模型に太陽光を直接あてていないため、明るい部分と暗い部分のコントラストがあまり強くならず、建物の内部の様子もある程度わかります。また、背景に青空を用いることで、この作品の特徴である屋上部分が気持ちよく使われることをイメージしやすくしています。

h2 と h3 は同じ模型の 2 枚の写真ですが、h2 が日中に青空を背景として撮影されているのに対して、h3 は夕空を背景として逆光で撮影されています。建物の透明なオブジェのような部分が、光に応じて違った表情を見せることを、うまく表現しています。

h4 と h5 も同じ模型の 2 枚の写真です。h4 が日中の青空の下で撮った写真であるのに対して、h5 は暗い室内で模型の中に照明を灯し、夜景を表現しています。小さな窓をランダムに配置した設計案の特徴を生かして、昼と夜で建物の表情が対比的に変化することを見せています。

h6 は建物の内部を、模型にかなり近いところから、見上げるようなアングルで撮影したものです。不規則な形の吹き抜け状の内部空間がこの設計案の特徴であり、上から差し込む光で高さ方向の広がりを印象づけるとともに、壁とほぼ平行に光をあてることで、表面の凹凸の細かな影が出るようにして、壁の粗い質感をうまく表現しています。

h1

h2

h3

h4

h5

h6

● 点景と CG を用いた演出

空間の雰囲気や使われ方を表現する場合には、模型の中に家具や人物、植栽などの点景を配置することが有効です。点景の配置は、実際に模型をつくって置くだけでなく、コンピュータ・グラフィックスを用いて模型写真を後から加工することでも行うことができます。

i1 は、実際に 1/30 の縮尺でつくった家具などの模型です。i2 は、p.101 の g2 と同じスチレンボード模型の中にこれらを配置して撮影した写真を、コンピュータで加工した画像です。このようなシーンを表現することが目的であれば、模型も建物全体をつくる必要はなく、写真に写る範囲のみをつくれば十分です。実際には撮影を室内で行ったので、空が見える部分は後から画像編集ソフトで空の写真を合成して表現しています。また、人物も、別途用意した画像を後から貼りつけています。

i3 と i4 も同様に、建物と家具の模型を 1/50 の縮尺でつくり、写真を撮影し、それを加工した画像です。模型は、床に光沢紙を貼ることによって、ピアノなどが床面に映り込むようにしています。また、ソファの表面にはレザーを使って質感を表現しています。一方、空や芝生、樹木などは、後からそれらの写真を合成したものです。

i3 の画像では、ベンチに桜の木の影が落ちていますが、これは実際に木の影が落ちているベンチを撮影し、これとは別に撮影した桜の木の写真と一緒に合成したものです。桜の木からは花びらが散っていますが、これは桜の花を細かく切り取ったものを合成することで表現しています。また、建物のガラス面に少女や桜の木が映り込んでいることにも注目してください。これは、映り込みの対象となる画像を左右に反転させ、それを半透明にしてガラスの上に重ねることで表現しています。i4 の画像では、子どもたちと窓の外の樹木、そして空が、後からの合成で加えられています。

これらの例のように、模型の実写と画像の合成をうまく組み合わせることで、求めるイメージに合ったリアリティの高い表現が可能となります。

i1

i2

i3

i4

⑥-3 図面をレイアウトしよう

**レイアウトするのに、特に決まった方法が存在するわけではありませんが、初心者が取り組みやすい一般的な手順を以下に示します。
紙の上でレイアウトする場合でも、コンピュータの画面上でレイアウトする場合でも、基本的な手順は同じです。**

● レイアウトの手順

①レイアウトする素材を用紙の上に適当に並べてみる

レイアウト素材の中には、平・立・断面図のように、所定の縮尺で必ず示さなくてはいけないものと、パースや模型写真、コンセプト図、説明文のように、枚数や大きさを制作者が自由に決定できるものがあります。そこで、まずは必ず示さなくてはいけないものを用紙の上に並べてみて、残りのスペースで他のものをどれくらい入れられるのかを把握しましょう。このときの素材は、コピーや下書きでかまいません。未完成な図や写真、説明文等についても、だいたいの大きさがわかる仮の素材を用意して並べてみます。

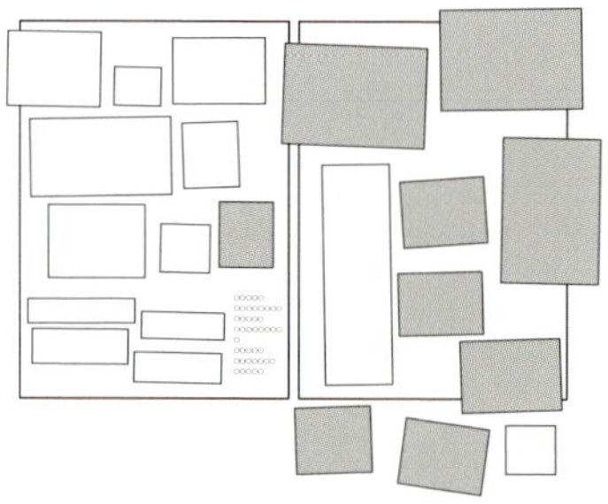

レイアウトする素材を
用紙の上に適当に並べてみる

②視覚的な流れを考えて大まかな位置を決める

素材のうち、主要なものと補助的なものを区別し、表現上の優先順位を決めましょう。人の視線は、上から下、左から右へと流れる傾向がありますから、最初に目につきやすい左上付近に、設計案の魅力を一瞬で伝えることのできる図や写真を大きく配置するとよいでしょう。全体的な設計コンセプトや周辺環境の分析図なども、最初の方に持ってきましょう。平・立・断面図は、可能な限り隣り合わせにきれいに配置しましょう。まずは大きな素材やひとまとまりの素材の置き場所を定め、次にそれらの周りに、比較的小さく補助的な素材、詳細な説明に必要な素材などを、全体の流れや各図相互の関係を考えながら並べるとよいでしょう。なお、未完成の素材については、大きさのみを枠取りするのではなく、仮の写真、仮の文章をつくって、視覚的な印象がわかるようにして並べてください。タイトルなどの文字は、写真等の上に重ねて配置することも可能です。

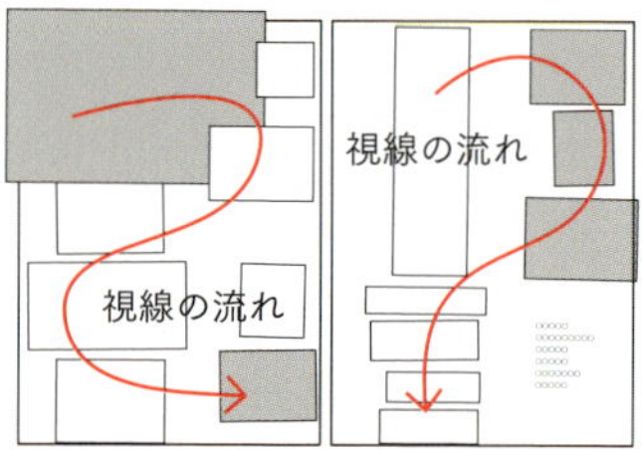

視覚的な流れを考えて
大まかな位置を決める

③ガイドラインを引いて大きさと位置を調整する

すべての素材のだいたいの置き場所が決まったら、ガイドラインを引いて、それらを美しく並べましょう。用紙が複数にわたる場合には、ガイドラインをそろえることで、全体に統一感を与えることも可能です。各素材の大きさと位置を調整し、すべてがバランスよく納まったところでレイアウトを確定します。

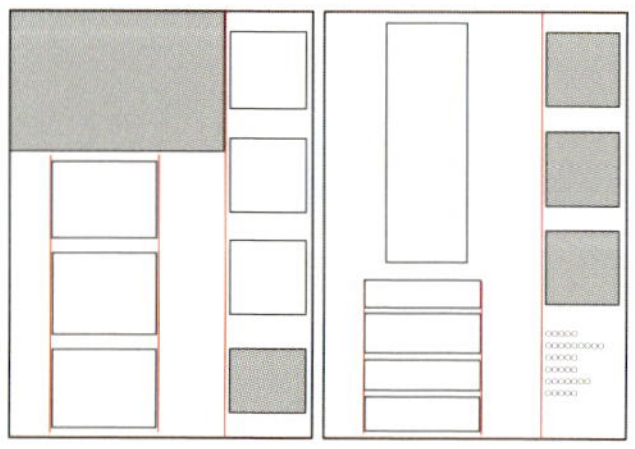

ガイドラインを引いて
大きさと位置を調整する

④各素材を仕上げて配置する

③で決めた大きさに合わせて、各素材を清書して仕上げます。手作業で行う場合は、すべてを貼り込んだ後に全体をコピーして完成品とすることもできます。コンピュータで作業する場合、写真やスキャン画像等のラスタイメージ（点の集まりでできている画像）は、出力時の大きさで適切な解像度となるように注意してください。完成データには、各素材の元データも一緒に保管しておきましょう。

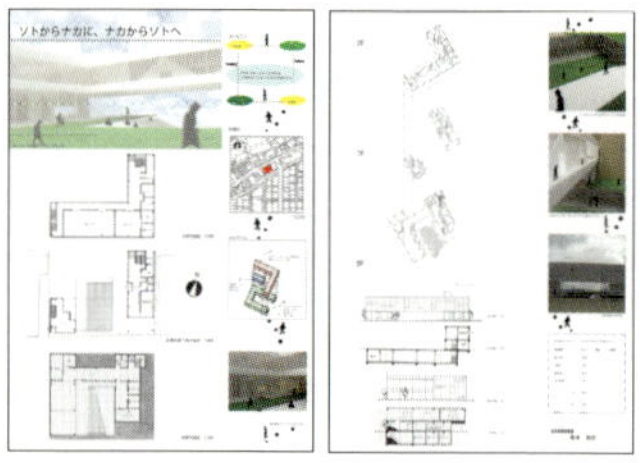

各素材を仕上げて配置する

● 学生によるレイアウト例

これらはいずれも、A1 用紙縦使い 2 枚でプレゼンテーションした場合の例です。

有本くんの場合（完成図面は p.106-p.107 に掲載）は、1 枚目と 2 枚目が、ほぼ共通したレイアウトとなっているのが特徴です。どちらも左上に模型写真やアクソノメトリック図が大きく配され、その下に平・立・断面図が並べられて、これらで建物の基本的な情報がわかるようになっています。一方、右から 1/3 程度の幅の縦長の領域には、種類の異なる副次的な諸情報が、ほぼ等しい大きさで縦に並べて配されています。2 枚の図面に一貫性のあるフォーマットが適用されることで、とてもわかりやすいプレゼンテーションになっています。

前田さんの場合（完成図面は p.112 に掲載）は、サイズの異なる模型写真が数多く配されることで、全体が楽しく変化に富んだ構成になっています。しかし、よく見ると同様の写真が複数あって、やや冗長な感じもするので、もう少し整理した方がよかったかもしれません。

山神くんの場合（完成図面は p.112 に掲載）は、1 枚目の用紙幅いっぱいの模型写真が印象的です。よく見ると複数の写真を組み合わせていますが、継ぎ目に隙間がないため、大きな写真 1 枚と同様のインパクトがあります。写真の下端のラインが水平の方向性を与えているのに対して、2 枚目は大きく左右に分割されて垂直の方向性が強く、2 枚が対比的な構成になっています。

有本くんのレイアウト

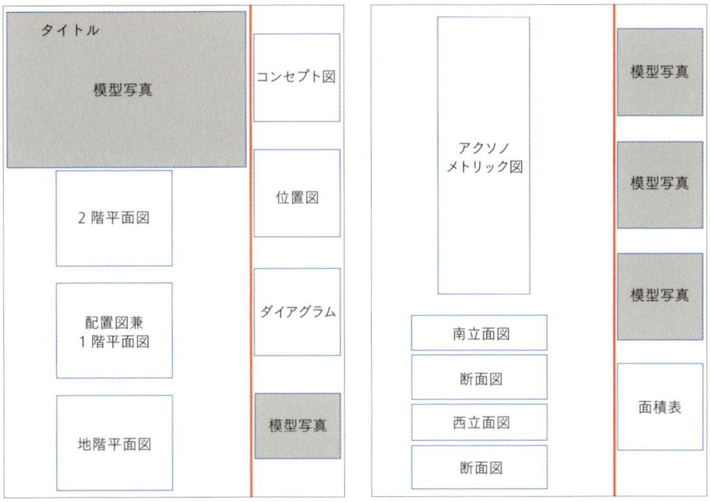

前田さんのレイアウト

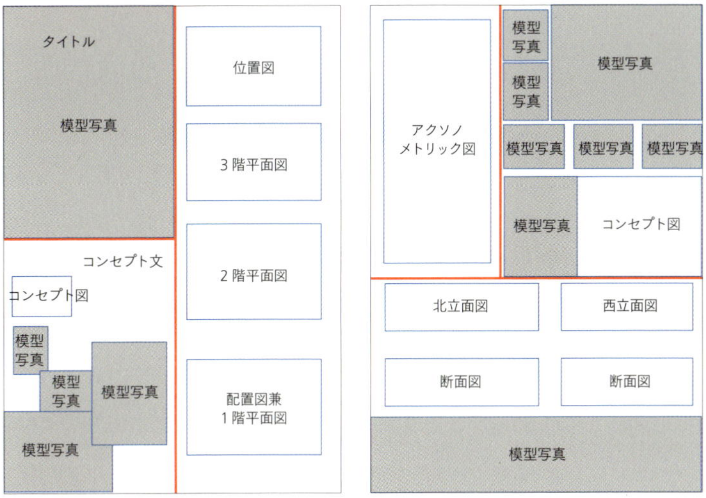

山神くんのレイアウト

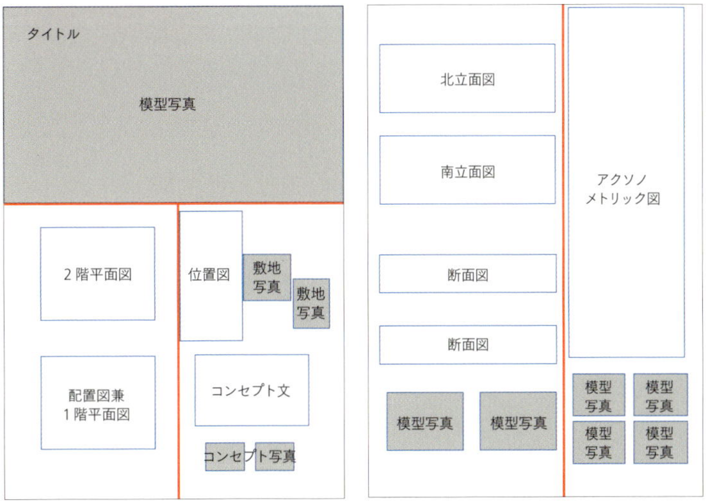

⑥ −4 学生による制作例

有本くんの作品

ソトからナカに、ナカからソトへ

コンセプト

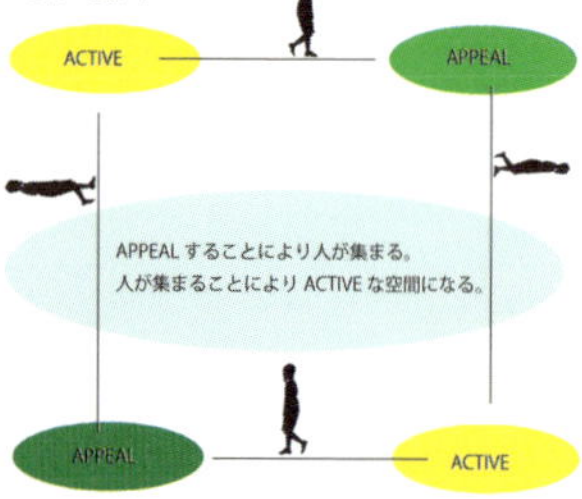

配置図

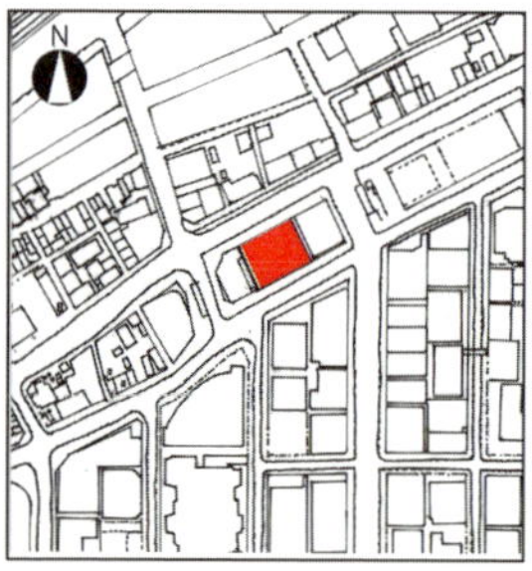

1:2500

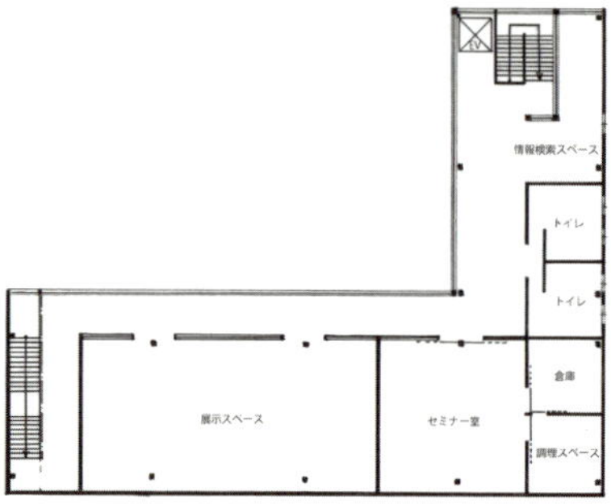

2階平面図　1:200

ダイアグラム

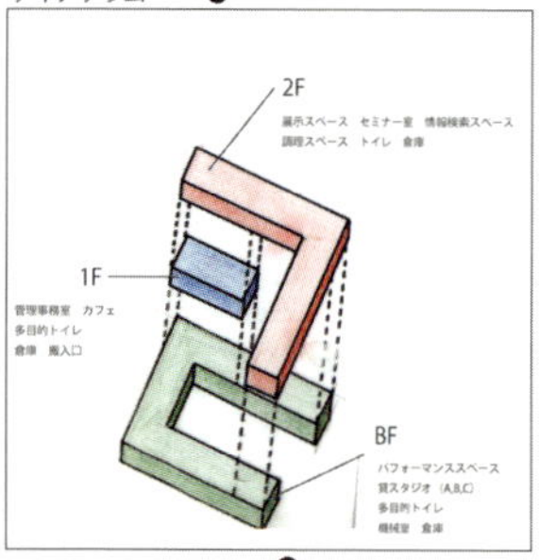

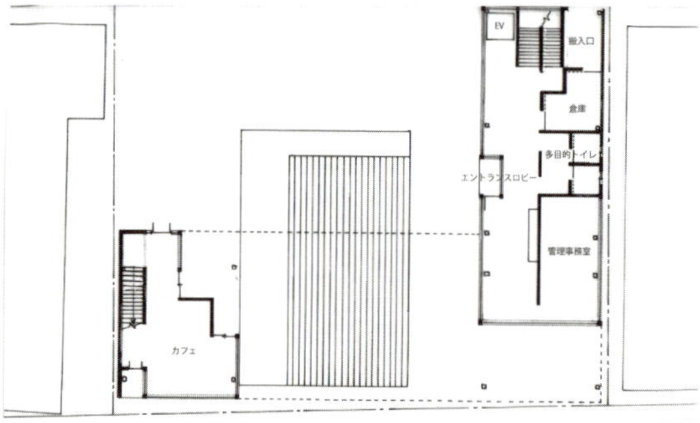

配置図兼1階平面図　1:200

敷地西側からエントランスロビーを見る。

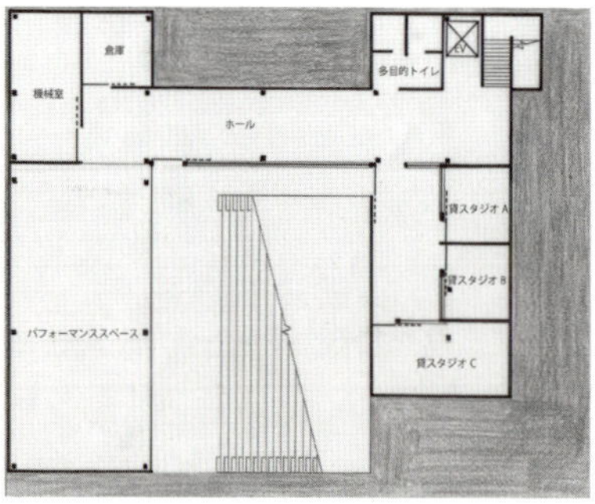

地階平面図　1:200

2F

1F

BF

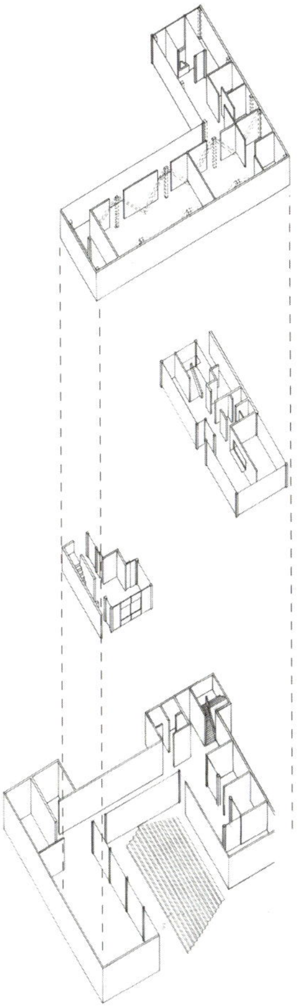

アクソノメトリック

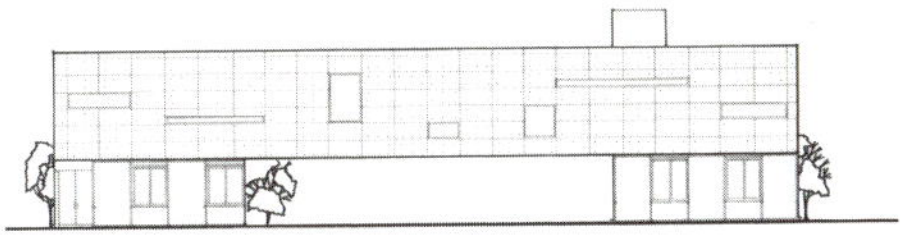

南立面図　1:200

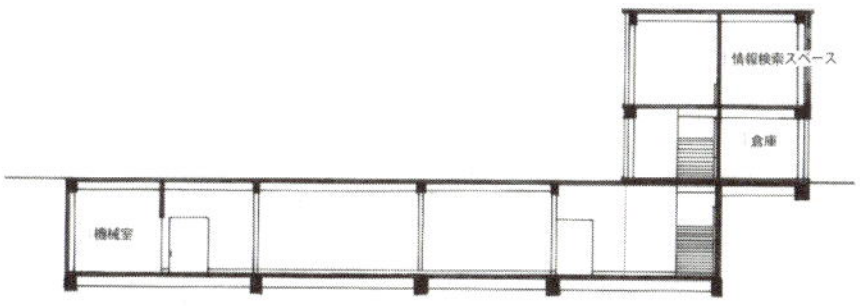

a-a' 断面図　1:200

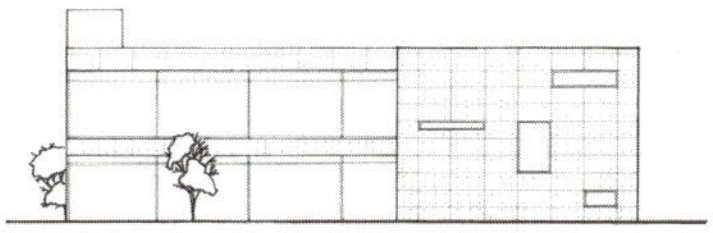

西立面図　1:200

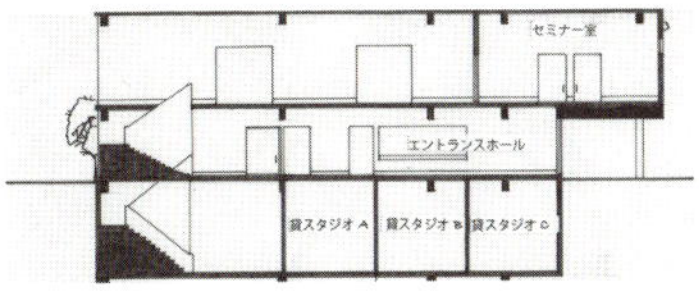

b-b' 断面図　1:200

エントランスロビーからパフォーマンスを見る。

2階からのパフォーマンススペースと展示スペース。

敷地南側からの外観。

まちなかファクトリー　「ソトからナカに、ナカからソトへ」

敷地面積		1295 ㎡	構造	鉄骨造
建ぺい率		80%		
容積率		800%		
建築面積		1000 ㎡		
延べ床面積	2F	700 ㎡		
	1F	400 ㎡		
	BF	650 ㎡		
TOTAL		1750 ㎡		

07E0002

有本　祐介

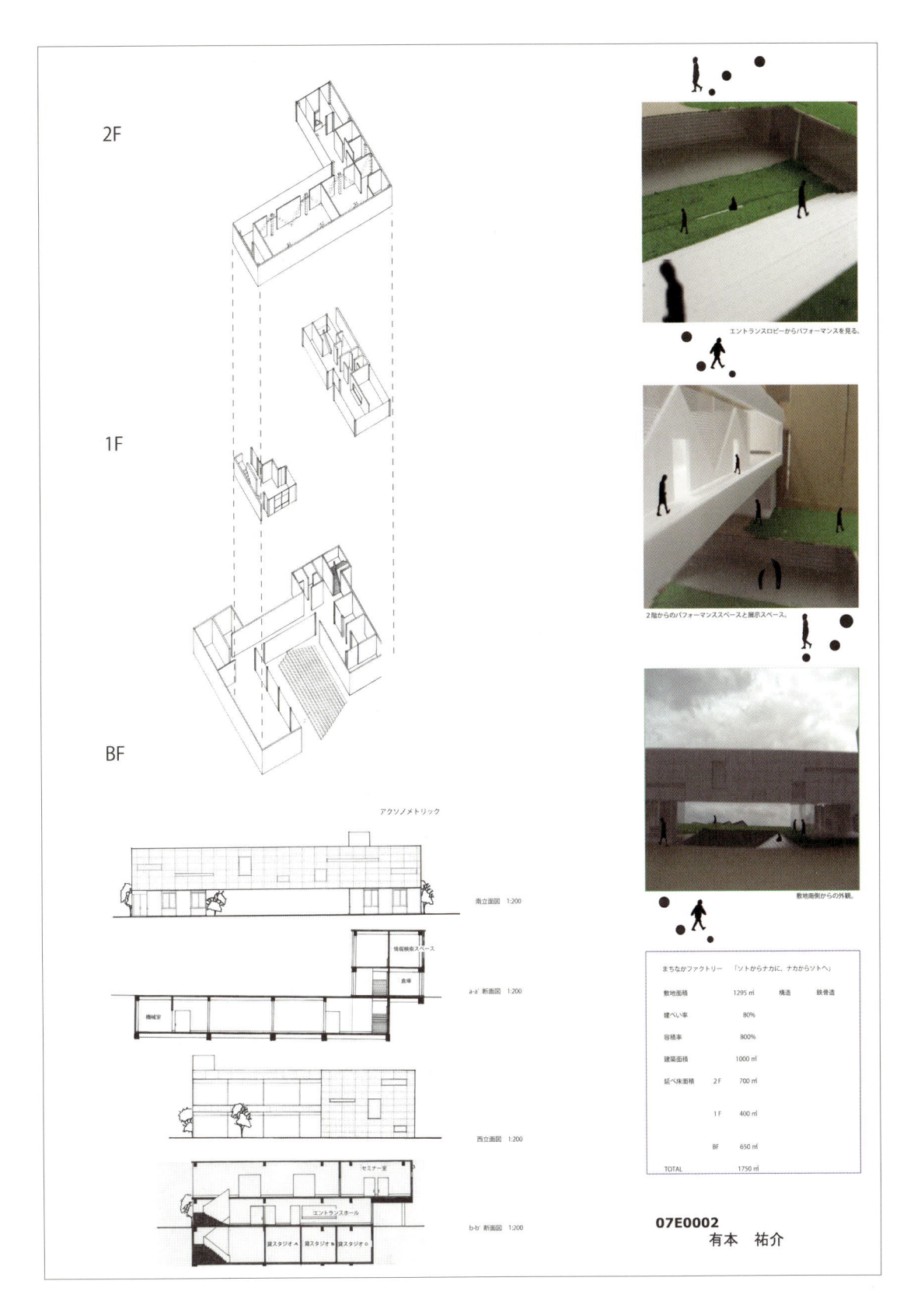

林さんの作品

✕ -CROSS-

CONCEPT
この敷地は、オフィスに向かう人、買い物を楽しむ人など多くの目的をもった人たちが行き交う．．．．

| 人 | ✕ | |

人と何かが交わる場所にしたいと考えた

人	✕	街
人	✕	人
人	✕	芸術
人	✕	情報
人	✕	自然

人とそれが交差する様子を1つのフレームの中であらわした．屋根には穴をあけ光が差し込んだり雨が降りこんだり内部のような外部．外部のような内部をめざした．．．．

S=1:2500

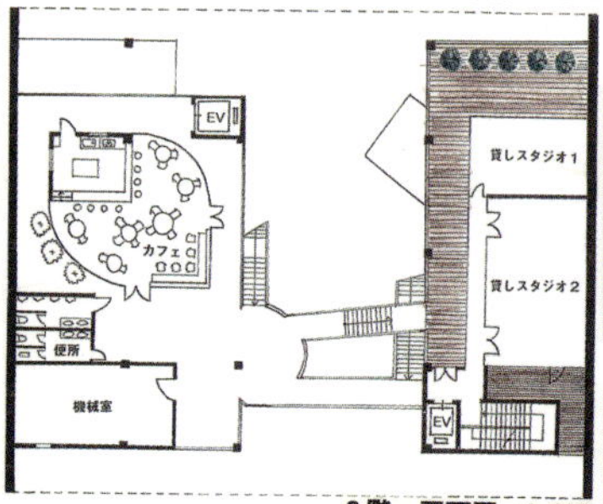

3階 平面図 1:200

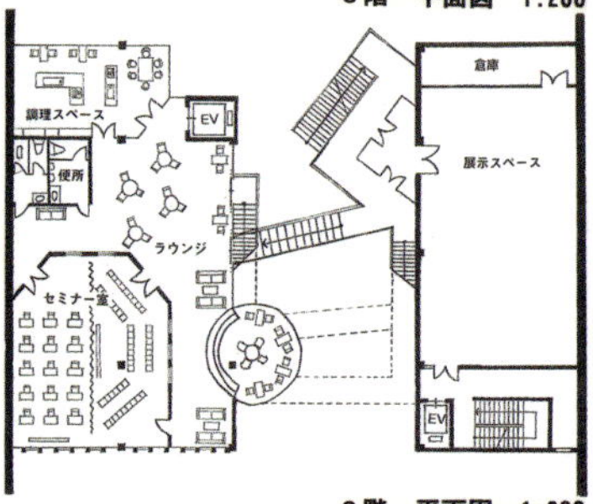

2階 平面図 1:200

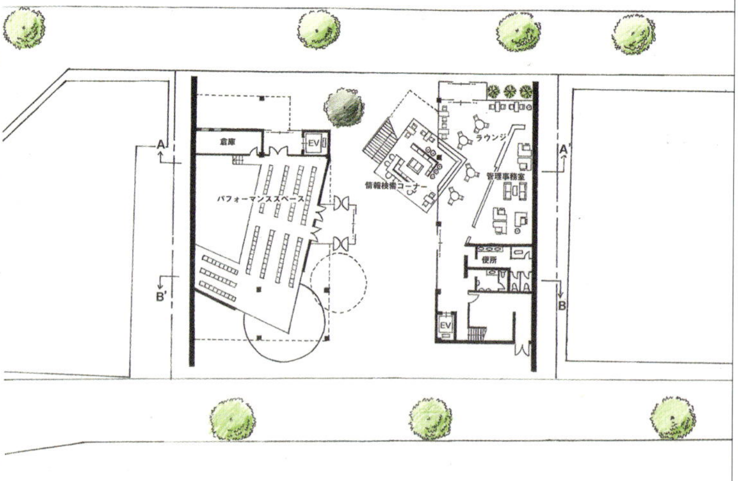

1階 平面図兼配置図 S=1:200

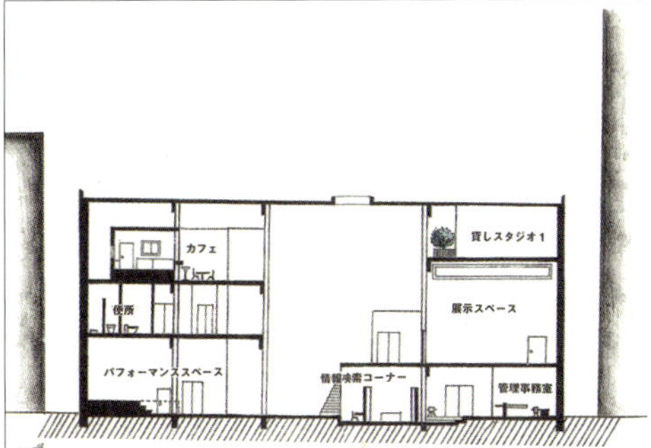

A-A'断面図　1:200

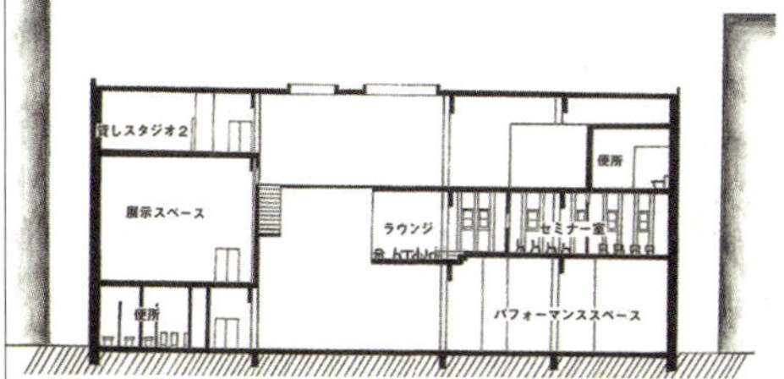

B-B'断面図　1:200

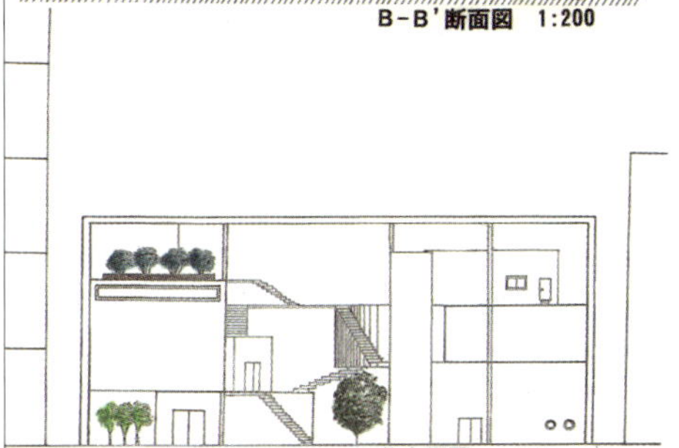

北立面図　1:200

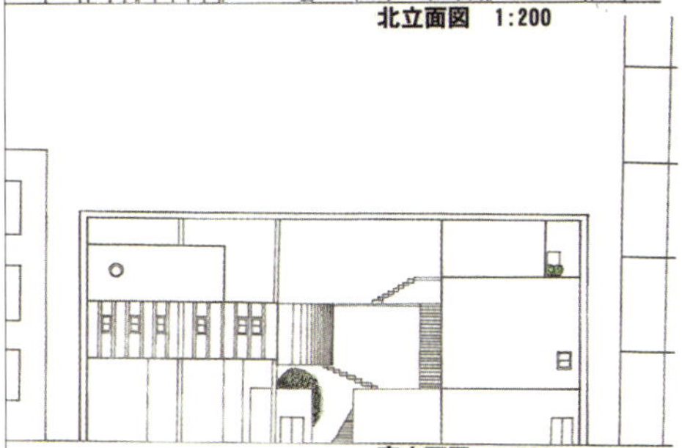

南立面図　1:200

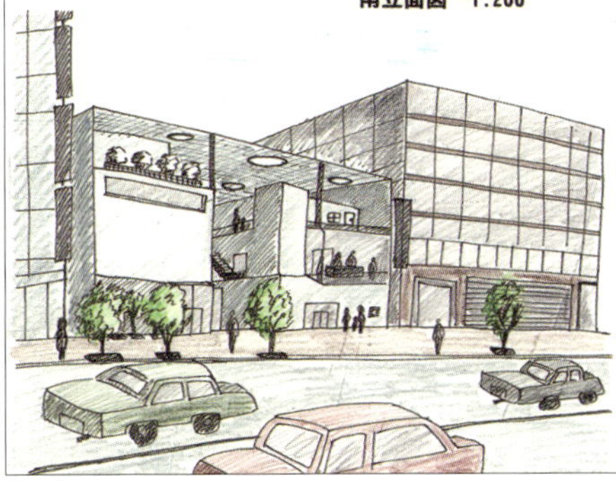

情報検索コーナー

カフェ

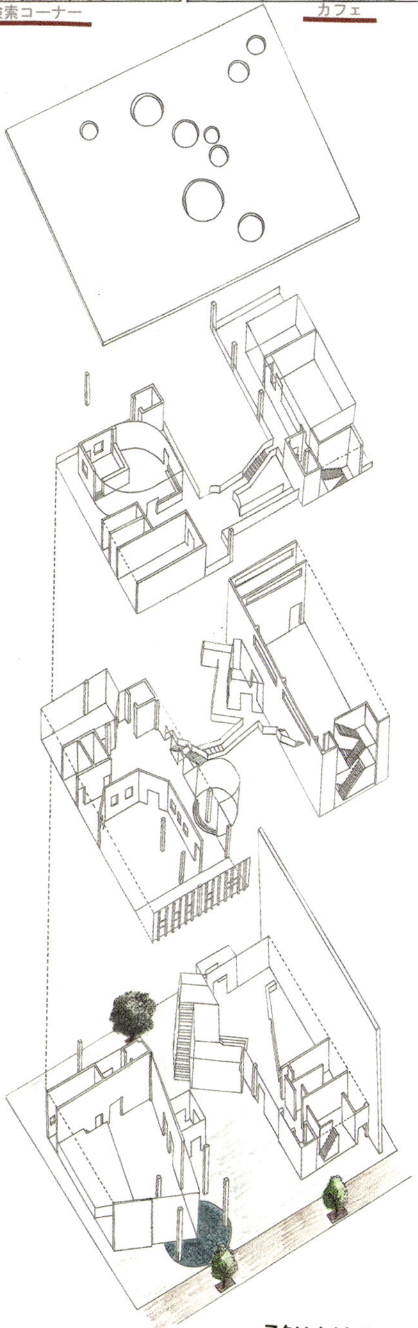

アクソノメトリック図

07E0062 林　真由美

● みんなの作品も見てみよう

これらの作品は、大学の実習課題として初めての建築設計に取り組んだ学生たちが、この本に示すステップ通りのやり方で作業を進めて完成させたものです。最初はどうやって設計すればよいのか、まったくわからなかった彼らが、敷地の観察方法、模型のつくり方、図面の描き方などを少しずつ学び、また、同時に計画的な知識や構造の知識、デザインの知識などを徐々に身につけて、約７週間の作業の結果として、遂にこのような作品を仕上げることができました。

これらの作品を眺めると、全員が同じ設計条件の課題に取り組んだにもかかわらず、ひとつとして同じデザインの建物がないことに気づくでしょう。また、これらの設計案を相互に比較すると、たとえば管理室の配置がうまく考えられているとか、周辺道路に対する開放性が高い作品であるといったように、個々の観点からの評価はできても、いずれの作品にもそれぞれ特有の優れた点や魅力的な提案が含まれているため、どのデザインがもっとも優れているのかといったことを、単純に決めるわけにはいきません。

数学の問題に対する正しい解答はひとつですが、デザインの課題に対しては、ここに見られるように、いくつもの異なった解答が存在し得るのです。そのことをぜひ、心に留めておいてください。

阿部くんの作品

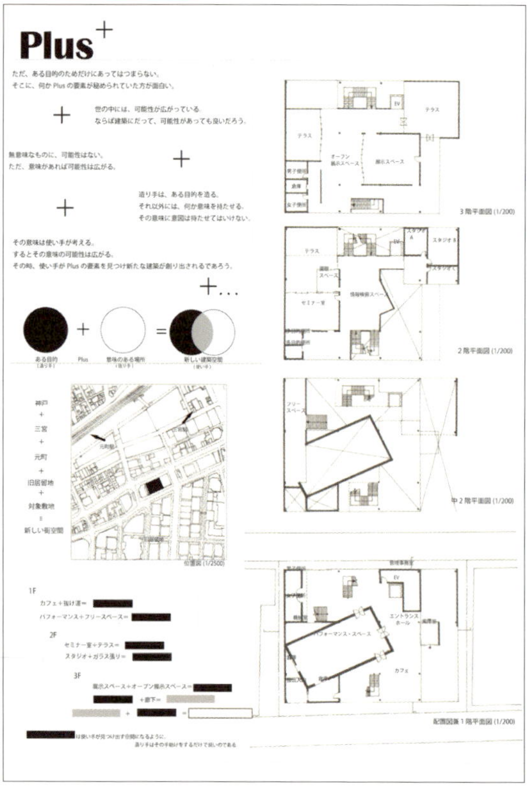

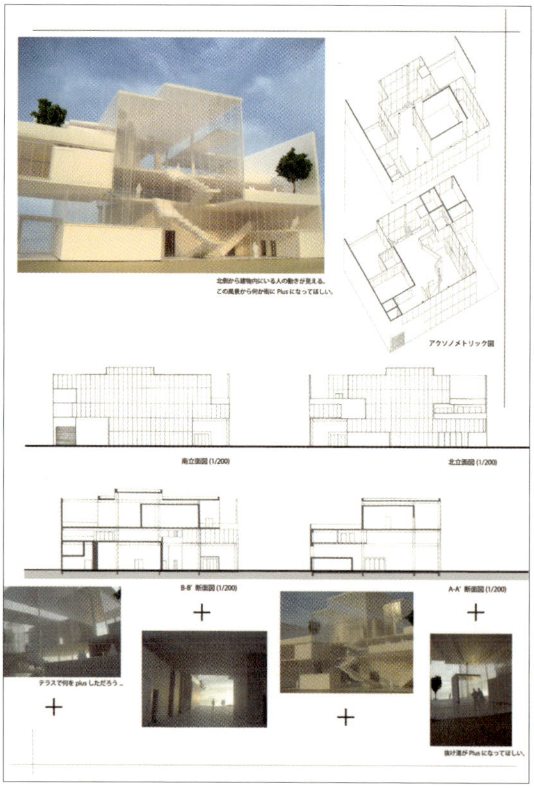

南川さんの作品

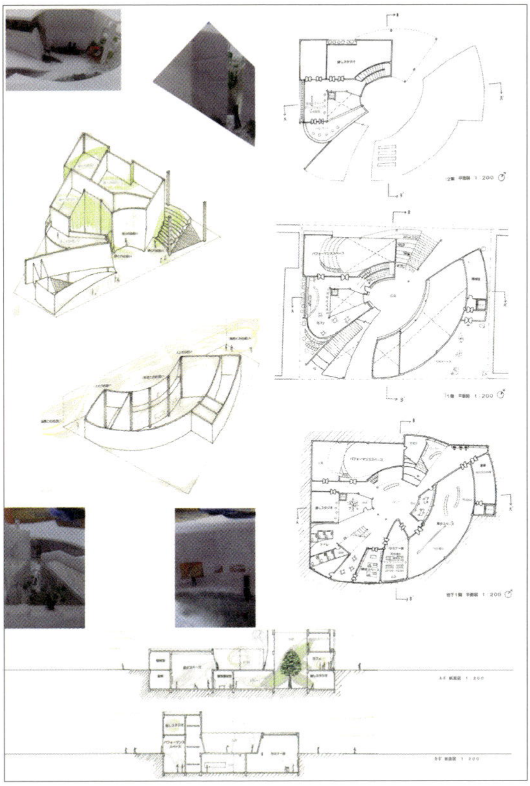

阪本くんの作品

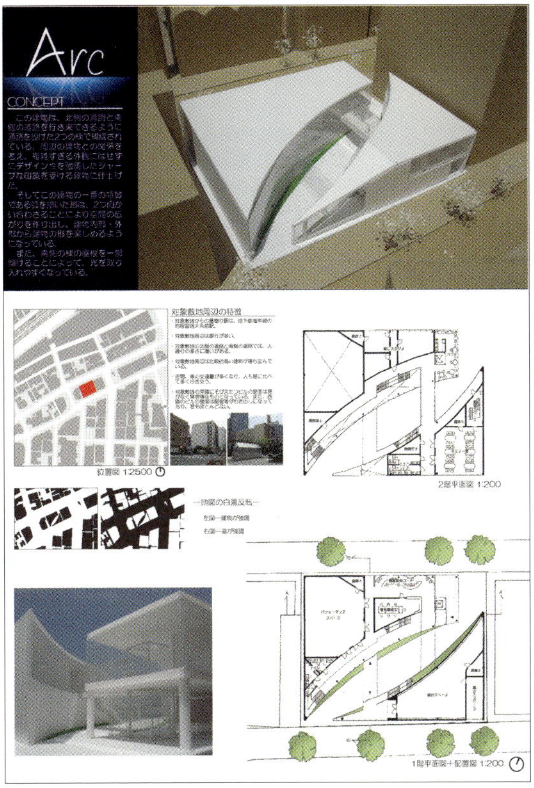

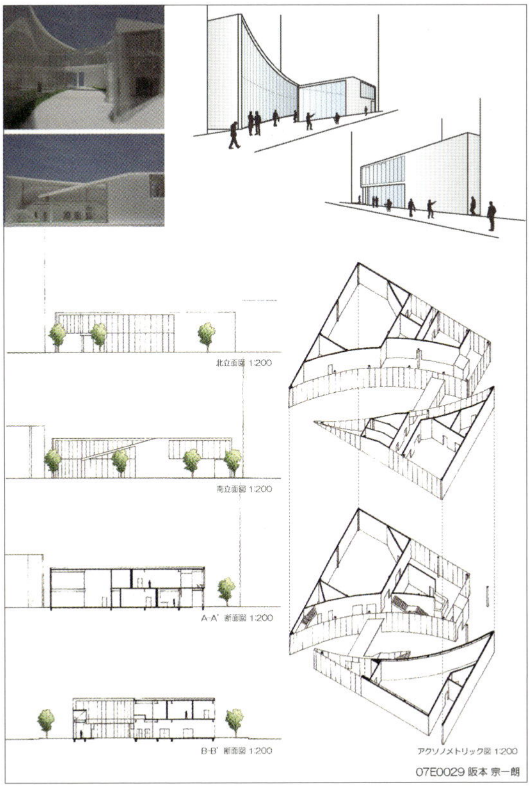

前田さんの作品

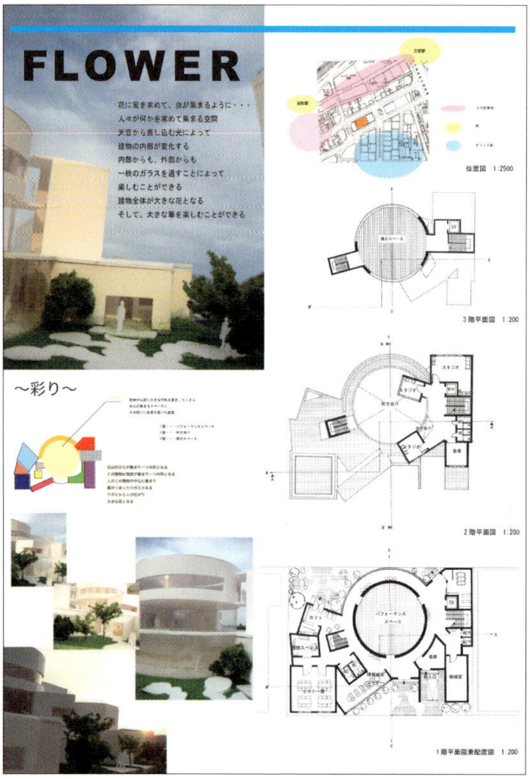

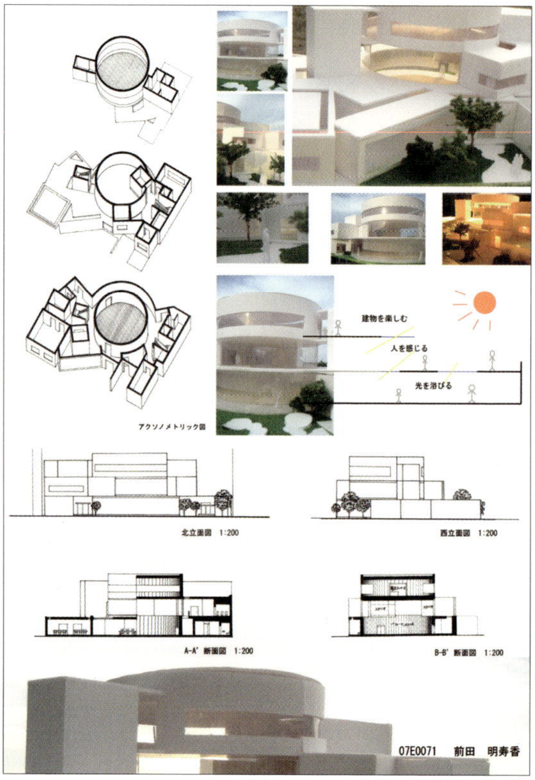

山神くんの作品

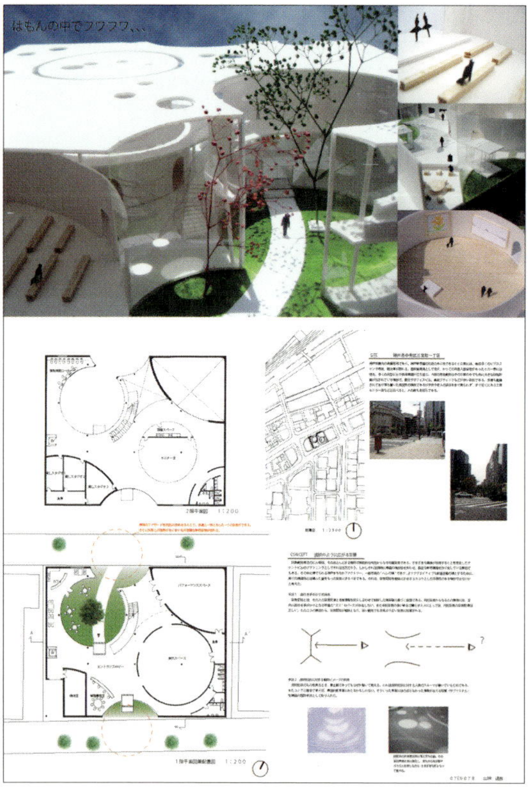

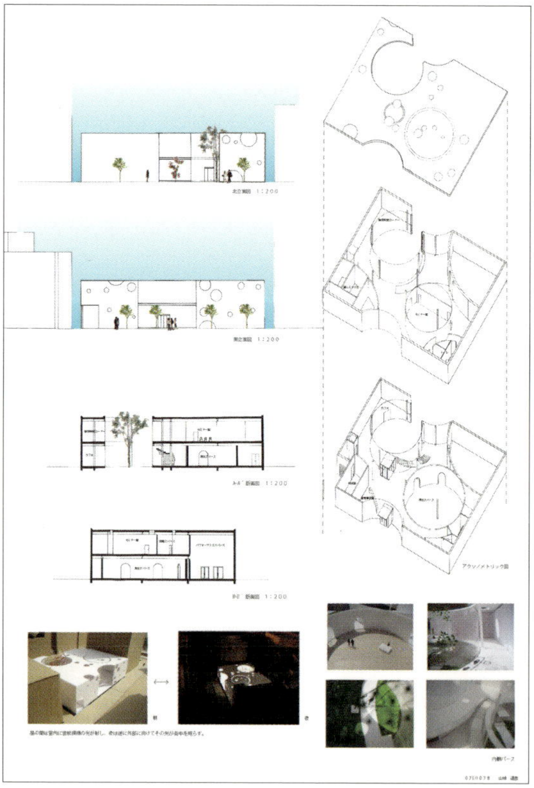

⑥-5 人前で発表しよう

**最後に行わなくてはならないのが、人前で説明することです。
作製した図面や模型を使って、自分が考えた設計案の優れた点や魅力的な点を、
わかりやすく人に伝えるようにしましょう。**

● 要点の整理

多くの設計案の説明が一度に行われる場合、それぞれの案の発表時間は短く限定されるのが普通です。与えられた時間を有効に活用するためには、事前に発表の要点と順序を整理しておく必要があります。デザインの主題については、最初に簡潔に述べるのがよいでしょう。その上で、周辺との関係、敷地内での全体配置とアプローチ、各階の機能と動線、空間構成上の特徴、特に工夫した点などについて、バランスよく説明してください。このとき、言葉だけで説明してはいけません。図面や模型を適宜指し示して、説明内容が設計案の中で具体的にどのように実現されているのかを、見ている人によく理解してもらえるよう心がけましょう。

発表には準備してのぞもう

● リハーサル

優れた発表を行うためには、リハーサルを行っておくことも重要です。所定の時間内で説明できるようにすることはもちろん、言葉が理解しやすいか、図面や模型の示し方が適切か、退屈な調子の発表になっていないかなどについても、確認してください。練習方法として有効なのは、実際に人に見てもらうことです。自分では気がつかない多くのことを、指摘してもらえるでしょう。発表用の原稿をつくったとしても、それを棒読みしてはいけません。目線はできる限り聞いている人たちの方に向けて、大きく、抑揚のある声で話すようにしましょう。

コンピュータを使ってスクリーンに図面や模型写真などを映し出して発表する場合には、複数の画面を切り替えるタイミングについても確認しておきましょう。

● 質疑応答

発表の後で質疑応答が行われる場合には、きちんと質問の内容を聞いて、それに対応する回答をなるべく簡潔に行うように心がけましょう。その上で時間に余裕があれば、さらに補足説明を行うことも可能です。質問を受けたときには、自分の設計案をさらにアピールできる機会をもらったのだと思って、積極的に答えるようにしてください。

講評会風景

column

プレゼンテーションはコミュニケーション

吉井歳晴　よしい・としはる

コミュニケーションを生んだ模型

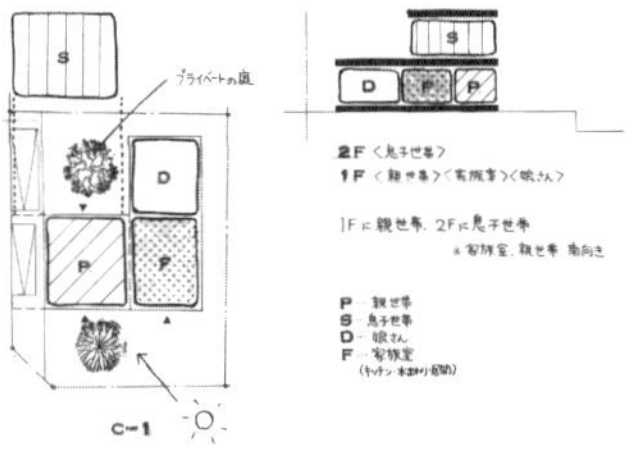

図式的な表現の平面図と断面図

私は、大学などでの講評会で学生の発表を聞く機会が多い。そのとき残念に思うのが「一方的な語り」である。たとえば、設計コンセプトや個人的思いばかりを話し続け、具体的な空間が示せない人。あるいは逆に、美しく精巧につくられているのに、コンセプトとは隔たりのある模型や図面。私は「こんなプレゼンテーションじゃ何も伝わらないなあ」と思い、その場から心が離れていくのを感じてしまう。

そういう経験がありながら、いざ自分のことになると失敗も多い。ある住宅の設計中に、クライアント（施主）と打ち合わせをしたときのことである。

私は、完成後の内部空間がよくわかる精巧な模型や詳細な図面を持参して、「10年後には家族構成や生活がこう変化するでしょうが、そのときに家具や建具をこう動かして空間を変化させれば対応できますよ」と得意げに説明した。クライアントの家族に対するヒアリングや暮らしぶりの調査を通し、そういった計画が望まれていると確信していたからである。

しかし私が期待したような反応はなく、こちらの思いがうまく伝わっていないことを実感した。完全な空振り。なぜそんなことになったのだろう。事務所に戻り、打ち合わせの様子を思い出してみた。

すると、持参した模型と図面では、こちらの意図の一方的な押しつけに終わっていたことに気がついた。設計の途中なのだから、クライアントは完成した姿を見たいのではなく、むしろ設計者に何かを伝え、話を聞いてほしいと望んでいたはずである。しかし、完結した模型や図面を見せられた。自分が拒否されたような気持ちにすらなっていたに違いない。私はまさに、学生の「一方的な語り」と同じ過ちを犯していた。

それならば、クライアントの思いをもっと引き出せる模型のつくり方はないかと考えた。その結果、敷地条件や予算から決まる全体ヴォリュームを満たした上で、ヒアリングから読み取れたさまざまな生活行為ごとの空間単位の大きさを、複数の家族や個人ごとに色分けしたスタイロフォームで示すことを思いついた。また平面図や断面図も、柱や壁ではなく、その空間単位の広がりを示すだけの簡単な表現にした。つまり、生活単位の積み木のようなものを、模型と図面で用意したのだ。

これで打ち合わせを行ってみると、面白いくらい話がはずんだ。何しろ「積み木」なので、その位置は自由に変わる。きちんとした模型じゃないから、クライアントも気兼ねなく触ってくれる。色がついているから、位置が変わっても生活の様子を想像できる。何年後かの暮らしの変化も、模型を組み替え、うまく表現することができた。また、平面図や断面図も簡略化されているので、空間どうしのつながりや、外部との関係が見やすくなった。クライアントは楽しそうに模型をいじり、図面を眺め、さまざまなことを語ってくれた。それまでの打ち合わせでは出てこなかった悩みや夢までもが引き出せたのだ。

その日私が行ったことは、まさにプレゼンテーションである。しかし私が使った模型や図面は完成形ではなく、むしろこれから完成されるべき何かを引き出すための道具として機能した。私が自分の考えを示し、それを受けとめたクライアントも自分の思いを語ってくれた。私とクライアントの間に、心のキャッチボールが生まれたのだ。

プレゼンテーションの目標は、まさにこういったコミュニケーションをつくり出すことにあると言える。プレゼンテーションをする側とされる側の間に議論を生み、さらに両者の予想を超えた高みへと到達できれば理想的だ。建築の設計者には、設計から建物完成までのあらゆる場面において、このようなコミュニケーションを生むプレゼンテーション能力が求められている。

課題を終えて

先生　みんな、お疲れさま。発表会も終わってほっとした顔だ。いまの気分はどう？

林　ほんとに疲れましたー（笑）。初めての建築設計でもステップごとだったから、うまくやっていけたけど、そうじゃなかったらここまでうまくできなかったと思います。

阪本　僕も、終わってほっとした。

有本　僕は工業高校出身なので、少しは設計を勉強していたつもりだったけど、高校で学んだだけではだめだということがよくわかりました。

前田　私も、高校でやってたんだけど、この課題で初めて設計って自由だなあと思いました。よく友だちに図面の描き方を聞かれて、昔の自分を思い出しました。

阿部　初めて自分で設計して模型をつくったのが、とても楽しかったです。

山神　世の中にこんな楽しいことがあるのか、と思いました。

先生　これから、ステップごとに振り返ってみようと思うんだけど、Step1 はどうだった？

阿部　僕は、フィールドサーベイという言葉どころか、はじめに敷地を見に行くってことすら知らなかったので、最初は、何を見て、何を調べるのか、まったくわからないまま、ひたすら写真を撮ってただけだった気がする……。

山神　僕は、気分はすっかり建築家で（笑）、ここに自分が設計したものが実際に建つんだと想像しては、ニヤニヤしながら敷地を見に行ってました。

林　木の高さを測るときに、頭の中で大人何人分！って想像するのが楽しかった。いままでそんなこと考えたこともなかったので。

阪本　そうそう。敷地周辺は昔から知ってたけど、木の高さとか建物の高さとか全然意識してなかったなー。

南川　私も！　見てるようで見てないことがたくさんあるなあと思いました。

前田　いま思うと、たくさんの人が歩いているまちのまんなかで、恥ずかしげもなく歩道の幅を測ったり、建物の写真撮ったりしたよなーって。普段だったら、絶対しない。

先生　それって、ちょっと快感だったんじゃない？

前田　そうかもしれません。最初は恥ずかしかったけど、だんだん夢中になってきて、まったく周りの目が気にならなくなった。これがフィールドサーベイかーって思いました。

南川　そう言えば、山神くんは、敷地周辺だけじゃなく、広域的に調べていたよね。

有本　確かに……。山神くんの図面を見て、もっと視野を広げて調査しておけばよかったなーと後で思いました。

先生　山神くんはどうして広範囲で調査しようと思ったの？

山神　大学に来て初めて住んだまちだったので、僕の出身地とは違うなあと観光気分で調べてました。このまちを知るよいきっかけでした。

先生　Step2 はどうだった？

南川　はじめは、課題書にあった面積に合わせて四角い箱をつくって、その組み合わせを考えてたんですが、全然手が動きませんでした。そしたら、先生から、そんなに面積にこだわらなくてもいいよって言われて、え、そうなの（笑）。そこから初めていろんな可能性が見えてきました。

林　私も最初は、サイコロをどう並べるかということばかり考えてた！　阪本くんのヴォリューム模型を見て、何だ、サイコロじゃなくていいんだ、もっと自由にやっていいんだ！と思ってから、楽しくなってきました。

阪本　みんなと違って、僕はヴォリュームで考えるってサイコロを並べることじゃないんじゃないかな、と思ってたので、最初から細かい面積にはこだわらず、大きなかたまりの模型で考えていました。直線的な形から始めて、広がりがほしいなとかいろいろ考えているうちに、だんだん曲線的になっていきました。

有本　僕の場合、1 案目に時間をかけすぎて、2 案目にほとんど時間をかけられなくなってしまって。で、1 案目の模型をつくるときに出た端材が机の横に積み上がっているのを見て、こっちの方が面白いかもと思った。それを、2 案目にしたら、最終案につながっていった。

山神　僕は、ここでは、あまり悩まなかったです。ヴォリュームであたりをつけて、スケッチを描きながら考えていくうちに、最終案が何となく出てきました。

前田　私は、直線的なのと曲線的なのと2案つくって、曲線の方は自由に、直線的なのはサイコロをつくって組み合わせてみたりしてました。あるとき、通学途中に偶然通りかかった工事現場で、ある機械が螺旋上に渦を巻いてるのを見て、あー丸、ホールだ！ってひらめいた（笑）。

阿部　そう言えば、このヴォリューム模型をつくることになって、雑誌でよく見る青い模型の材料はこれだったんだとわかってちょっとうれしかった。

先生　部屋の機能はすぐ想像できた？

林　パフォーマンススペースって何かわかりませんでした。演劇やサーカス団が来るような場所？なんて、勝手に想像してました。自由に設定できたのが楽しかった。

前田　私、機械室のイメージがまったくわかなくって苦労しました。刑事ドラマに出てくるような薄暗い部屋なのかなって想像したりして（笑）。そういう場所が必要なのだと知って新鮮だった。

先生　確かに、見たこともない部屋を想像するのはたいへんだよね。Step3はどうだった？

有本　ヴォリューム模型でいけたと思ってたけど、このときに必要面積のたぶん半分にも満たないことがわかって、まずいなーと思った。

阪本　僕もStep2で、通路と部屋を一緒に考えてたので、いざ平面図を描こうとすると必要な部屋が入りきらなくて。うまく納めるのが難しかった。

山神　最初、通路幅を2mにしてたんだけど、先生に狭いって指摘を受けました。公共施設と住宅のスケールとは違うことが想像できていなかった。それまでは、感覚を頼りに進めていたんだけど、平面図を描いて初めて、いろんな問題が見えてきた。

前田　私も通路なのに通れない、ということにここで初めて気がついた。ヴォリューム検討の段階では、通路のことまで意識してなかったのよね。それで、考えてるうちに、また形が変わっていった。

南川　そうそう。通路幅に悩んで、キャンパスのいろんな階段を測りながら考えていった。

林　私も、測りまくった！

南川　そうそう！　はじめは5mと言われても、全然想像できなかったもの。寸法感覚を養うために、自分の部屋の壁に、高さ方向と横方向それぞれ1mおきに赤いテープで印をつけて、エスキスしながらこんなもんかーって確認した。

全員　すごーい！

林　で、いざ平面図を描こうと思ったら、何から描いていいのかわからなかったよね。まず敷地を描いて、そこからだって、先生からアドバイスもらったので、何とか進められた。

阿部　でも、ヴォリュームではわからなかった内部の構成が、ようやく見えてきたので、僕は平面図を描き出してからが特に楽しかったです。

先生　Step4は？

南川　鉄骨造とRC造の違いすらわからなかったから、スタジオの柱を見ながら、あれがRC造の柱だよと先生に教えてもらって、なるほどーって思った。これをきっかけに構造を考えるようになった。

阪本　僕は、曲面のところに、柱をどうやって配置していいのかわからなかった。ダブルラインで考え始めたら、シングルラインのイメージと誤差が出てきて、それがたいへんでした。

有本　そうそう。僕も、最初は、均等に柱を置いていったら、柱だらけになっちゃって。柱を減らせないかなと調べていくうちにトラス構造があるということを知って、これだ！って。

山神　僕は有本くんとは逆で、最初は、柱と梁がほとんどなくて、先生に「それじゃもたないよ」と（笑）。でも、なるべく柱と梁は少なくしたかったので、構造ではかなり悩みました。

前田　私も、これじゃ崩れるよーとか、これじゃ頭ぶつかるよーとか言われた。

林　うん。階段を考えるときに、急に梁が気になったりして（笑）。ほんと構造のイメージがなかった。

有本　僕も、梁のイメージはなかったなー。

林　それから、大きな開口部しか考えてなかったので、小さい窓をどうつけていいのかわからなかった。普通に並べたら面白くなくって。

前田　あと公共施設の入口は、誰が見ても“入口”ってわかるようにした方がいいのかなってすごく悩んだ。

林　入口と言えば、扉を外開きにするか内開きにするかも悩んだよね。

前田　そうそう。トイレのブースの扉の向きで悩んで、実際のトイレを見に行った。

先生　トイレの場合、内開きにすると普段はあけておけるから、人が中にいるかどうかわかるんですね。でも、住宅だと外開きになっている。中で人が倒れたときなんかに助けやすいからね。

全員　なるほど。

先生　実際に模型をつくってどうだった？

前田　これまで自分が考えていたことが、こんな建築になるんだーと思ってうれしかった。

林　目の高さに合わせて覗いてみたときに、おーって（笑）。

有本　人を入れるまでスケール感はまだわからなかった。

先生　Step5 で、だんだん具体的になっていったんだけど、どうだった？

南川　私は、とにかく細かいことすべてにとまどってました。断面図を描くときに、初めてパラペットのことがわかったし。

山神　僕は、トイレの寸法とか細かいディテールは『建築設計資料集成』とか雑誌とかを参考にして描いていった。

阪本　僕は、最初から最後まで、ほとんど形が変わらなかったんだけど、細かい設備などを考えているときに、もしちゃんと納まらなかったらどうしよう……と不安だった。ちゃんと入ってほっとした。

有本　僕は、スロープにしたら人がスムーズに歩けるんじゃないかなって思ってたんだけど、Step 3 の段階で、スロープの長さが 48m は必要だってわかって、うわー長すぎ!! と（笑）。その後も、スロープにこだわりつづけていたのを、最後になって、ついにフラットな案に変えました。

先生　有本くんの場合、思い切って変更したのが、最終的にはよかったね。

山神　僕は、通路空間はコンクリート、展示スペースは木、というふうに床のテクスチャーを変えることで、部屋ごとの差をつくろうと考えていた。

前田　すごいなあ。私は、仕上げはまったく考えていなかった。模型をつくったら、うれしくて、もうできた気になっちゃった（笑）。

先生　最後のプレゼンテーションや発表は？

南川　プレゼンテーションの仕方を考える時間がなかった。スタディはどれもすごくやったけど、最後のプレゼンテーションに時間がかけられなくて、反省した。

先生　でも最初にしては、うまくまとまっていたよね。発表はどうだった？

南川　緊張しましたー。

阪本　僕も！ 言いたいことがいっぱいあったのに、まとめきれなくって。

山神　時間が足りなくて、思ってたことがなかなか言えなかったです。

林　前もってメモしてた内容をただ読んだだけで、図面を見ながら話す余裕がありませんでした。時間を計って練習しとけばよかったなー。

有本　僕も時間のことを全然考えてなかった。緊張して、何をしゃべってるのかよくわからないまま終わりました。

前田　私は全然緊張しなかった。

全員　さすが！（笑）。

前田　その代わり、先生に、自分でも塗りすぎたなと思ってた壁が、太いねーと言われてしまった。

林　私も、カフェの後ろの空間はいらない、と指摘されて、後で見たら、ほんといらないなーと思った。

南川　講評会で、みんなの作品を見たのはほんとに面白かった。

林　この人、楽しそうにやってたんだなーとかって、図面を見たり、講評を聞いたりするとわかるよね。

先生　最後に一言ずつ。

阿部　とにかく終わった！という達成感が大きいです。

前田　私もやりきったという充実感がすごい。ステップを踏んでジャンプせずにやってたので、中身が詰まったいい設計になったと思います。完成した図面を見て、自分のものながら本当にうれしかった。自分の中では実際に建った気分。こんなふうに建築になるんだー、建築って楽しい！と思えるようになった。いろんな答えがあるのはステキだと思った。

有本　模型つくったとき、あ、こうなるんだ！とわかってうれしかった。変なリアリティがあって、これから設計やっていけそうだって自信がついた。

林　すごく濃縮された時間でした。しんどくてびっくりしたけど……。私は、ヴォリューム模型のときに、煮詰まって本当にやめたくなったけど、みんなのを見たり、先生に相談したりして、わかった！と思ってからはすごく楽しくなってきた。

南川　家でも大学でも 24 時間ずっと課題のことを考えててしんどかったけど、ほんと楽しかった。知らないことをいっぱい学べて、初めての設計として充実した時間だった。

阪本　設計するということがどういうことか、大まかに理解できた気がする。できあがったものは、けっこう気に入ってます。

山神　今回、これだけがんばれたので、これからもがんばれそうだって、課題に対する不安感が消えた。僕でもできる！って（笑）。

先生　みんな短い時間だったけど、本当によくついてきたね。これから、まだまだたくさんの課題に取り組むことになると思うけど、基本的な進め方は今回の課題と同じなので、自信を持ってがんばってほしいと思います。そして、ますます建築を好きになってくださいね！

図版出典リスト

p.15 上	Google マップより
p.15 中	神戸市用途地域図より
p.15 下	国土地理院基盤地図より
p.18 下	前田明寿香「神戸まちなかファクトリー」（2 年次課題）野帳記録図 2008
p.19 右上	Google マップより
p.19 右下	吉村沙知「路地における表出物と空間の関係性」（卒業論文）2009 より
p.19 左下	奈良国立文化財研究所・神戸市教育委員会『異人館のあるまち神戸 北野・山本地区伝統的建造物群調査報告』1982 より
p.20 上	内田喬智・黒川智帆・塩田彩・寺尾巧真「三宮中心市街地における持続可能な都市の再構築」（3 年次課題）調査分析図 2009
p.20 下	南川智子・前田明寿香「神戸まちなかファクトリー」（2 年次課題）調査分析図 2008
p.28 左	ル・コルビュジェ「サヴォア邸」1931（撮影：下坂浩和）
p.28 右	フランク・ロイド・ライト「落水荘」1937（撮影：三上晴久）
p.44 左	吉阪隆正「大学セミナー・ハウス」全景 1965-1989（撮影：大橋富夫）
p.44 右	吉阪隆正「大学セミナー・ハウス」本館 1965（撮影：大橋富夫）
p.60 左	妹島和世・西沢立衛「金沢 21 世紀美術館」2004（撮影：彰国社写真部）
p.63 中	伊東豊雄「せんだいメディアテーク」2000（撮影：川北健雄）
p.63 下	原広司「宮城県図書館」1998（撮影：川北健雄）
p.78	ピーター・ズントー「ヴァルスの温泉施設」1996（撮影：川北健雄）
p.82A	花田佳明＋三澤文子「渦森台ハウス」2000（撮影：花田佳明）
p.82B	吉井歳晴／ WIZ ARCHITECTS「都島の家」1994（撮影：WIZ ARCHITECTS）
p.82C	大谷弘明「積層の家」2003（撮影：花田佳明）
p.83	村野藤吾「兵庫県立近代美術館」（現：原田の森ギャラリー）1970（撮影：花田佳明）
p.84 上	丹下健三「国際健康開発センタービル」1998（撮影：花田佳明）
p.84 下	坂倉準三「宮本邸」1960（撮影：花田佳明）
p.85 上・中	伊東豊雄「せんだいメディアテーク」2000（撮影：彰国社写真部）
p.85 左下	伊東豊雄「せんだいメディアテーク」2000『建築：非線型の出来事　smt からユーロへ』（伊東豊雄建築設計事務所著、彰国社）2003 より
p.87	シーラカンス「千葉市立打瀬小学校」1995（撮影：彰国社写真部）
p.89 上	安藤忠雄「住吉の長屋」1976（撮影：彰国社写真部）
p.89 下	安藤忠雄「住吉の長屋」1976：『安藤忠雄のディテール』（安藤忠雄著、彰国社）1984 より
p.90 上	前川國男「熊本県立美術館」1976（撮影：彰国社写真部）
p.90 中	前川國男「熊本県立美術館」1976：『前川國男のディテール』（前川國男・MID 同人著、彰国社）1979 より
p.90 右下	槇文彦「スパイラル」1985（撮影：彰国社写真部）
p.90 左下	槇文彦「スパイラル」1985：『槇文彦のディテール』（槇総合計画事務所編著、彰国社）1999 より
p.91 上・中	槇文彦「代官山ヒルサイドテラス」1969-1998（撮影：彰国社写真部）
p.91 下	槇文彦「代官山ヒルサイドテラス」：『SD』1993 年 1 月号より
p.92 左	吉井歳晴／ WIZ ARCHITECTS「桃ヶ池の家」1992（撮影：大竹静市郎）
p.92 中	吉井歳晴／ WIZ ARCHITECTS「桃ヶ池の家」詳細スケッチ 1992
p.92 右	吉井歳晴／ WIZ ARCHITECTS「桃ヶ池の家」1992（撮影：WIZ ARCHITECTS）
p.95a1	三上晴久「Villa "Floating L"」2005
p.95a2	清水加奈子　「Connect ／すまいのデザイン」（2 年次課題）2006
p.95a3	田村彩「show through ／小学校のデザイン」（3 年次課題）2009
p.95a4	青木淳「U」1997：『青木淳 1991-1999』（青木淳建築計画事務所編著、彰国社）2006 より
p.95a5	長濱伸貴／ E-DESIGN「はらっぱ広場／なんばパークス 2 期　ランドスケープデザイン」2007
p.96b1	吉井歳晴／ WIZ ARCHITECTS「青山高原の山荘 II」1993
p.96b2	三上晴久「やさしさのまち『桜の郷』住宅設計コンペ」応募案 2004
p.96b3	三上晴久「青森市北国型集合住宅国際設計競技」応募案 2001
p.96b4	田中俊輔・山神達彦「時の移ろいの見える場所／集合住宅のデザイン」（3 年次課題）2009
p.97c1	長濱伸貴／ E-DESIGN「木製遊具／なんばパークス 2 期 ランドスケープデザイン」2007
p.97c2	西川亮「komorebi ／すまいのデザイン」（2 年次課題）2007
p.97c3	三上晴久「Villa "Floating L"」2005
p.97c4	上川顕「" 水都 "Osaka」（卒業制作）2008

p.97c5　岡部憲明アーキテクチャーネットワーク「コペンハーゲン新王立劇場 設計競技」応募案 2002
p.98d1　島田愛未「peep ／神戸まちなかファクトリー」（2 年次課題）2009
p.98d2　川北健雄「建築の基本設計における CAD モデルの変形プロセス」『芸術工学会誌』No.12　1996 より
p.98d3　清水加奈子「Connect ／すまいのデザイン」（2 年次課題）2006
p.98d4　三上晴久「SH Alumnae House」1998
p.99e1・e2　中川潤「R=S+S」（1 年次課題）2007
p.99e3　角健一郎「神戸まちなかファクトリー」（2 年次課題）2006
p.99e4　林真由美「本にかこまれる／小学校のデザイン」（3 年次課題）2009
p.99e5　三上晴久「SH Alumnae House」1998
p.99e6　上谷佳之「urban line urban wall」（3 年次課題）2008
p.100f1　三上晴久「SH Alumnae House」1998
p.100f2　竹本尚代「LINK ／まちなみと公園・広場のデザイン」（2 年次課題）2007
p.100f3　北野悦子・加藤慧「fluid medium ／ TEPCO インターカレッジデザイン選手権」応募案 2005
p.101g1　阿部俊介「Plus ／神戸まちなかファクトリー」（2 年次課題）2008
p.101g2　山神達彦「隙間のある家／すまいのデザイン」（2 年次課題）2009
p.102h1　大澤睦「BYROAD ／神戸まちなかファクトリー」（2 年次課題）2009
p.102h2・h3　杉田亜久梨「puzzle ／神戸まちなかファクトリー」（2 年次課題）2009
p.102h4・h5　島田愛未「peep ／神戸まちなかファクトリー」（2 年次課題）2009
p.102h6　北岡元太「そっとなかをのぞいてみる／神戸まちなかファクトリー」（2 年次課題）2009
p.103i1・i2　山神達彦「隙間のある家／すまいのデザイン」（2 年次課題）2009
p.103i3・i4　田中俊輔「ギャラリーのイエ／すまいのデザイン」（2 年次課題）2009
p.114　吉井歳晴／ WIZ ARCHITECTS「奈良・五条の家」打ち合わせ用模型および図面 2006

（本書のためのオリジナル図版および本書登場学生で当該箇所に作者名を明記したものについては、記載省略。
また、課題と記しているのは、すべて神戸芸術工科大学のデザイン実習課題における制作物である）

編著者
川北健雄
花田佳明
三上晴久
倉知徹
水島あかね

編集協力者
吉井歳晴
（建築家・WIZ ARCHITECTS 代表）

登場学生
阿部俊介
有本祐介
阪本宗一朗
南川智子
林真由美
前田明寿香
山神達彦

模型制作協力者
藤原崇晃
柳川翔太

編著者略歴

川北健雄　かわきた・たけお

1959年滋賀県生まれ。京都工芸繊維大学工芸学部建築学科卒業、コロンビア大学大学院MSAAD課程修了、大阪大学大学院工学研究科博士後期課程単位取得退学。神戸芸術工科大学助手、スイス連邦工科大学客員研究員等を経て、現在、神戸芸術工科大学教授。博士（工学）、一級建築士。共著書に『環境デザインへの招待』（建築・都市ワークショップ）、『建築を拓く』（鹿島出版会）、『リノベーションの教科書』（学芸出版社）など。作品に「播州織工房館」、「梯子の家」、「鈴木文化シェアハウス」、「禅昌寺キオスク」など

花田佳明　はなだ・よしあき

1956年愛媛県生まれ。東京大学工学部建築学科卒業、同大学大学院工学研究科修士課程修了。日建設計を経て、現在、神戸芸術工科大学教授。博士（工学）。著書に『建築家・松村正恒ともうひとつのモダニズム』（鹿島出版会）、『植田実の編集現場』（ラトルズ）、共著書に『リノベーションの教科書』（学芸出版社）、『日土小学校の保存と再生』（鹿島出版会）。編書に『老建築稼の歩んだ道　松村正恒著作集』（鹿島出版会）。作品に「渦森台ハウス」、「岡本のb」、「鈴木文化シェアハウス」、「禅昌寺キオスク」など

三上晴久　みかみ・はるひさ

1954年茨城県生まれ。東京大学工学部建築学科卒業、同大学大学院工学研究科修士課程修了。内井昭蔵建築設計事務所、文化庁派遣芸術家在外研修員（マイケル・グレイブス建築事務所）等を経て、現在、神戸芸術工科大学教授。工学修士、一級建築士。「UIA2011・一万人の世界建築家展」招待建築家。作品に「苗場の週末住宅」、「米子吉谷の家」、「西大路の家」、「茨城県営見和アパート」、「茨城県立盲学校小中学部棟・寄宿舎」、「茨城県陶芸美術館」、「MKオフィス」、「セキショウ下館オフィス」、「認定こども園十王幼稚園」など

倉知徹　くらち・とおる

1975年石川県生まれ。北海道大学工学部応用物理学科および同大学工学部建築都市学科卒業、同大学大学院工学研究科修士課程および博士課程修了。神戸芸術工科大学環境・建築デザイン学科助手、関西大学先端科学技術推進機構特任研究員を経て、現在、新潟工科大学工学部助教。博士（工学）。論文に「札幌都心再編計画の体系化と連動したまちづくり主体の形成とエリアマネジメントに関する研究」、共同作品に「積丹町立余別小学校」など。共著書に『ストック活用型団地再生への展望（前編・後編）』（関西大学出版）など。

水島あかね　みずしま・あかね

1974年東京都生まれ。京都工芸繊維大学工芸学部造形工学科卒業、同大学大学院工芸科学研究科博士前期課程修了、神戸大学大学院自然科学研究科博士後期課程修了。生活環境文化研究所、神戸芸術工科大学環境・建築デザイン学科助手等を経て、現在、明石工業高等専門学校建築学科准教授。博士（学術）、一級建築士。論文に「地域資産としての近代住宅の保存継承に関する研究—神戸市塩屋を対象にして」（共・住総研研究選奨）、共著書に『京・まちづくり史』（昭和堂）、『世界のSSD100　都市持続再生のツボ』（彰国社）など

本書で紹介している編著者の取り組みは、「ステップ・バイ・ステップ方式を用いた初学者向け建築設計教育プログラムの実践と教科書の出版」として、2011年日本建築学会教育賞（教育貢献）を受賞した。

建築文化シナジー

初めての建築設計　ステップ・バイ・ステップ

2010年4月20日 第1版発　行

2018年8月10日 第1版第6刷

編著者 川北健雄・花田佳明・三上晴久・倉知徹・水島あかね

発行者 下出雅徳

発行所 株式会社 彰国社

162-0067 東京都新宿区富久町 8-21

電話 03-3359-3231（大代表）

振替口座 00160-2-173401

http://www.shokokusha.co.jp

http://www.kenchikubunka.com

印刷　壮光舎印刷株式会社

製本　株式会社ブロケード

ISBN 978-4-395-24121-7 C3352